"双一流"
Shuangyiliu Zhujiu Chenggong Zhilu
铸就成功之路

做一流的人，
建一流企业的完全修炼手册

林国荣 ◎ 主编

中山大学出版社
SUN YAT-SEN UNIVERSITY PRESS

· 广州 ·

版权所有　翻印必究

图书在版编目（CIP）数据

"双一流"铸就成功之路：做一流的人，建一流企业的完全修炼手册/林国荣主编．—广州：中山大学出版社，2020.12
　ISBN 978-7-306-06954-2

Ⅰ．①双… Ⅱ．①林… Ⅲ．①企业管理　Ⅳ．①F272

中国版本图书馆CIP数据核字（2020）第169519号

出 版 人：王天琪
策划编辑：吕肖剑
责任编辑：周明恩　罗梓鸿
封面设计：林绵华
责任校对：陈　莹
责任技编：何雅涛
出版发行：中山大学出版社
电　　话：编辑部 020-84111996，84113349，84111997，84110779
　　　　　发行部 020-84111998，84111981，84111160
地　　址：广州市新港西路135号
邮　　编：510275　　　　传　　真：020-84036565
网　　址：http://www.zsup.com.cn　　E-mail：zdcbs@mail.sysu.edu.cn
印 刷 者：佛山家联印刷有限公司
规　　格：787mm×1092mm　1/16　17.25印张　291千字
版次印次：2020年12月第1版　2020年12月第1次印刷
定　　价：98.00元

如发现本书因印装质量影响阅读，请与出版社发行部联系调换

本书编委会

主　编：林国荣
副主编：庞玉华
编　委：林维贞　庞韶云

目　录

001　引　言

003　第一章　成功者与情商
005　第一节　智商与情商
008　第二节　情商与领导力
013　第三节　心力与情商养成
016　第四节　情商提高与"双一流"的修炼
019　第五节　意识与潜意识
023　第六节　开发潜意识的必要性

029　第二章　优化你的人生观与价值体系
031　第一节　发挥自己思维的创造力
034　第二节　从抗拒到学会拥抱
036　第三节　认知迭代
039　第四节　学会控制和合理使用有效学习工作的大脑
042　第五节　学会有效思维与有效知识更迭
047　第六节　信念的养成与完善

057　第三章　人生是有选择的
059　第一节　人生从"必须做"到"有选择地做"
062　第二节　选择做什么样的人，就会走什么样的路
066　第三节　人生的结果取决于你的意向
068　第四节　狼群战术的成功秘诀
　　　　　　——完善你的朋友圈

073　第五节　朋友圈的用法
078　第六节　人格魅力的价值所在

085　**第四章　重塑你的行动力**
087　第一节　团队建设与"猪队友"
090　第二节　专注态度的认定
095　第三节　王阳明与知行合一
101　第四节　认知自己的社会评价
103　第五节　自我认知的困难和突破口

109　**第五章　挖掘有价值的自己**
111　第一节　现代人与焦虑的产生
116　第二节　不做时间的奴隶
119　第三节　有效工作是一门创造性的艺术
123　第四节　"生活"与"活着"
126　第五节　自我修养的路径
131　第六节　至善至恶是良知

137　**第六章　做最优秀的自己**
139　第一节　不想碌碌无为,就做个行动派
142　第二节　小我、大我和超我
144　第三节　良好习惯的养成
149　第四节　自省的重要意义
152　第五节　做好自己
155　第六节　小我的自我价值

159　**第七章　蜕变**
　　　　　　　——突破自我
161　第一节　正果的价值体现

167	第二节	"天下没有免费的午餐"
171	第三节	做自己的诚信领袖
175	第四节	奉献和勇气
179	第五节	谈谈"你就是一颗螺丝钉"
		——学海尔"精益原则"的螺丝精神
183	第六节	领导力的意义所在

187　第八章　未来商业
　　　　　　　——领导力思维

189	第一节	谈谈合作
191	第二节	团队的构成元素
201	第三节	社会分工趋势及走向
208	第四节	朋友圈里面的商机
215	第五节	为他人赋能
222	第六节	相信自己、相信他人

229　第九章　心想事成的法则

231	第一节	做完整的自己
235	第二节	做有创造性的自己
241	第三节	做充满资源的自己
247	第四节	习以养德
251	第五节	人生层次的突破与读书的关系
253	第六节	在时代中找到自己的定位
257	第七节	学会自我规划
259	第八节	活在当下
260	第九节	学会给自己写个墓志铭

265　参考文献

引　言

　　成功总是喜欢青睐有准备的人。

　　作为一个正常人，老天赋予他们的灵魂和肉体基本处于公平状态，都是嗷嗷待哺，都是懵懵懂懂。岁月也是极为公平的，给你的是一天24小时，给他的也是一天24小时。大家都在成长，大家都在学习，然后，有的人成功了，有的人失败了，有的人还在摸索的路上。于是乎，有了一门学问，叫成功学。成功的过程，也就是一个从正念到正果，再到溯源的过程。

第一章

成功者与情商

第一节 智商与情商

"情商"(EQ)这个词，不同于个人智商。用心理学中极其严密的"智商指数"是不能衡量它的，它是"集体智慧"水平的一个评判指标。在发达国家，很多人的个人智商确实很高，也有很多享誉世界的精英；但是，为什么一旦成为集体后，智商就显著地下降了呢？某些发达国家在全球经济危机面前的拙劣表现就可以证明这一点。

如果说国家是由"集体智商"所决定的，那么21世纪的"主宰"恐怕就是"集体智商"高的国家了。智商和情商不是相互对立的，而是相互独立、相辅相成的。每个人的智商和情商高低程度各不相同。情商就是一种辨别、管理个人以及他人情绪的能力，情商高的人往往善于交际，身心健康，幸福感也强。情商也可以说是人格特征的综合体，它也具有可塑性，不会一成不变。对自己情商要求高或者不满意的人，只要付出专心和精力，就能改善和提高情商。

伦敦大学商业学院心理学教授托马斯·查莫罗·普瑞姆兹克和组织心理学家迈克尔·桑格在《哈佛商业评论》的一篇文章中，分享了培养情商的五个关键步骤。第一，从自欺欺人到认清自我。性格，或者情商，由自我评价（我们怎么看待自己）与他人评价（别人怎么看待我们）两部分组成。对于大部分人来说，自我评价与他人评价之间的差异会导致他们忽视外界的反馈和自身行为的偏差。真正的认清自我是能认清自身的优势和不足，并且清楚拿这些优势和不足与他人比较会怎么样。第二，从关注自我到关注他人。情商低的人很难从他人的立场看问题，尤其是当没有清晰的对错标准时。关注他人首先要从基本的欣赏，承认团队其他成员的优势、不足和价值观开始。经常与团队成员进行简短的讨论,可以让我们对怎样才能激励和影响他人这个问题理解得更加透彻。这些讨论促进了相互协助、团队合作以及外部交流。第三,成为有益的交往对象。事业有成的人往往被视为更有益的交往对象,他们比较有团队精神,待人友善,信任他人,大公无私。他们还经常主动分享知识和资源,并且不求回报,这对自己和他人都大有裨益。第四,控制自己的情绪。如果你经常容易情绪化,喜怒形于色,就要反思是哪些情况让你生气或沮丧,在遇到挫折时要观察自己的过激倾向。不仅要知道自己在真实情况下会有怎样的情绪,更重要的是知道那些情绪是因为什么引起的。第五,保持谦逊,即使是假装出来的。有领导能力的人通常不太刻意包装自己的头衔,因为他们表现得很谦逊,"在自信与谦虚中保持平衡,不偏不倚,乐于采纳意见,敢于承认错误,这些能力难能可贵"。另外,笔者建议,训练情商的总原则并不是要改变自己的性格,而是摒弃不当行为,克服不良倾向,养成新习惯,改善别人对你的印象。这也是为什么当性格训练起作用时,之前的性格测试结果会不准,因为你的先天性格已然淡出你的行为举止了。

对于领导者来说,智商比情商更重要,这不是我一个人的观点。情商大师丹尼尔·戈尔曼访问中国的时候,有中国的商业记者采访他,希望他为中国经理人提些建议。你知道他提的建议是什么吗?他认为,智商是成为一个领导者的先决条件,中国经理人首先应该提高智商。

整合思考是最成熟的心智模式

笔者认为,整合思考是最高级的智商。著名心理学家霍华德·加德纳也有类似的说法。他总结了4个层次的心智模式,其中整合思考是最成熟的心智模式,而绝大多数人都不具备这种心智模式。

先简单说一说,加德纳总结的这4种心智模式分别是什么。

加德纳说,最低层次的心智模式是"二元对立",就是把世界分为好人和坏人,而好人最终会战胜坏人。加德纳把二元对立这种心智模式称为"5岁儿童的心智模式"。加德纳说,基本上,5岁儿童就是这么看世界的。为什么在全世界,儿童一般是在5岁左右开始接受正式的学校教育呢?因为如果不上学,他们看世界就停留在二元对立这个层次了。

比"二元对立"更高级的,是"力求公平"的心智模式。这种心智模式承认好人有缺点,坏人也有优点。加德纳称之为"十岁儿童的心智模式"。

比"力求公平"更高级的,是"相对主义"的心智模式。这种心智模式认为,根本就没有什么好人和坏人之分。加德纳把"相对主义"称为"十五岁少年的心智模式",相当于是思想的青春期。

以上3种心智模式:二元对立、力求公平、相对主义,它们都不够成熟。最成熟的心智模式是第四种,加德纳称之为"个人整合"。这种心智模式认为,好和坏是相对而言,你需要做一个选择,尽可能整合各方的利益。这里所说的"个人整合",就是整合思考。加德纳把"个人整合"称为"成年人的心智模式"。但是,加德纳也明确说了,有许多人尽管上过学,但是他们的心智模式,一直停留在5岁或者10岁。即使在成年人当中,二元对立也是最流行的心智模式。

鱼和熊掌可以兼得

现在你知道了,每个人在5岁左右就学会了二元对立。但是只有很少的人,能够最终学会整合思考。这部分很少的人,就成为伟大的领导者,可以打造出伟大的企业。

这里用一句谚语来帮助你理解"二元对立"和"整合思考"这两种截然相反的心智模式。二元对立,就是"鱼和熊掌不可兼得";整合思考,就是"鱼和熊掌可以兼得"。

例如,宝洁公司曾经有个CEO叫雷富礼,现在已经退休了,他被认为是宝洁历史上最成功的CEO之一。雷富礼做了什么呢?他既削减成本,又大力创新。

雷富礼是这样说的:"如果是'二选一'的话,我们不会成功。每个人都能做到'二选一'。世界就是那样运行的。如果你牺牲这个以得到那个,那么你就无法成为行业中的翘楚。"雷富礼这段话解释了为什么二元对立很低级,整合思考很高级。二元对立就是"二选一",在削减成本和大力创新两者之间只能选一个,鱼和熊掌不可兼得,要么削减成本,要么大力创新。"二选一"很容易,做得到的人很多。而整合思考是鱼和熊掌可以兼得，既要削减成本，又要大力创新。这当然很难，只有优秀的人、优秀的企业才能做得到。

再如，星巴克的创始人舒尔茨，既是讲故事的高手，又是整合思考的大师。舒尔茨是这样评价星巴克的："我一直认为，星巴克既可以打造真实的个人体验，又能成长为一个营利性的全球公司。是的，我希望我们门店的咖啡师既以真诚的微笑服务顾客，又要有效率。是的，我相信我们的口味和环境既可以反映当地的文化，又可以提供始终如一的口味和高品质的咖啡。"

第二节　情商与领导力

我们常听人说，那个人智商很高，但是情商不高。或者说，比智商更重要的，是情商。这些说法正确吗？这些说法听上去有些道理，但其实都不准确。

首先我们要理解，什么是智商？智商主要是反映人的观察力、记忆力、想象力、创造力、分析判断能力、思维能力、应变能力、推理能力等。用一句话来总结：智商，就是你理解规律、运用规律的能力。把智商持之以恒地用在数学领域，你就成了数学家；把智商持之以恒地用在物理领域，你就成了物理学家；把智商持之以恒地用在与人打交道上，你就拥有了所谓的"情商"，成为情感专家。情商，和智商并不对立。相反，情商是智商的一个结果。但同时决定这个"结果"的，还有持之以恒的"训练"。

也就是说，智商×情感训练＝情商。只有正确地理解了情商，才能提高情商。之所以存在"情商很低的数学家"，是因为他们更喜欢把智商用在训练数学能力上，而不是训练情感能力上。智商的高低，决定了情商的天花板。

那怎么样才能训练情商呢？与大家分享 5 个我们称为"元能力"的训练：同理心、自我认知、自我控制、自我激励、人际关系处理。其中，什么叫同理心？同理心与"移情聆听"（empathic listening）有关。这个"移情"（empathy），指的是你能不能从别人的感情出发、站在别人的角度看待问题,也就是所谓的"同理心"。同理心之所以被称为"元能力",是因为很多能力都是从这个"元能力"上演化出来的,比如管理能力、职业化能力、演讲能力、销售能力,等等。

领导力不是一天练成的,它与个人的情商成长有很大的关系,所以领导者也需要不断修炼自己的情商,不断让自己的领导力成长进化。领导者每前进一步,责任都有很大的变化。每到一个新阶段,都要在以下3个方面发生改变:第一,如何分配自己的时间;第二,如何及时调整做事的价值取向以及优先顺序;第三,如何建设新能力、放下旧能力。这3个改变意味着,领导者随着责任的加强,需要放下很多自己擅长的事情和喜欢打交道的人,打破一些惯性和路径依赖,用新方法和新能力跟新人群打交道,并且在新领域做"应该做的事情"。

然而,做到这些并不容易。首先是自我认知问题。能清楚地知道自己在哪些领域需要调整就不容易,调整起来更难,因为人很难摆脱惯性。有的领导者经常执着于自己已有的能力,总是跟自己觉得舒服的人在一起,很难用"归零"的心态去获得新能力和新价值观,从而很难表现出新行为。比如,一个在运营方面的高手,如果在新的事业部老总的岗位上,仍然只对运营感兴趣,忽略了内外兼修,不愿对内强化运营、对外探索新的商业模式和战略转型。由此来看,如果对内只着力提升团队能力,或对外只关注市场、客户、合作伙伴、投资人和竞争对手,就很快会进入"不胜任的状态"。

管理学家劳伦斯·彼得提出了"彼得定律"。彼得定律认为,人都是不断被晋升,直到升到他不胜任的职位为止的。也就是说,可能很多人都不胜任自己的工作,但他们不一定能发现这一点。有的是因为自尊问题,承认了不胜任会影响自尊;有的是自我认知有问题,不清楚自己是否胜任、为何不能胜任无意识状态;有的是因为惯性太大,承认了、意识到了但难以改变。这些都是领导者晋升的难题,而迅速变化的环境需要领导者不停地重新设计一切,包括重新设计业务、组织和领导者自己。

人们普遍认为,一个理性、克制的领导者更值得信赖,但是,为何人们在做出选择的时候,却更容易选择"以情动人"的领导?我把它分为三个部分:一是为什么理性的领导不一定会被支持,二是如何理解并利用"道德直觉",三是如何使用"情绪之矛"和"理性之盾"。

(1) 为什么理性的领导不一定会被支持

1988年,美国第41任总统竞选的时候,两位候选人分别是来自民主党的迈克尔·杜卡基斯和来自共和党的老布什。在总统竞选的最后一次辩论会上,杜卡基斯被问到的第一个问题是:如果你的妻子遭到强奸并且被杀害,你会支持通过死刑处死那个罪犯吗?

这个问题,问得非常具有冒犯性,因为当时杜卡基斯的妻子也在现场。很多人听完问题之后也都露出了吃惊的表情。而此时这位终身反对死刑的美国总统候选人,毫不犹豫地给出了回答——不会。他冷静沉着,浑身闪耀着理性思辨的光辉。后来杜卡基斯的竞选团团长说,听到杜卡基斯脱口而出这个"No"的时候,她就知道,这次竞选已经结束了,杜卡基斯失败了。结果不出意料,杜卡基斯的民意支持率一下子跌入谷底,最终,老布什成为美国第41任总统。

通过对美国政客们的一个惯用套路的了解,让我们知道对我们的判断产生影响的一个重要因素是道德判断。后文还会提供两个分别适用于领导者和被领导者的武器——情绪之矛和理性之盾,让你知道究竟应该怎么用。

如果我们事后复盘的话,会发现两个很有意思的情况。首先,杜卡基斯本人对于死刑进行过很多学习和研究,通过大量的相关文献,他总结出一个相对理性而且正确的结论:死刑对于降低犯罪率其实是没有明显的效果的。因此,他个人的政治观点就是反对死刑。而且这点在竞选的过程中是被媒体反复宣传的,选民也认为废除死刑是一个社会文明和进步的标志。换句话说,杜卡基斯的立场是公开并且被广泛宣传的,并不是什么秘密。其次,杜卡基斯在辩论现场的表现,不就是一个大众心目中优秀领导者的范本吗?立场坚定,冷静果敢,理性思考,绝不掺杂私情。但他为什么败得这么惨呢?

笔者认为,民众其实根本就不想被这样的人领导,甚至害怕这样的人成为领导,因为这样的人没有人情味。这个答案可能会让你很抓狂,这是选总统,又不是选幼儿园阿姨。领导有人情味固然很好,但是更重要的是要顾全大局,冷静判断和理性思考。

（2）道德直觉

道德直觉的意思是，无须借助经验证明和逻辑推理，而做出的道德选择和道德评价。我们可以把道德直觉理解为人的一种本能，人们会根据他人的表现，按照自己的本能情感偏好，来判断这个人。

在社会生产力还不发达的时候，道德直觉帮助我们的祖先迅速判断一个人或者群体是否值得信任，这能够帮他们提升活下来的概率。因此道德直觉是一种进化了的本能，是我们的生存优势。但是值得注意的是，进入复杂的现代社会，这种道德直觉渐渐显露出缺陷，甚至会导致我们内心产生矛盾和冲突。就拿惩治犯罪来说，理性告诉我们，其实死刑并不能全部解决犯罪率的问题，更加文明的社会有更好的处理方法。但是当直面一起真实案件的时候，道德直觉会把我们拉回简单的判断中，比如杀人偿命、以眼还眼、以牙还牙。

法律工作者往往会给出跟直觉相反的判决和意见，因为他们受过专业训练，不会把道德直觉当作判断标准，但是没有受过这方面训练的普通人可能会接受不了。道德心理学家和哲学家普遍认为，我们的道德观还没办法应对现代社会的复杂状况，无法妥善处理太复杂的现代问题。人们其实更在意的是自己的情感偏好是否得到满足。

例如在杜卡基斯的案例中，从刑事司法系统的角度来说，废除死刑是正确的，但是民众在情感上是根据道德直觉来判断的，接受不了候选人对于身边人冷冰冰的态度，这成为杜卡基斯失败的根本原因。

柯因说，哪怕杜卡基斯在回答这个问题的时候延长自己的思考时间，表现并且表达出犹豫和抉择答案的困难，即使他最后仍然坚持选择不实行死刑，大家也是可以接受的。迅速冷静的回答会让民众觉得这个人太不近人情了。

自此之后，美国的政客们就学会了一个新套路——在争取支持率的时候，绕过理性思辨，直接跟选民的道德直觉和情感对话。这个招数谁用得好谁的支持率就高，谁忘记了谁就靠边站。希拉里和特朗普就是最好的例子。前者是职业政客，经验丰富，但感觉拒人千里之外，不像是跟普通老百姓一边的；后者虽然大嘴巴，感情用事，但就像是我们身边的人，显然更容易让人亲近。特朗普能打败希拉里，有一个很重要的原因，就是他把情感连接和道德直觉用到了极致。

（3）情绪之矛和理性之盾

根据最近的一项研究表明，那些会使用基于本能的情感表达来判断是非的人，往往被同伴认为比那些依靠强有力的理性正确的人更有正义感并值得信任。简单来说就是，我们希望与有血有肉的人为伍，尽管他可能有缺点，但是却更真实和可靠。也就是说，作为一个优秀的领导者，光有能力是不全面的，亲和力也很重要，甚至跟展现出自己的理性、冷静和优秀的判断力同样重要，因为这是获得群众支持的基础。人与人互动的时候，情感往往会比理性更动人，因为情感表达是我们对别人的一个强烈信号，表明我们已将自己和对方的感受融入最终的决策中。

如果没有这个信号，对方可能会觉得我们根本没有把他考虑在内，会给他带来强烈的不安全感。这也可以解释为什么现在有了大数据和人工智能，但是我们依然非常抵触被机器领导，因为我们害怕冰冷的纯理性，渴望领导者展现温情和人情味，这会让我们觉得有安全感。

说服大众接受自己的理念和行动，是领导者非常重要的工作。要完成好这项工作，没有情感，只有理性的表达，是不够的。我们中国有句老话，叫"晓之以理，动之以情"。让人明白道理固然重要，但要说服、打动别人支持你，调动情绪产生共鸣才是最关键的。

在笔者做演讲辅导的时候，经常跟学员说的一个问题就是，别光顾着讲道理，首先得让别人信任你。丹尼尔·卡尼曼把人的大脑运行分为系统1和系统2：系统1是基于直觉和无意识，不动脑状态；系统2是基于复杂的理性思考。演讲时最大的错误是试图跟听众的系统2对话，摆事实、讲道理；正确的做法应该是调动系统1，讲故事，调动情绪，跟听众共情。

对于情商与领导力的逻辑是要先同步，后领导，也是类似的意思。就像今天我们所说的，当我们对一个人在道德困境里做出的选择进行判断的时候，理性思考可能远远比不上人的本能。

而如果我们转换一下立场，从被领导者和选民的角度上来看，要选出真正有能力的领导者，就要避免被套路，不要被候选人的情绪煽动带着走，要用理性思考去审视他的行为，别看他说什么，得看他怎么做。

从领导者和被领导者的互动关系上来看，领导者最强的武器，是情绪之矛；被领导者最好的防御，是理性之盾。选择什么样的武器或者防具，取决于你处于什么样的位置。拿着错误的武器走进战场，胜利女神恐怕只能对你报以带着歉意的尴尬笑容了。

那些善于共情的人很容易促使合作，因为道德直觉的存在，情感偏好让我们更容易亲近这样的人。因此，领导者要学会使用情绪之矛，被领导者得举起理性之盾。

第三节 心力与情商养成

在这个知识爆炸的时代，到底该怎么判断什么要学，什么不要学呢？笔者的标准很简单：常用的知识和技能要自己学，一辈子用不了几次的技能就外包出去。拿我们生活里的事打个比方。理财这种常用但用不好的技能，尽可能不要找别人代理。但如果你要打离婚官司，最好直接请教好的律师，没必要自己去啃，不然你说你准备离几次？

有人这样解释《射雕英雄传》中的郭靖为什么可以一路遇到贵人相助：智商一流、情商一流的人可以成就大业；智商低下、情商一流的人多有贵人相助；智商一流、情商低下的人大多受人排挤；智商低下、情商低下的人只能活该做失败者。这个解释不靠谱的地方太多了。首先，我们无法相信智商低下的人竟然会有一流的情商。其次，这个解释好像显得智商和情商相冲突。其实根本不是，因为智商和情商明显都是脑力活动！

在2017年新乡村校长领导力课堂上，阿里巴巴集团董事局主席马云给乡村校长讲了一堂课，提到了他希望孩子拥有的教育。马云说，他曾经向云谷学校的校长建议，孩子们回家必须跟父母玩1个小时，如果回家后的作业在15分钟内没有做完，这个校长是有责任的。云谷学校是由阿里巴巴合伙人创建的民办双语学校，覆盖从幼儿园到高中各学段。马云说，我们要调整思考，让孩子懂得跟家人玩，跟同学玩，有各种健康的运动和活动。他说："我保证，这些会玩、想玩、愿意找人去玩的孩子，一定会有出息，这些是培养情商的关键。"马云认为，孩子们要有三样东西：情商、智商、爱商。在智商教育方面，中国积累了大量的经验,有很多方法灌输知识。情商是把知识和文化变成动能。而爱商是对文化、对天下、对大家的思考,多参与一些公益活动,做点滴的事情,改变自己,跟父母在一起,跟社会在一起。马云自己对足球不感兴趣,但他认为足球能启发团队合作精神。他也建议在座的校长让孩子们加强体育运动,这不仅仅是锻炼身体的问题。马云说他小时候上的体育课,就是齐步走、绕操场跑三圈,没有乐趣。体育课要有比赛,有胜败,让孩子懂得失败、直面失败。失败了,要鼓励;赢了,要讨论,这个赢是侥幸赢的还是捡漏赢的。通过体育比赛,让孩子慢慢把潜力发挥出来。

当一个人获得一个新的知识点时,智商就具备了上升的条件。当我们把某个知识点应用到自己的生活与行动之中后,智商就开始提升;可若是不应用,不行动,生活就毫无变化,而智商也不会发生改变。事实上,你天天都可以看到,有些人在行动,有些人无所事事,于是,有些人的"智商"天天在提升,另外一些人的智商永远保持在初始的水平。当然,相对来看,智商必然是在不断"跌落",因为这就像水虽然涨了,船却沉了。事实上,我们早就定义过聪明(其实也就是所谓"智商"的表现):脑子里有多少个清晰、准确、必要的概念;这些清晰、准确、必要的概念之间有多少清晰、必要、准确的关联……再进一步,我们把概念及其关联当作自己"操作系统"的基础设施,用来不断吸取新的概念与关联,必要的时候更新甚至替换旧的概念与关联;与此同时,启用元认知能力不断审视整个操作系统的有效性……事实上,这就是所谓"智商"的运行机制——挺简单,也挺清楚。在卓越领导力整个内容中,"长期"是重要的概念之一,很多人就是因为自己的"心力系统"里根本就没有"长期"这个概念,所以才终生吃亏且不自知。

可又有多少人尽管自己的"心力系统"里有"长期"这个概念,却没有建立清晰准确且必要的关联?很多人只不过是因为从来没有把"长期目标"与"有用"这两个概念以清晰准确且必要的方式联系起来,于是"抱憾终生"。这个世界最可怕的不是你不知道,而是你不知道自己不知道。换句话说,对于自己的无知没有感觉才是最可怕的。所以比起没有概念,危害更大的是掌握了错误的概念,甚至是与本意截然相反的概念。而如果按照这个错误的概念去行动,那就是越努力越错误。有多少人活了一辈子最终没有取得理想的成绩，多半是因为掌握了这种错误的概念。然而，单单掌握正确的概念还不够，如果搭配错误、联系混乱，同样也有可能引起不必要的麻烦。比如"碎片化"这个概念，到底能够和其他哪些概念联系？有多少行动仅仅是缺少了"长期"的概念，就让它的属性变得不同了？这些都是我们为了变聪明而不得不考虑的事情。即便想说自己"智商不够"，也别忘记补上一个"暂时"，因为这样才能避免掉入"智商不能提升"的坑里。再比如，很多人不小心把"碎片化"这个概念和"学习"联系起来，就耽误了自己。事实上，可能与"碎片化"这个概念产生关联的并不是"学习"，而更可能是"时间"——碎片化的只不过是时间，而不应该是学习。再举一个例子，笔者和很多人一样鄙视甚至痛恨所谓的"速成"。不过，让我们仔细分析一下：所谓"速成"，其实就是"快速"的"成功"。可问题在于："快速"这个概念，根本就不应该与"成功"产生关联，这的确是事实；而另外一个事实也是客观的："快速"与"入门"是可以关联起来的，并且"入门"这事不仅要快，还要特别快，否则起步永远在门外徘徊。当操作系统跑起来，底层是概念与连接，上层运转的主要是什么呢？两样东西：价值观和方法论。关于这两者，我们的概念定义都很简单直白：所谓的"价值观"，就是不断分辨"什么更好""什么最好"；所谓的"方法论"，就是不断思考"如何做""如何改进"。你可能早已经想到了：价值观决定选择的质量（选择是人生头等大事），方法论决定选择后行动的质量（行动构成人生）。

　　学习了概念还不够，在现实生活中学会运用更为重要。很多时候我们就是因为缺少了这种"死磕"的精神，所以还没体验到智商的提升就放弃了。久而久之就会把它归结为：智商都是天生的，后天努力没什么用。所以希望大家能够珍惜每一次践行后智商提升的快感。比如，我们通过学习，知道了"长期"总是有价值的考虑因素。于是，在概念上我们深入理解了"长期"之后，就自然而然地把"长期"这个概念与很多其他的概念关联起来，比如，判断知识是否有用的时候加上一个"长期"的维度；再比如，"赚钱"这事也一样要加上"长期盈利"才更有价值……进而，我们更新了关于"长期"的价值观：长期的更好。这还没完，还有各种相关的方法论开始"自然而然"地衍生出来：既然如此，我们应该活在未来；既然如此，我们要想办法知道"长期"究竟有多长。

其实我们可以通过专注、行动与努力，把自己的"长期"变得比别人的"长期"更短一些……这就需要"智商"。智商是什么？有很多种定义的方法，其中有一个特别简单实用的定义：所谓的智商，其实就是"解决问题的能力"。不一定是"马上解决问题的能力"，"经过长期努力终于解决问题"也是很强的能力，实际上就是智商高的表现……由此可见，大部分所谓的智商的确不是天生的，而是后天习得的。我们更容易接受之前提到的事实：刚开始肯定做得不够好，做得多了，做得久了，就会慢慢好起来，至少好到足够好的地步……于是我们的选择变了，我们的行动变了，我们的生活变了——我们开始变得不那么在意他人的看法，尤其是对那些不学习、不行动的人的看法。

他们的看法不可能是对的嘛！比如说写作，有很多读者都觉得自己写得不够好，所以不愿意开始写。但实际上，没有人一开始就能写好。我们今天看到的那些因为写作而成名的人，也都是经历了很多年，甚至十几年的历练才有了今天的成果。有些人希望通过写作来梳理自己的想法，有些人希望通过写作来记录生活的点滴。在这个过程中，如果没有调整好焦点，结果很容易就会有悖于自己的初衷，为了"写好"而浪费精力，最终因为一些不必要的打击而放弃写作。不论你的初衷是什么，都不要忘记：只要持续做，就会慢慢好起来。有了这样的心态，在过程中碰到困难才不容易放弃。那有没有什么"快捷方式"可以提高智商呢？有！那就是培养自己的心力与思维方式，培养情商也要培养心智与认知生命的意义，去找到自己的使命。

第四节　情商提高与"双一流"的修炼

情商的这个"情"字，指的是对别人情绪的探知和对自我情绪的把控能力。在我们的"双一流"修炼中，通过"体验式"练习，可以令人在不同的情况下，区分并识别出自己感受的能力。它是决定一个人情商高低的关键，"情绪是人对外界和内部刺激的主观体验和感受。我们无法直接观测内在的感受，但可以通过外显的行为或生理变化来进行推断。人类的四大情绪为兴奋、愤怒、恐惧和悲哀，其他基本的情绪还有神秘感、担忧、激动、不耐烦、惊讶等"[1]。

通过体验式练习，可以使清晰看到自己情绪的人准确识别并且描述自己的情绪。比如说同样是惊讶，在他们的概念中分成吃惊、惊讶、惊呆、震惊、惊吓等。如果你一下子就能听出这几个词的区别，说明你的情绪粒度比较高。进行过体验式练习的人，对自己的情绪有着非常细致的识别和描述能力，能说明白自己的感受，并且能针对自己的情况想出相对应的解决办法。

而情绪粒度比较低，且没进行过体验式练习的人，情绪对他们来说只是很含糊、很笼统的感受。他们会说"我感觉特别糟糕"这样的话。他们在每一次感觉不好的时候产生的反应都是相同的，不知道自己当下的情绪到底是什么，也不知道要怎么解决。这就很容易陷入被情绪控制的困境中，让情绪左右自己的行为。

那怎样才能训练自己的情绪管理能力呢？分享一些方法，比如，刚才说的几个和"惊讶"有关的词，每个词的程度都不一样。耶鲁大学情绪智能中心的研究显示，孩子在学校里，只要通过学习更多的关于情绪的概念，就能改善自己的情绪管理能力。而且研究还表明，如果对自己的母语太熟悉，可以去学习外语中表示不同情绪的词语，这样也能帮你更细致地去体会别人的情绪，以及你自己的情绪。

企业运营系统中的核心要素是"人"。企业运营效率取决于生产力与生产关系的协调统一，人始终处于生产力的中心，但是，人是有情感、有情绪的。根据"心—道—德—事"四部曲，企业运营的成效从根本上来自每一位员工，他们心中蕴涵着无尽宝藏，一旦开发出来，就能迸发出无穷的活力与激情。员工拥有怎样的心力和能量，企业就会成就怎样的事业。有两种力量能够激发员工的这份激情与能量，一种来自董事长，另一种来自客户。对于企业而言，董事长无疑是企业最核心的人力资源。同样，对于员工而言，客户心中也同样拥有无尽宝藏，他们的能量也可以不断被激发。员工在一线努力工作，背后提供支持的就是

---

[1] 黄健辉：《NLP自我沟通练习术》，华夏出版社2015年版，第83页。

来自董事长和客户的这两股力量。一个优良的运营体系既能联结企业高层的能量，也能联结客户和用户的能量。这两股能量聚集在一起，互动交换，就会推动企业运营体系高效运转。

其中，特别关键的是如何联结客户和用户的能量。在当今的企业里，各种激励手段，由上到下、层层叠叠，几乎能用的都用上了，但所能发挥的效果基本也到了极限。而通过"3.0战略"，企业家发现还有一种更为强大且源源不断的能量来源——客户。以我们走访的一家方便面工厂为例，来看看"3.0战略"如何帮助企业联结客户并高效运营。在传统企业的运营体系里，产品的最大价值是在工厂车间创造的，销售只是实现价值。因为整个生产销售链被分割成一段又一段，工厂员工被"关在"车间里，所以车间工人与客户的距离就很遥远，因而难以获得来自客户的激励。

恰恰是"3.0战略"，让工厂里的员工有机会联结到客户。因为董事长可以通过个人公众号或者其他手段，直接抵达客户。由此，客户信息可以透过董事长这道大门，流入整个企业，让工厂的车间主任和工人都能感受到，他们所生产的产品为每个客户的鲜活生命带去的滋养，如此才能激励这些生产工人。

在"3.0战略"体系中，企业通过周密的运营体系设计，让客户的能量源源不断地穿透企业内部的各个层面，生产、财务、人力、销售……让各个部门的员工感受到自己的工作与客户的联结，让员工真真切切明白自己创造的"客户价值"是什么，让每一位员工都拥有一份成就感。因此，"3.0战略"能给予企业真正点燃员工的机会，让他们能够更近距离地体会每一个产品、每一道工序与千千万万的客户是怎样的关系。

今天，如果不是身处互联网时代，如果不是基于"3.0战略"，要直接抵达消费者并与之建立联结，其实并不容易。因此，在这个过程中，企业家要倍加珍惜，激发自己的创造力和想象力，展现激情与活力，把整个企业的方方面面和客户源头联结起来。

联结的一头是企业董事长和管理者，是能量；联结的另一头则是客户，两股能量聚集在一起，互动交换。让外部客户有效地激励管理者以及员工，让员工从客户那里汲取源源不断的能量，这就是企业高效运营的本质。过去，董事长未必能够将很多精力花在联结客户上，因而客户就会离得很远。偶尔客户有一些信息，或是抱怨、投诉，或是褒奖、表扬，反馈到企业，那些能量的交互都显得太少、太小。

但是今天，通过建设心灵品质，突破自己的心理瓶颈，董事长可以把联结两端的能量闸门大大地打开，让企业的各个环节，让生产、销售、采购等各个部门的员工，都能浸润在这样的能量场中——这就是新商业文明，就是新时代所呈现的前所未有的万物互联的景象。在今天这样一个新商业文明的曙光中，无论是传统企业，还是互联网企业，企业领导者和管理者都可以发挥想象力和创造力，用心探寻一条直达客户的道路，让自己的企业、团队脱颖而出并成为榜样，让每一个员工都能联结客户，从客户那里获得能量，从而拥有一份成就感和崇高感。当与企业方方面面相关的人的能量都能得到激发时，企业这个生命体就会充满了活力。这就是"心—道—德—事"四部曲的奥妙所在。

第五节 意识与潜意识

人的信念影响人的价值观，价值观影响人的行为，但人的行为背后反映着人的潜意识。可以说，一个人具有怎样的信念就拥有怎样的人生。

所谓的潜意识，是一种已经发生但并未达到意识状态的心理活动过程，换句话说，就是在人类的心理活动中，不能被认知或没有认知到的那个部分。在弗洛伊德提出"潜意识"的概念后，人们常常会用它来解释自己的行为和性格。但英国行为学家尼克·恰特教授认为，潜意识根本不存在，只不过当我们解释不了自己的动机时，习惯用"潜意识的驱使"来解释自己的选择，还用编故事的方式来让这个选择合理化。而这样做，仅仅是因为方便好用。恰特教授这个惊世骇俗的结论是如何得出来的呢？作为一名行为学家，恰特教授想知道，人们到底是如何思考并做出决定的。经过多年研究之后，他发现有很多问题是用弗洛伊德的理论解释不了的，而且有大量的案例都不支持潜意识的存在。

在日常生活的许多场景中，我们以为自己可以看清视觉范围里的一切，但其实，我们一次只能看到一个器物、一个词、一张脸，其他的部分，只不过是我们的想象。如果把这个实验结果迁移到我们的意识上，也是一个道理：我们拥有的只是意识，而潜意识不过是我们自己的想象。为了说明这点，恰特教授举了另一个经典实验，这个实验来自著名认知神经科学家迈克尔·葛詹尼加，叫作"雪花和铲子"。我们都知道，人的左脑掌管右眼的视觉功能和右手行动，右脑掌管左眼的视觉功能和左手行动。葛詹尼加在实验里让一个左右脑之间失去联系的病人两只眼睛分别看到不同的画面——先让他的右眼看到鸡爪的画面，然后让他用右手从四幅画里选一幅，结果病人选了鸡头。

然后，葛詹尼加又让病人用左眼看到雪花的画面，再要求他用左手，从同样四幅画中选一幅，结果这次，病人选了雪铲。最后，葛詹尼加让病人解释他选择的动机，病人说，他要用铲子清理鸡舍。病人为什么会这样说呢？因为他只意识到自己右眼看到的鸡爪，而没有意识到左眼看到的雪花，所以他选了雪铲，却不理解背后的原因。最后，他为了解释自己的动机，就借助了虚构的想象，强行在鸡和雪铲之间建立联系，编出了要用铲子清理鸡舍的理由。我们的语言功能是左脑负责的，所以我们需要用左脑来解释自己的行为；当解释不了的时候，我们就会用编故事的方式来让自己的选择合理化。恰特教授认为，这个例子说明了"我们的行为是受了潜意识的驱使"这个理论，是人们自圆其说的一种捷径。所以恰特在《意识是平的》一书中提出，我们所谓的内在精神世界，不过是一种想象和幻觉而已。人的意识不是什么海里的冰山，也不是立体的。我们的意识是平的，根本没有什么所谓的"意识深处"，这只是我们的某种想象，或者说，给自己讲的一个故事而已。恰特教授说，就像肝脏解毒、肠道消化食物、免疫系统消灭病毒，或者像基因存储信息一样，我们的大脑受到外界的刺激后，神经元彼此连接，给出了一个解决方案，驱使我们行动，但这个处理过程跟潜意识毫无关系。如果我们认可恰特教授的观点，那么我们可以得到什么启示呢？接受潜意识不存在，有什么好处？恰特教授认为，如果我们接受"潜意识不存在"这个观点，至少会有两个好处：更容易改变自我，不用担心被机器替代。为什么这么说呢？首先，目前的心理学理论认为，我们的行为是受到潜意识和过往经历的驱使，所以当我们的行为和观念出现问题时，我们应该从内心深处去追溯根源，寻找解决办法。

在恰特教授看来，这其实是一种"向后看"的方式。而如果你接受了"潜意识不存在"这个观念，你就会意识到，"向后看"其实根本看不到所谓的根源，也找不到解决的办法，我们真正需要的，是"向前看"。所以，我们不要抱有这样的幻想——我解决了一个过去的心结，生活就会像魔法一样发生变化。其实，真正的变化来自每一个新的想法和行动，哪怕再微小，都是在帮助我们重塑自我。专注当下的行动，其实是一种从过去解脱出来的自由。第二个好消息是人类不用担心会被机器取代，这个又怎么理解呢？恰特教授讲过，人的大脑是很会编故事的，如果我们能清醒地意识到这一点，就可以对这个"天赋"加以利用。恰特教授说，如果所谓的意识只不过是受外界的刺激，比如图像、声音、气味等。但是我们这种会给自己讲故事的能力，是机器无论如何都学不会的，所以我们只需要专注于那些能够发挥创造力的工作，就不用担心自己会被机器替代了。

由此可以看到，恰特教授野心不小，这是要公开挑战弗洛伊德的理论啊。我们都知道，弗洛伊德认为，人的心理活动分为意识和潜意识，意识就像是浮出海面的冰山一角，而海面下更庞大的、看不到的部分，就是潜意识。我们虽然察觉不到潜意识的存在，行动却处处受着它的驱使。

恰特教授的观点从另一个角度解释了潜意识是怎样透露我们内心深处的想法，以及心理学家们是怎样利用它们的。首先，潜意识并不是完全没有意识时才会表达，除了睡着做梦的时候，平时走神或者说话产生口误时，潜意识都有可能突然蹦出来。如果你能主动察觉捕获这样一些潜意识的表达，有时候就会了解一些自己以前从没察觉的内心秘密。

比如说，在某个心理咨询师的工作交流会议上，台上的一个咨询师就无意中有个口误，他不小心说了句"当年我嫁给我老婆的时候……"要换成平常人，估计一片哗然之后也就笑一笑，调侃一下，把它当作一个口误就这么过去了。但是心理咨询师不同，他们很清楚"口误"某种程度上代表了自己内心深处的想法。所以在交流中，这位心理咨询师就发现，自己之所以会说出"嫁给老婆"这样的口误，是因为早年的贫困经历让他曾有很长一段时间寄居在自己岳父家里，从而让他在心里有一种依附老婆的感受。尽管许多年过去了，他们的经济情况也已经大大改善，这样一个口误还是深刻地透露出他当时内心的复杂情感。除了口误以外，平时打字时产生的笔误也在一定程度上反映了我们的内心。

听完这个故事，你一定想说，潜意识这么有趣，心理学家们肯定经常利用它来给人们做心理治疗吧？没错，实际上早在20世纪，心理学家荣格就曾利用潜意识的这一特性发展出一套词语测试，后来还成为测谎仪开发的基础。荣格发现，随机给人们一组词语，让他们自由联想相对应的词语时，如果这个词语与内心的某些不愉快经历相关，那人们的反应往往会有所延迟。然后再比较那些延迟反馈出来的词语所代表的意向，往往就能够发掘出人们内心某些重要的感受。比如说，在进行某个心理治疗时，咨询师随机对来访者说出一些词语，当提到"自负"和"愚蠢"时，这位来访者的反应有所延迟，并且他自由联想到的词分别是"白富美"和"女孩"。于是，通过深入发掘，咨询师发现原来这位来访者年轻时有一段对某个富家女孩爱慕的经历，但"白富美"优雅的气质反衬出自己当时的"矮矬穷"，这使得他一度对女孩爱恨交加。尽管许多年过去了，这样一份压抑的情感依然还保留在心底。

所谓潜意识，就是你的意识不能直接碰触的，所以你很难直接意识到自己的潜意识。这是一个问题。我们可以找精神分析师来认识自己的潜意识，但这个途径太不方便，也不是谁都想选择的。而且说实在的，好的精神分析师也比较欠缺，所以我们可以先形成一些认识。例如，你看到了 A，就意味着看到了 – A。但头脑的认识和真正碰触到潜意识还是非常不一样的。那该怎么办？所幸，大多数人都可以有一个途径，那就是梦。梦是大多数人得以碰触自己潜意识的最便捷途径，只要做梦，你就有机会深入自己的潜意识。

现在，你肯定能理解为什么心理医生会特别关注来访者的梦境了。正是因为人们的梦往往是潜意识的表达，而分析潜意识，则更能了解人们内心的秘密，从而达到心理上治愈的效果。尽管我们在日常生活中没有必要对大大小小的梦都特别在意，但如果经常做同一类型的梦，尤其是恶梦，那么对梦加以分析往往能够发现潜藏在人们内心的情结。比如有一位来访者经常重复被看不见脸的人追逐的梦境，这样一种被追赶的感觉原来与他现实生活中父母的控制与紧逼是密切相关的。他想挣脱，却总被控制得更紧，想反抗却又感到愧疚，于是到了梦里，他的父母就变成了看不见脸的人在追赶他。而他了解了这样一个秘密并通过与咨询师沟通和自我思考之后，心理上已慢慢地释然，梦境也逐渐改变，最后没有再发生了。你看，潜意识的确是我们内心秘密的忠实表达，如果我们能在平时有所察觉，特别关注自己内心的这种潜意识，那肯定是具有积极意义的。如果内心有纠葛，我们不妨积极地去发现、探索并改变，最终噩梦也有可能变成美梦。

我们可以将潜意识分为两个层次来看。第一层是个人历史的潜意识，这是弗洛伊德主要论述的。在这个层面，潜意识大约相当于心灵三层结构中的伤痛层，也包括自恋、性和攻击性这些原始生命力，以及生本能和死本能，但应该不包括真我或灵性，弗洛伊德不谈这个，还因此警告过荣格不要沉溺于其中。第二层是集体无意识，也就是集体历史的潜意识，这是荣格主要论述的。如果我们认为，意识和思维就是一切，那我们就忽略了这些潜意识层次中的宝藏。意思是，你可以通过一个人的外在命运看到他的内在想象，也可以通过他的内在想象看清楚这个人的外在命运。而且，我们越是能懂得我们的内在想象，就越能看到一个人的内心是怎么决定一个人的外在命运的。同样，如果你想改变自己的外在命运，就需要去认识、去改变你的内在意识。

第六节　开发潜意识的必要性

了解潜意识概念的人都知道关于冰山的比喻。这个比喻说，意识和潜意识相比，就像是一座冰山，浮出水面的是意识部分，藏在水面下的是潜意识部分。按照水和冰的比重，冰山浮出水面的部分，约占十分之一，而藏在水面下的部分，则约占十分之九。

觉知是个无限的容器，我们可以不断扩大自己的觉知范围从而触碰潜意识的无限深渊。我们最惧怕的就是生命力本身，也就是性、攻击性和自恋，会把它们压抑在潜意识中。疗愈过程是相反的，方法就是觉知与容纳。当觉知不够时，越深入潜意识中则越害怕，越会压制人性；一直都能保持觉知时，容纳的态度就会显现出来，被容纳的各种能量就得以流动，它们就成为我们生命中宝贵的一部分。人在任何时候都可以保持觉知，保持存在感。

我认为，我们可以不断扩大自己的觉知范围，从而碰触到潜意识的无限深渊。前文曾谈到潜意识的几个层级，下面我们主要来探讨如何触碰个人历史层面的潜意识深渊。

我的一位来访者，她读初中的女儿不接受自己的女性身份，决定去做变性手术。这个女孩是非常有主见的，她用各种行为表达了自己的决心，例如剪掉了自己的一头长发，穿得非常中性，想办法和男生混在一起，拒绝和女孩玩。父母非常担心她，带她去找了多位心理咨询师，还带她去过医院的心理科。大部分人诊断她患了精神分裂症，还有些咨询师说她这叫"异性癖"。到了我这儿时，女孩已经拒绝再接受任何心理咨询帮助，所以是这位妈妈来向我咨询。在和这位妈妈聊天的过程中，我逐渐觉得事情不是这么简单。例如，女孩非常喜欢一个男孩，而这个男孩的样子和气质很像女孩的父亲。

因此，我请女孩的父亲来和我谈谈。这位父亲很木讷，但他说出了很多女儿恋父的一些信息，例如女儿有时会直勾勾地看着他，就像看情人一样，还有其他一些表达方式。这位父亲因为比较木讷，并不觉得这些有问题，但我判断这是因为恋父情结，即埃勒克特拉情结。然而，比恋父更严重的，是恋不着。女孩父亲的家族非常重男轻女，这个小家庭也是这样，例如生了几个孩子，就是为了生个儿子，而女孩和父亲交流的时间，实在太少。所以，这个家庭不适合做精神分析式的治疗。我于是给他们提了一些建议：女孩的父亲单独带女孩去附近旅游，有时单独带女孩去爬山，如果其他孩子也参加的话，要把女孩放到第一位。

虽然思想上重男轻女，但这位父亲和多数父亲一样，心里实际也是喜欢女儿的，只是行动上更重视儿子而已，所以这个建议立即被他接受，并很好地实施了。同时，我也建议女孩的妈妈多和孩子亲近，多制造一家人在一起的时光，并且不经意地鼓励女儿和父亲亲近。我还建议女孩的父母也多享受一些单独出去浪漫的时光。

以上这些建议，目的是增强女孩和父亲以及母亲的连接。那时候，我还没有明确形成一元关系、二元关系和三元关系的理念，但给出的建议是符合这个理念的。首先，不把女孩恋父视为洪水猛兽，甚至根本上不是恋父，而是女孩和父亲的情感连接太弱，所以要增强这一部分；同时通过增强女孩和母亲，以及父母之间的情感连接，这样就可以让处于一元关系中的女孩，进入三元关系的世界里。由于女孩的父母非常好地执行了这些建议，半年后，女孩就不再闹着要做变性手术了，她的打扮重新变得女性化了。几年后，当我再次见到女孩的母亲，她说女儿已经很自然地和男孩谈恋爱了。

讲这个故事，并不是说所有想变性的女孩男孩都有类似的逻辑。只是在这个故事里，女孩的变性诉求只是意识层面的东西，而潜意识层面的东西恰恰是相反的。她惧怕自己的女性部分，惧怕自己的埃勒克特拉情结，而当父母都若无其事地鼓励她和父亲交流后，这部分就被克服了。

弗洛伊德的理论经常被人说过时了，一些精神分析师也持有这个观点，有人干脆认为埃勒克特拉情结不能用在咨询和治疗中。但笔者认为，类似这个女孩的故事确实有很多，绝大多数有关性的问题也确实可以在埃勒克特拉情结的框架中得到很好的理解，而且一旦来访者觉知到这一部分，改变就会发生。

上文曾提到，人有3种动力：性、攻击性和自恋，这些就是生命力本身。然而，我们最惧怕的又是生命力本身，因为生命力和恨、攻击性乃至毁灭欲是混杂在一起的，这让我们非常不安。因为这些不安，我们会试着把这些动力压抑到潜意识中，特别是社会要求人活成一个抑制了欲望的"好人"。家庭是社会的缩影，人是家庭的缩影。如果家庭内部也接受这种文化的逻辑，要求孩子"阉割"掉自己的性、攻击性和自恋这3种动力，那么，这个孩子长大后，他意识层面留下的好东西就不多了。所以，对这样的人的疗愈过程就是与压制相反的。这个过程的方法主要就是觉知与容纳，觉知自己的性欲、攻击性、自恋，并容纳它们。容纳，是温尼科特、比昂等这些弗洛伊德之后的精神分析大师们的观点，而弗洛伊德认为这些本我必须被压制。精神分析也是一个发展的过程，弗洛伊德作为开山鼻祖，有很多开创性的部分，但他也有很多局限，例如很少给幼小的孩子做治疗，也没怎么接触过严重的精神病人。很有趣的是，弗洛伊德是想做一个专制型的父亲，他视自己为精神分析王国中的"国王"，而将荣格视为"王子"，结果荣格背叛了他，搞出了相对独立的心理分析学,并提出了集体无意识的概念。不仅如此,应该说除了女儿安娜·弗洛伊德外,弗洛伊德的重要弟子们,不管是亲传的还是非亲传的,都对他有各种"背叛",但精神分析流派也因此得以发扬光大。应该说,弗洛伊德还不是真正专制的父亲,否则他也不会拥有那么自由的探索精神,而精神分析流派也不会有那么多自由探索的空间。

再回到容纳与压制这一对矛盾上。或许,当我们的觉知不够时,越深入潜意识的深渊中,就越会害怕,这时候就会觉得压制人性是必须的。但是在压制的过程中,人性的圆满就遭到了割裂和破坏。当我们一直都能保持觉知时,容纳的态度就会显现出来,而被容纳的各种能量,如自恋、性和攻击性,就得以流动,结果它们就成为我们生命的一部分,而且是非常宝贵的一部分。甚至面临死亡的时候,人一样可以保持觉知。迪尔茨认为,任何时候人都可以保持存在感,也就是任何时候都可以保持觉知。

"影响力教父"罗伯特·西奥迪尼是著名的社会心理学家,很多人可能都读过他的著作《影响力》。时隔30年后,西奥迪尼又出了一本书,叫作《先发影响力》,对自己的理论进行了升华。《影响力》一书里主要介绍的是影响别人的方法,包括互惠、承诺和一致、社会认同、喜好、权威、稀缺。而在《先发影响力》一书里,他主要介绍了实施这些方法的前提条件,认为如果忽略这些前提条件,即便采用了这些方法,影响力也会大打折扣。

西奥迪尼在书里引用了诺贝尔经济学奖得主丹尼尔·卡尼曼的观点:"生活中没有什么事是非同小可的,除非你正在想它。"很多心理学家也指出,潜意识主导了人们大多数的日常想法、信念和行为。这就是为什么有时候品牌在广告上投入了很多,但对人的影响却十分有限。比如早高峰挤地铁的人,或者是在看游戏直播的玩家,在这些时候,他们是没有时间和心情来"被影响"的。受众的注意力和思维方式,就是影响力的前提条件。

在《先发影响力》里,西奥迪尼对说服效果的公式也进行了进一步论证。过去西奥迪尼提出"信息强度=说服效果",而如今这个关系变成"注意力×思维方式×信息强度=说服效果"。比如,书里提到,女生如果在考试前写下自己的性别，数学成绩会显著降低，因为她们受到"女生数学不好"的思维定式的影响。所以，从引导注意力和思维方式的角度来说，想要改变受众的行为，不一定要改变他们的观念、态度或体验，只要改变当事人决策瞬间头脑中的重点就可以了。

第二章

优化你的人生观与价值体系

第一节　发挥自己思维的创造力

一说到中国缺乏创造性人才，第一个被诟病的就是教育。著名科学家钱学森就提出了著名的"钱学森之问"："为什么我们的学校总是培养不出杰出人才呢？"前不久，在亚布力中国企业家论坛年会上，清华大学钱颖一教授在演讲中谈了他对这个问题的看法。下面将就这个说一说。

首先，人的创造力从哪来？创造力来自人们对事物的好奇与热情。用公式表达，可以是：创造力 = 知识 × （好奇心 + 想象力）。也就是说，知识越多，创造力未必就越大。放在教育上我们会发现，知识一般会随着教育年限的增多而增多；但是好奇心和想象力就不一定——如果教育环境和方法不对，甚至可能随着教育年限的增加而下降。这就形成了一个悖论：教育一方面可能通过增加知识，提高创造力；另一方面又可能会减少好奇心和想象力，从而降低创造力。所以，要想预测教育是不是有利于提高学生的创造力就很难。

据 2016 年《纽约时报》报道说，有一项针对大学生"批判性思维"能力的比较研究，对比的对象是中国、美国、俄罗斯三国电子工程和计算机专业的大学生。经过初步的比较，人们发现，在大一的学生中，中国学生的批判性思维能力最高。但是，美国和俄罗斯大三的学生比大一的学生批判性思维能力高；而中国正相反，大三的学生反而比大一学生批判思维能力弱。由于批判性思维跟创造性思维有一定的相关性，所以说，不是我们的学校培养不出杰出人才，而是我们的学校在增加学生知识的同时，减少了对提高创造力必要的其他元素的培养。如果这个说法是对的，那么它对大学教育改革就有着重要的意义：大学除了教给学生知识外，还要创造一种环境，尽力保护和鼓励学生的好奇心和想象力。

如果公式改成了"创造力＝知识×心智模式"，那么"心智模式"这个概念就包含前面所讲的好奇心、想象力、批判性思维等。也就是说，中国的教育偏重于知识的传授，而忽视了心智模式的培养。什么样的心智模式具有创新性呢？下文将从不同角度举例说明有创造性的人，他们的心智模式的特征都有哪些。

第一个是爱因斯坦的"简洁思维"。这种心智模式相信，世界可以用简洁的公式来表述。爱因斯坦说："如果你无法简单地解释，就说明你没有理解透彻。"在他看来，科学研究不是为了智力上的快感，不是为了纯粹功利的目的，而是为了以最适当的方式来画出一幅简化的和容易领悟的世界图像。所以，推动他创造的动力不是来自深思熟虑或计划，而是来自激情。

第二个是乔布斯的"不同思维"。在面对 IBM 这样的大公司在计算机领域处于主导地位时，乔布斯的心智模式是"我要与你不同"。1997年，乔布斯重返苹果，公司正处于低谷，他花重金为苹果设计了一个划时代的广告，广告词是"Think different"，就是"不同思维"。

第三个是马斯克的"反直觉思维"。马斯克从量子力学中受到了启发，他发现在量子层面的物理规律与我们在宏观层面的物理学直觉往往相反，但却是正确的。所以他领悟到，不能跟着在日常世界中形成的直觉走。

第四个是《从0到1》这本书的作者彼得·蒂尔的"逆向思维"。这种思维模式强调，要思考别人没有思考过的维度，要想到别人还没有想到的领域。比如，当别人都在讨论技术问题时，你要提出商业模式问题；当别人都在纠缠商业模式时，你要更多集中于技术创新。

最后，钱颖一教授总结说，简洁思维、不同思维、反直觉思维和逆向思维这四种心智模式虽然在学校很难讲授，但是学生自己可以在感悟中塑造。所以大学要做的就是尽力创造条件，营造出一种宽松、包容的环境和氛围，让学生自己"悟"出来。

几乎所有的企业都想知道，怎样才能激发组织的整体创造力。杜安·布雷是知名设计公司 IDEO 的全球人才主管,他在谷歌博客写的一篇文章说,组织没有实现创新,有两个普遍的原因:一是领导层没有做出表率,没有说清楚怎么做才能创新;二是公司太守旧,阻碍了新想法的出现。在这篇文章中,布雷从他过去的经验总结了帮助企业实现创新的四个步骤。

第一,在鼓励新想法的同时,也要愿意做出改变。例如有一位在电视台工作的员工提出了一个新的节目形式,虽然公司让她说出了这个新想法,但是高层对这个想法没兴趣,也不想做出改变。后来,她跳槽到另一家公司,这家公司有一种包容的文化,员工不仅可以表达新想法,公司也会给新想法提供支持。因此,如果想要创新,领导者就要先接纳新想法,并且愿意做出改变。

第二,要告诉员工,什么时候采用发散思维,什么时候采用集中思维。集中思维指的是,通过现有的答案,迅速找到解决办法,但这种思维无法带来新想法。而发散思维则要打破限制,探索所有的可能性,而不是直奔解决方案。这两种思维方式在工作中可能都会用到,比如,确定品牌战略时,可能需要集中思维;开发新产品时,可能需要开放思维。所以,领导者最好提前告诉员工需要哪种思维方式,究竟是打算创造新想法,还是快速解决问题。

第三,奖励要和组织目标挂钩。布雷说,曾经有一家企业告诉员工,不要怕失败,要敢于合作和创新。但这家企业在统计绩效时,却只看员工有没有完成任务,而不看是否有合作与创新。这样,员工在工作的时候,就会完全忽视了企业提出的创新目标。所以,如果企业正在建立创新文化,要看一下相关的奖励制度是否跟上了。

第四,在"定方向"和"放权"之间保持平衡。来自领导层自上而下的指令,对设定愿景和组织的优先事项有帮助,但这样做也常常剥夺了员工的自主权。创新文化需要放权给员工,并且让员工在行动的时候有安全感。

培养创造力的一个关键能力,是联想性思维。我们平时经常会觉得创造力很神秘,比如家长经常会发现,有些孩子特别有创造力,想法特别出乎自己意料:"咦,他竟然说树叶像潜水艇,我怎么从来没有看出来?""宝宝竟然会自己把袜子团起来当球踢,没人教过他啊。"创造力之所以这么神秘，是因为它来自大脑暗能量，它经常游离于意识的控制和觉察之外。但是，并不是说我们觉察不到、控制不了，它就没有规律。像古人说的，"文章本天成，妙手偶得之"，或者像西方人在古代把创造力看成是缪斯女神的启发。

从科学的角度看，那些非常有创意的点子，当然不是从天上掉下来，或是神仙给的，而是产生于我们大脑内部。很多时候，它不过是把你已经有的各种信息进行重新组合，其中有些组合特别有新意而且有实际应用价值，于是便成为新的创意。加州大学戴维斯分校的西蒙顿教授，在研究了科学家的创意过程后发现，那些所谓的新创意，其实来自人脑对旧知识进行的几乎随机的重新组合。平时，很多奇怪的念头或者组合都被你的意识压制住，但是当你的注意系统放松的时候，这些新奇的组合进入你的意识中，就成为创意。

第二节　从抗拒到学会拥抱

电影《雷霆沙赞》围绕13岁的小男孩比利·巴特森展开。身为孤儿的比利极富正义感，身边残疾小伙伴遭遇霸凌，即使体型块头并不占优势，他也在第一时间站出来打抱不平。其中还有一个寄留在一对夫妇家的黑人小女孩，她总喜欢抱一抱别人，而比利却不太喜欢拥抱；但当他发现这个纯真的小女孩是真心帮助他时，他也用拥抱的方式来感谢小女孩的支持与关心。

拥抱是一种感情的表达，拥抱意味着彼此的接纳，拥抱甚至是治愈一切的良药。我们会用拥抱表达感情，但人多的时候怎么办呢？于是人类发明了鼓掌。我们鼓掌时，其实就是在进行一个隔空拥抱的动作，虽然没有身体接触，但触觉变成了听觉和视觉，人多时更管用。比如，演出结束后，观众没办法都到台上和演员拥抱，所以就待在座位上，用鼓掌来表达感情。你看，合唱、鼓掌相当于同时给很多人"理毛"，比猴子一对一的效率高多了。

正是因为生活的不易，才需要仪式感，才需要互相的慰藉。拥抱是一个恰到好处的举动，既不唐突，也不过于疏远。

而在"双一流"课程中探索自己的"理毛",就是从人的限制性信念到敞开接受热爱的信念转变。在这个练习中,从拉手、目光交流——当你看到眼前这个人的时候,你会想,这个人会给我什么样的一个投票支持?他会与我在生命中创造什么体验呢?他是真诚的吗?到表态——当你看着他给你的投票时,你愿意与他一起创造不一样的体验吗?通过这个练习你会发现你的意识与潜意识在生活人际关系中点点滴滴的影响。

拥抱是一个简单的动作,简单到只要你伸开双臂就可以实现。但人的行为受精神与心理因素所支配,也被文化习俗和传统观念甚至信仰规范所影响,因此一个简单的动作就变得不是那么简单了。所以说,拥抱也并不仅仅是一个简单的肢体行为动作。我们发起世界拥抱日活动,是希望通过一个貌似简单的行为活动展示一种来自和平友爱的文化观念。这意味着我们需要从拥抱这一简单的肢体行为动作中获得启示,开始进入一个更高的精神信仰层次的拥抱中。只有从这一维度理解,才能真正领悟拥抱的意义所在。

我们倡导拥抱精神,并不意味着我们自诩已经到达了如此拥抱的境界,更不意味着我们认同一种无原则的态度,妥协与犬儒式和解。而是提醒我们自己需要秉持上天赋予的灵性善根与道义立场,向有利人类文明进步的拥抱境界靠近。在自勉的同时,呼唤同胞朋友们一起朝此境界积极进取。

我们每个人诞生之初都曾在父母亲人的拥抱中成长。拥抱的欲望根植于我们的内心。我们每个人都是在上天赐予的阳光、空气、雨露的拥抱中渐渐长大。而人的社会化过程使我们渐渐背离本心,忘记了拥抱,落入欲望操纵下的利益与争斗的黑暗世界。

我们必须自我警醒,并相互提示,唤醒彼此内心本真的爱心——拥抱的渴望就存在于我们每个人的心里。在心灵搏斗的时刻,我们需要以拥抱为象征的理解和友爱,需要以拥抱为归宿的永久和平。拥抱意味着希望:它给予孤独个体生存之信心,增加孤独个体彼此间的信任、信心与力量,使我们团结一致,帮助我们战胜内心的孤独与怯懦,最终得以从黑暗中出走。

因此,我们不妨将拥抱视为一种战胜黑暗、寻找光明的方法。我们必须在拥抱中学习拥抱，在拥抱中寻找光明，在寻找光明的道路中融入光明之中；我们必须学会相亲相爱，在相亲相爱中寻回我们逐渐丧失的人性善念。

第三节　认知迭代

很多人都有这样的感觉：越犯错，越着急；越着急，越没法专心，更容易出错。少许压力对人有益，焦虑却没有任何好处。认知焦虑对大脑层面产生影响，总是让人身处担忧中，从而使身体产生压力素并抑制大脑前额部分皮层的调节，导致部分区域停止工作，抑制了专注力。同时，焦虑会造成海马体收缩，而海马体是大脑中负责记忆的重要区域"。所以很多人在焦虑状态中，容易忘事儿，大脑一片空白。长期处于这样的负面状态中，人容易产生自责、惶恐，甚至抑郁的情绪。这时，当你希望自己不要焦虑时，就像在心里告诉自己不要想一头粉红色的大象，可偏偏大象就出现在你的脑海里，"不要"反而会加强焦虑。

任何一个观念、概念、知识点都是或者潜在是一个边界很模糊的数据库，单纯的知识点没有意义。试图通过对某些点状知识的获取而形成自己的认知优势是不可能的。真正的认知优势不在于横向的认知扩张，而在于将一个点状的认知逐渐丰富、复杂化，使之成为知识网络——看起来是一个点，进去以后其实是一个大千世界。

知识的区分

对一个知识的掌握程度，粗看差别不大，但细看差别非常大。黑格尔干脆把那些我们通常以为我们知道，但其实不知道的知识叫作"熟知"，真正知道的知识叫作"真知"。我们以商业为例来说明熟知和真知之间的差异。当一个产业趋势出现的时候，就会出现大量玩家瞬间涌入的情况。他们之所以迅速进入这个新兴行业，是基于他们的认知。而他们的基本认知有两个：一是蕴含着巨大的机会，二是这跟以前的玩法不一样。但当你继续问第二层次的问题，他们往往就说不上来了；再往第三层次、第四层次、第五层次……你根本连问都没办法问。我们今天看见路边那么多共享单车的时候，就知道熟知的危害性有多大：当初疯狂涌入这个行业的人，没有一个人认为自己是不了解这个行业的，否则他也不会进来。但是他对这个行业的了解，可以说连熟知的程度都没有达到。但是，一个有商业常识的人是不太会对这种现象进行大肆抨击的，因为历史从来如此：大家携带着非常浅薄的认知进来，为这个行业的认知升级做贡献，这个"认知升级"也是要大量的资金作为试错成本的。所以，倒下去的第一拨一般是对这个行业认知程度最浅薄的，或者说是对这个行业的"坑坑洼洼"最不了解的，他们直接被淘汰了，接下来还会淘汰第二拨、第三拨。最终创业成功的企业，其实就是认知升级的速度和程度最优的，它们得以幸存下来，是因为以非致命的代价，快速实现了"认知升级"。

辩证法

在黑格尔看来，从熟知到真知要用一种方法——辩证法。

"辩证"就是：第一，提问题、质疑；第二，质疑以后反驳；第三，反驳的过程剥离了伪认知。这有点像米开朗基罗说的"雕塑的过程"：从一块大理石上不断去掉不属于大卫的那些石头。通过"辩证法"，你可以逐渐达到真知。用我们的话来讲，就是不断地提问，每一次提问相当于一个更新、更细化、更真实的场景出现。我们可以把任何一个认知理解为一个物种。这个物种要面对的环境是一个或者一堆问题，你是否能进入下一级，就等同于你的熟知能否不断被救赎，在通关以后逐渐接近真知。为什么有的人头脑中真知的含量很少呢？因为他很少接受真正的提问。如果他处在一种真实的、有选择压力的环境里，被迫去回答，给不出解决方案就会被淘汰的话——他至少有50%的可能让自己的认知迭代和进化。这就像米开朗基罗做雕塑的时候把一些石头去掉了，但这个石头最后是否能雕成大卫呢？当他去掉一些石头以后，可能发现这里还是不行，近看远看，最后又发现很多石头是多余的，然后把它去掉。认知就是去伪存真、去粗取精的过程，这个过程的主角是环境——你的认知环境。这个认知环境常常表现为一个或多个问题不断出现在你头脑中——没有这个问题的出现，你头脑中的"熟知"就会停留在原来的层级上面。

你头脑中如果有很多"熟知",说明你的环境不太经得起挑战,像南太平洋上某个孤岛的物种,由于跟外界不接触,所处的环境不具有挑战性。大家不要以为世界竞争这么激烈,是不可能在与世隔绝的南太平洋岛上自己慢慢过日子的。事实上,在很多时候,我们由于外在和内在的原因,能够给自己那些离真知很远的熟知形成一块巨大的保留地。比如你所处的行业是一个具有高度屏蔽性或者垄断性的行业,那么,你的企业和你自己面对的问题或者环境就是相当单一的:即使整个世界可能竞争非常激烈,你用某种"技能",如掩饰、打马虎眼,去弥补认知的不足,也能够混下去。当初大家学的是一样的东西,但大学毕业10年、20年以后,每个人的认知差别非常大,其中一个很重要的原因就是:一部分人不断在经受各种的质疑、提问、挑战,被迫去迭代原有的认知,一步步让现有的认知接近真知;另外一部分人则一直滞留在那块南太平洋孤岛一样的保留地上。你一直处于一种播放模式,而你所处的环境让这个播放模式是有效的,你就会一直处于这种模式。但播放模式是远离认知的。鹦鹉有简单的学习能力,接下来是长时间的"播放"。它可能根本就没有认知,而是一种"碳基录音机",能把某个声音录下来进行播放。比如它说"欢迎光临,好久不见",你要是问它,"我昨天还来了,怎么就是好久不见呢?"它就不知道,没办法回答了。

从鹦鹉的例子可以知道:认知的特点是屏蔽提问,而提问既可能是一个口头上的问题,也可以表现为对一个环境的挑战。当你屏蔽了这个提问和环境的时候,你已经滞留在"非认知"状态了。其实任何人的认知都包含熟知和真知。所谓"认知优势",是提高真知在整个认知中的比例,而很多人的认知之所以没有优势,是因为在他的所谓"认知"当中有太多的熟知——经不住疑问的那些知识。我们要打造"认知优势"的唯一的途径就是持续地经受提问,让那些认知体系里的"伪物种"尽可能灭绝。要知道,在认知能量中,专注是一项能力。过去我们批评某人粗心,以为只是态度问题,其实本质是专注力的问题。关于专注,在美国军队有一个频率很高的词:心流。人们对心流的解释是:一种将个人精神力完全投注到某种活动上的感觉。心流产生的同时会有高度的兴奋及充实感。例如我有段时间在工作配合、业务推进上都出现了瓶颈,一度焦虑到晚上睡不着,白天各种担心,工作效率特别低。有一天雨后，路边爬出一只蜗牛，我一时兴起把它带回家拍摄。一会儿搁在书上，一会儿放在纸上，一会儿拍个小视频，变换各种造型和角度。等我抬头看表时惊讶地发现，时间竟然过去了3个小时。这3个小时里，我的心只在拍摄上，完全忘记了那些让我焦虑的事。

后来经历多了，我慢慢明白：压力和焦虑未必如传说中所说，一定是前行的动力，相反地，也可能是个大麻烦。就比如它们会制造负面情绪，影响专注力。焦虑仿佛成了这个时代很多群体的特征。学生的学业焦虑、职场的中年危机、生活中的攀比焦虑……因此产生心理疾病的人也越来越多。除了一些简单的方法外，还有人通过学习哲学、宗教等理念，以寻求自我平衡的状态，来实现内心的平和与专注。专注是一种能力，更是一项人生选择。专注力让我们对事物认知的思考提升到深入思考。

第四节　学会控制和合理使用有效学习工作的大脑

有一次我在一个学校做讲座，有个同学跟我说："我有一个远大目标，希望能像我的老师那样成为企业教练导师。可是，当导师需要先读完三阶段，要学习NLP，还要读教练技术的其他书籍。要清晰知道当导师的目的是什么，这与你的人生理想目标是否一致。"看起来他有远大的目标，而且这个目标似乎也提供了足够的张力，可是这个目标的容错率非常低。就像是一架仪器，看起来设计精密，其实可能很容易坏。更大的问题是，这个目标并没有和他当前的计划相联系，这让他变得非常心浮气躁。

那么，如何能把目标转化为行动的动力呢？有一种能把张力变成动力的思维工具——"WOOP思维"增加动力的思维方式，我把它叫作"控制的两分法"。有这么一句祈祷词："上帝啊，请赐予我勇气，让我改变能够改变的事情；请赐予我胸怀，让我接纳不能改变的事情；请赐予我智慧，让我分辨这两者。"

把这句祈祷词精简一下，就是控制的两分法：努力控制你能控制的事情，而不要妄图控制你无法控制的事情。这句话，前者讲的是专注精进，后者讲的是顺其自然。只有把这两者同时结合起来，才能既保持积极上进，又能让自己内心平静。为什么这么说呢？作为一个心理咨询师，我发现大部分人的烦恼都在于企图控制我们不能控制的事情，却不对我们能够控制的事情行使控制权。想想我们的烦恼有多少源于我们控制不了的东西。我们控制不了我们的过去、我们的环境，控制不了我们的原生家庭。如果你的父母不符合你的期待，你再怎么样愤怒，他们还是不符合你的期待。我们控制不了别人对我们的评价，控制不了别人是怎么想、怎么做的，更控制不了别人是否会喜欢我们。我们还控制不了一个基本的事实：所有的人都会死，而我们还不知道我们什么时候会死。只要不承认某些东西是我们控制不了的，我们脑子里就一直会有一个"它应该要这样"的图景，从某种意义上说，应该思维就是对我们控制不了的事情的执着。什么是我们能控制的部分？如果你想锻炼身体，你可以控制自己早上是否早起、晚上是否去散步，你可以控制自己的饮食。如果不能控制每天都这么做，你至少可以控制一天。还有一个最重要的东西你是能控制的：你控制不了意外发生在你身上的事情，但是你能控制自己怎么想。可是我们并不愿意控制这些，因为在我们眼里，这些事情好像太小了，它又不能马上改变结局，所以我们宁可由着性子去想那些不能控制的事情。

控制两分法的第一步是思考在你所担心的事情中，哪些是你能控制的，哪些是你控制不了的，并把注意力专注到你能控制的部分。认识到很多事情是你控制不了的，这是一种心智上的成熟。

精神分析里有一个词叫"全能自恋"，说的是婴儿觉得自己是无所不能的：只要一动念，母亲就会来喂奶；只要一哭，就有人来安抚。随着心智的发展，我们逐渐认识到，这个世界不是围绕我们的想法运行的。只有认识到我们没法控制很多事情，我们才能把注意力集中到我们能控制的事情上。也许你要问：有些事既有我能控制的部分，又有我不能控制的部分，那该怎么办呢？比如我想给同事留个好印象，同事怎么想我，当然是我不能控制的，可是我也可以勤快一些，多帮一些忙，给他们留下好印象的机会似乎也会大一些。这样想是有道理的。

实际上，很少有事情是绝对不能控制的，或者是绝对能够控制的；很多事情是混杂在一起的，既有我们能控制的部分，又有我们不能控制的部分。那该怎么办呢？控制两分法的第二步是对于那些不能够完全控制的事情，把你能控制的部分找出来，并做成计划。新东方教育科技集团CEO周成刚的微信公众号"周成刚在路上"有一篇文章，介绍了新书《自我驱动的孩子》里的观点。这本书的两位作者分别是临床神经心理学家威廉·斯蒂克鲁德与教育专家内德·约翰逊。他们提出，现在的孩子被剥夺了对自我生活的控制感，自主意识较低，因而自我驱动力不足。导致这种现象的主要原因是，很多父母都认为，自己要替孩子做出最好的决定，否则只要有一个决定出了错，就会影响孩子的一生。美国心理学家德西和瑞安曾提出"自我决定理论"，这个理论认为人有三种基本的心理需求：自主性（autonomy）、能力感（competence）和关联性（relatedness）。自主性像饥饿和口渴一样，是人类的基本需求。如果一个人对生活的自主感较低，就无法成为一个自我驱动的人。在家庭教育中，如果父母逼孩子去学不喜欢的东西，即使这项技能提高了孩子的能力，但也付出了代价——父母和孩子的关系会变得紧张，孩子的关联性（与父母的关系）和自主性也会降低。两位作者认为，有3个原因降低了孩子的控制感。第一，玩得太少。心理学家彼得·格雷研究发现，孩子玩的机会变少会降低他们的自我控制感。如果孩子能在周末花大部分时间去玩，他们就可以选择玩什么和如何玩，会拥有更多的自主意识，但现在孩子的周末通常是做作业和参加一些有组织的活动。第二，睡眠不足。由于课外活动变多、电子设备的影响，使得现在的孩子要比以前睡得少。当他们睡眠不足感到疲倦时，就会产生较低的控制感，更容易感受到压力。第三，缺少对自身价值的探寻。

心理学家珍·特文格认为，自20世纪60年代以来，大众文化越来越重视外在、金钱和职位，忽视了对生活意义的探寻。孩子一直拼命往前赶，却很可能并不清楚生活的真正意义是什么，这就会导致之后的迷茫和失控感。家长该如何帮孩子获得控制感呢，《自我驱动的孩子》给出了6条建议：①成为孩子的顾问，而不是老板。孩子做作业遇到困难时，家长要告诉孩子自己愿意提供帮助或者给出建议，但是孩子的任务还得要他自己完成。书中指出，成为顾问就意味着彼此是合作的关系，为对方塑造安全感，培养主动性，而不是事无巨细地管控。②鼓励孩子自己做决定。让他们尽可能多地自己做决定，真正的学习往往来自解决问题,而不是完美地做好一件事情。③多问孩子,问题出在哪里?当孩子遇到问题或犯错时,要带着同情心去倾听,为他们提供帮助,但不要强迫孩子接受自己的建议。④不要给孩子制造焦虑。孩子们在轻松的状态下会有很强的控制感,控制感正是形成动机的关键因素。因此,家长要处理好自己的焦虑、内疚或愤怒,不要过于情绪化。当孩子遇到问题时,不要表现得比他们更难过、更苦恼。⑤让孩子感受"心流"。在真正喜欢的事情上做到最好,并将这种积极的体验延续到其他工作中,这就是心流。孩子可以通过积极参与自己喜欢的事情来产生自我激励,家长需要支持孩子对兴趣爱好的深层次追求。⑥让孩子学会准备备用计划。问问孩子:"如果事情没有按你希望的方式发展,你的备份计划是什么?"有一个备用计划能帮助孩子缓解压力,也令孩子更有勇气去做一件事。家长需要帮助孩子练习寻找灵活解决方案的技能,这能让孩子更有韧性和自信,能驾驭混乱和不确定性。以上就是让孩子更自觉、更有自我驱动力的建议,从控制到自我驱动是一个心力与思维提升进化的过程。

第五节　学会有效思维与有效知识更迭

　　乐观的重要性正在被越来越多的人注意到。无论是在现实生活里,还是在日常的工作中,乐观成为一项受人们欢迎的品质。而且,有些研究证明了乐观主义与工作的成果有关联。比如,我有一个学员是从事人寿保险的,他曾做过一项研究,研究对象是公司新入职的保险销售人员。结果发现,那些在乐观精神上得分高的销售员,在入职的第一年里,会比得分低的销售员多卖出35%的人寿保险。但是,问题在于,不是所有人都是天生的乐观主义者。那么,该如何让自己变得乐观呢?关键之一在于,不要让自己停留在消极心态和悲观情绪上。

　　在我们一生中,有四种消极的认知思维模式在影响着我们的事业、家庭及人际关系。一是过滤,指的是在心理层面把自己可以受到鼓舞的方面给过滤掉。也就是说,更容易去注意事情坏的一面,却过滤掉了好的一面。二是个人化,指的是当一些坏事发生时,把它理解为是针对自己的，或者全都是自己的原因，因此表现出自责行为。三是小题大做，指的是在任何情况下都预期可能会发生最糟糕的后果。四是极端化，指的是把任何不完美的事件都定义为一次巨大的失败。这四种认知思维模式会让一个人陷入悲观而不可自拔。要想变得乐观，就要小心提防，不要让自己停留在这些消极的思维定式上。

3类9种思维定式在影响你的命运

平井孝志是日本筑波大学研究生院的经营学教授，毕业于麻省理工学院商学院，他曾在贝恩、罗兰贝格等知名咨询公司工作过。在过往的工作经历中，平井孝志经常看到有些人面对一些问题时，冥思苦想也得不出条理清晰的答案。在他看来，这些人头脑聪明，却被自己的思维定式束缚住了，没法进行深度思考，事业上也受到很大影响。于是，平井孝志根据自己长年的观察，总结了人们常会陷入的9种思维定式，发表在他的新书《麻省理工深度思考法：从模型及动力机制来思考现象》里。在书中，平井孝志把9种思维定式分成了3类。

第一类是初级的思维定式，包括因果倒置和"满足于普通解"。因果倒置是最常见的思维定式，它指的是，人们不理会现象背后的本质，反而把现象作为原因。比如，在分析为什么减肥总是失败时，人们得出的普遍答案，往往是管住嘴、迈开腿。这种解决方式看起来对谁都适用，但减肥的人却只有三分钟热度，不能长久坚持。平井孝志说，如果减肥失败的真相是刻意忽略了肥胖的事实，那么你每天称体重、让体重变得可视化，其实比减少食量多做运动要更有效。这是第一类思维定式。

第二类思维定式，可能会让人陷入"两难窘境"。也就是说，在这类思维定式下，你越想提升自己的思维能力，就越有可能变得肤浅。这里面包括以下4个思维定式：依赖框架、范围适应、思考止于关键词，以及执着于初步假设。

依赖框架，就是当我们学习到一些框架或模型后，就会用来整理信息，通过整理信息本身所获得的成就感，会让人觉得自己思考了，也理解了，于是，就会停止进一步思考。平井孝志说，框架只是辅助思考的工具，而不是可以导出答案的机器。范围适应，在日常生活中很常见，指的是从事物所属的范围中寻找原因。比如，我们说一个人太爱较真了，就会认为这个人可能是理科生。当一个小公司总招不到优秀员工时，我们就会认为是因为公司不够大。同样，一味追逐流行的关键词，容易让自己产生错觉，认为自己已经明白，也会停止思考。平井孝志认为，比起关键词本身，更有意义的是为找到关键词而进行探索的时间、付出的努力和思考的过程。而那些执着于初步假设的人，容易局限在自己最早提出的一些假设中。平井孝志认为，人们做出的假设，也需要随着新的信息和发现不断进化。如果你执着于最初假设，也就陷入了思维定式，会堵住进化的道路，摆脱不了那些最初的想法；这样造成的结果可能是，会让思考停留在刚刚发现的"冰山一角"，而忽略了全貌。

第三类思维定式，用平井孝志的话说，就是在思考的入口处原地踏步。陷入这种思维定式的人，往往意识不到自己其实并没有真正在思考。在这一类别里包括下面3个思维定式：忘记思考初衷、偏重过程、失去独立思维。什么叫忘记思考初衷？平井孝志介绍，咨询公司里的新人，很容易陷入为分析而分析的误区，常常忘记了自己的分析其实是为了支持哪种论点才进行的，因而会得出大量前后矛盾的资料。偏重过程，是指人们会误把"执行程序"当作自己的思考。导致的结果是，"回答内容空洞、只把脑子用在执行过程中，并没有真正的思考"。比如，当上司问你"顾客真正的需求是什么"时，你也许回答，"通过问卷调查可以看出顾客需求，我会做些准备下次开会说"——这样的回答就是偏重过程。而上司希望得到的回复是类似于："顾客真正需要的是应对速度而不是应对方式，这应该能在顾客调查问卷中有所显示。"再来看失去独立思维，它指的是在不知不觉中依赖他人的想法，而懒得自己思考。要知道，没有深入思考，就会对自己的想法没有自信，全盘接受对方的观点。

通过对这3类9种思维定式的分析，平井孝志发现，大部分人都有3～4种思维定式。他建议，如果你感觉自己正在思考的事情"因果倒置"了，就要试着努力寻找其他答案；如果意识到自己沉溺于关键词了，就试试不用关键词去说明问题；当你察觉到自己满足于用框架整理问题时，那就放弃框架从其他角度切入，甚至你可以创造属于自己的新框架；如果你提出的初步假设，不能带来进一步的思考，那就想想反例，试着去否定自己的初步假设。平井孝志总结说："从行动上具体改变自己，是克服思维定式的有效手段。人类其实是意志很薄弱的动物，所以，比起通过改变意志去改变行动，先改变行动，更容易改变你的意志。"

分阶思维

通过这9种思维定式，我们还可以看到，不同思维阶次驱动不同行为产生。例如，当你看到地上有100元钱时，你会伸手去捡。这是一阶思维（first order thinking），发现机会就行动。大多数人都这样。但是，如果你养成了二阶思维（second order thinking），就会多想一层：慢着，如果地上真是100元钱，早该被人捡走了，所以，它不会是钱，那我还是不要浪费时间，视而不见继续走路才是正确的。经典经济学就是典型的二阶思维。这既是它最强大的地方，也是它最招人批评之处。它假设别人不会傻到有钱不捡，所以聪明地替自己省下了捡钱的工夫。它认为市场总是有效的，因为价格已经反映了所有能影响价格的信息。正如世上没有免费的午餐，地上没有白捡的钱。二阶思维很高明，但有时高明得有点犯傻。如果地上真躺着100元钱，放着钱不捡就是犯傻。二阶思维犯傻是因为它过度依赖一个前提：别人都是一阶思维。跟二阶思维相比，一阶思维既没有傻到零阶思维，就是地上有钱也看不见，什么机会都发现不了，也没有高明到意识到大家都能发现钱。

所以钱在那里则必有古怪。地上有没有白捡的钱，市场有效还是没有效，跟绝大多数玩家是什么思维关系很大。诺贝尔经济学奖得主斯蒂格利茨在一篇经典论文里解决了这个问题：如果大家都认为市场是有效的，那么市场将不再有效；反过来，如果大家都认为市场不再有效，那么它将变得有效。道理是这样的：市场不是自然而然有效的，需要人们努力获得信息、处理信息，根据信息去套利，付出成本获得收益。这样做的人越多，市场就越有效。而当越多人相信市场有效时，就越少人付出成本去套利，因为他觉得没有套利的机会。反过来说，当事实上出现套利机会而没人来套利的可能性就越大，市场有效性就越低。再反过来说，当市场公认失效，就会有许多人付出成本去套利，套利的人越多，市场就变得越有效。这段话看起来很绕，我以总结的方式来解释。零阶思维：地上没钱，因为有钱他也看不到。一阶思维：地上有钱，因为别人都是零阶思维。二阶思维：地上没钱，因为别人都是一阶思维，有钱也被捡走了。三阶思维：地上有钱，因为别人都是二阶思维，有钱也不去捡，所以地上还是有钱。一阶一阶上升，很像电影《盗梦空间》（Inception），一层层穿透梦境，最后似梦似真。

到底地上有钱还是没钱？高阶思维比低阶思维想得深，说起来是更高明，但是不是更能捡到钱？不好说，答案不确定，但思考这个问题本身极为重要。站在当下面向未来，要想拿出能捡到钱的策略：首先，你必须具备多阶思维的能力，除了零阶之外，在任何一阶上，你都要有思考的能力。其次，每次启用第几阶思维，取决于你对其他人思维在哪一阶的了解。

如何用分阶思维做判断？比如说你要判断股市是否触底，首先，你必须有能力同时在这几阶思维上展开思考。一阶思维：了解影响股市走势的各种实质信息，包括大国关系好坏、宏观经济走势、行业变化、企业管理、企业家能力，所有这些都实质性地影响股价。二阶思维：一阶思维涉及的信息是否已经被市场充分消化？三阶思维：二阶思维所涉及的信息反过来是否已经被市场充分消化？然后，你得了解其他玩家在哪个阶段的思维上，是一阶思维还是二阶思维？这正是市场玩家们特别关心同行预期的原因。这不是为了学习、照搬模仿，而是为了把握对方的思维阶次。做投资必须要去人多的地方。巴菲特不去人多的地方，那是因为他打法特殊。正常人做投资必须得去人多的地方，但不一定是去追风口、随大流，而是待在人多的地方才知道别人对信息的处理是在哪个阶次，从而相应地确定自己应该调整到哪个阶次。做投资的人不放过任何一个 party 的机会，不仅是因为他们是 party 动物，也不仅是因为需要交流一阶信息，也就是哪里有机会的信息，更重要的是为了假装交流一阶信息，而借机打量对方对一阶信息了解多少，消化到哪一步，从而感受把握市场整体的思维阶次。如果大家都在零阶，那你一阶就够了，这是阿尔法交易者的入门打法。如果大家都在一阶，那你就转到二阶，这是贝塔投资者的选择。如果大家都到了二阶，这时倒可以看看市场上有没有超额收益的机会，这是阿尔法交易者的进阶打法。最近金融界常说的"大家都预见到的危机就不会发生""灰犀牛"，我用思维阶次重新解释一下：它对应的是二阶思维。大家都预见了，那么就已经消化掉了。其实未必总是如此，要不然就没有"灰犀牛"这个词了。灰犀牛就是人人都预见，但还眼睁睁看着它发生的那些事。为什么会这样呢？因为大家都太聪明，都已经启用了二阶思维想问题，相信大家都预见到的危机不会发生，因为都相信不会发生，所以它就发生了。

运用分阶思维的三点提示理解思维分阶的道理，我们可以做几点总结：第一，思维阶次理论上可以无限上升，但实际三阶以上大脑就会有负担，揣摩到三阶就足够了。第二，用大拇指原则，也就是用经验来估计的话，在现实中的大多数时候，人们都停留在零阶和一阶，所以对聪明人来说，二阶思维比较重要。能被称作"聪明人"通常已经具有一阶思维了，但二阶思维还需要养成并固化成肌肉反应。用一阶思维寻找机会，用二阶思维验证是否已被同行消化，大体上就够用了，但千万不要忘了还有三阶思维，在聪明人扎堆的地方，你总有用得到三阶思维的时候。第三，高阶思维和低阶思维可能驱动表面上同样的行为。一阶思维去捡钱，三阶思维多想了两圈还是去捡钱；零阶思维不去捡，二阶思维也不去捡。

第六节　信念的养成与完善

今天的我们生活在一个复杂的世界里，很多事情都没有定论，对同一个现象可以有几种不同的说法，而且每种说法可能都有自己的道理。所以，想要深入理解这个时代，我们得学会"复杂"。那怎么变成一个复杂的现代人呢？在一次与心理学家芷菁老师对话时，她提出了一个叫"认知信念"的概念，意思是指一个人对知识以及获取知识的看法。她描述了两种认知信念，一种叫"简单认知信念"，另一种叫"复杂认知信念"。

简单认知信念认为，知识都是一个个孤立的事实，被发现之后就不会改变了；获取知识的过程是一个被动的过程，权威说什么就是什么，没有个人观点这一说。而复杂认知信念认为，知识是一个复杂的体系，知识不是孤立的，每个知识之间都有联系；而且随着时间变化，知识也是可以慢慢演化的，如果将来有了新的证据，或者新的论证方法，现有的知识也可能会改变。所以我们不能盲目地听从专家的意见，而应该亲自去验证知识的来源是不是可靠的，最好是自己能进行推理。尤其是在今天，我们经常会面对一些互相冲突的信息。心理学家说，一个人的认知信念，决定了他能不能从冲突信息里学到东西。

研究人员找了美国282个高年级大学生来参加实验。首先，对这些大学生进行一个调查，看他们是不是服从权威观点，以及对权威的服从程度。这样研究人员就能知道，每个人都有什么样的认知信念。接着，研究人员给这些学生看4篇文章。这4篇文章都和全球变暖有关，来源都很靠谱，而且都是比较权威的说法，逻辑也站得住脚。但这4篇文章之间的观点却是互相矛盾的，有的文章说全球变暖是人为的，有的说是自然现象；有的说全球变暖好，有的说不好。研究人员让这些大学生每读完一篇文章，就把自己的情绪写下来，情绪类型包括惊讶、好奇、困惑、焦虑、厌烦等。最后，要求所有人都要写一篇文章，说说自己看完这4篇文章之后，学到了什么知识。研究人员通过他们写的文章，来判断他们的学习状况。结论是这样的：那些有复杂认知信念的学生看完这4篇文章后，产生的情感一般都是"好奇"和"享受"；而那些抱有简单认知信念的学生，产生的情感则是"困惑""挫败感""焦虑"，甚至是"厌烦"。有一个非常有意思的情感是"意外"。按理说那些简单认知信念的人，看到了矛盾的结论，更应该感到意外吧？但实际上恰恰相反，真正产生意外情感的人，反而是那些有复杂认知信念的人。可能是因为简单认知信念的人对材料没感觉，甚至因为厌烦根本就没读进去。所以这些人产生的情感不一样，学习成果也不一样。复杂认知信念的学生记住的知识点更多，理解力更强，他们能更好地利用这些信息去写文章；而抱有简单认知信念的人就做不到。

中国传统的读书人有个非常理想主义的个人成长路线图，《礼记·大学》认为人的完善应该按照下面这个顺序：格物、致知、诚意、正心、修身、齐家、治国、平天下。当然这只是一个理想。但在我们的大学里却有一些"精致的利己主义者"，甚至有的顶级名校里的学生，膜拜权势而不追求真理，畏威而不怀德，为了投机而出卖人格。反倒是开放的大学，想通过自由技艺的教育让学生拥有健全的人格。逻辑思维虽不能解决修身、齐家、治国、平天下的问题，但是可以帮助个人的诚意正心、格物致知。

尤金妮亚·程提出了一个基于逻辑的修身路线，我认为这条路线非常具有可行性。这条路线可以称为"四讲"：讲逻辑、讲理性、讲力量和讲智慧。

第一，讲逻辑。讲逻辑似乎是个简单要求，可是大多数人在大多数情况下都不能完全做到。我们列举了非常多不讲逻辑的例子，不讲逻辑的样子是很难看的。用老百姓的语言来说，讲逻辑就是你得讲理；用数学家的语言来说，讲逻辑就是你得做到"演绎闭合"（deductive closure）。首先你得有一个像是数学公理一样的信念体系，然后你的各种论断、观点、立场都能从这个体系中通过逻辑推导出来。而所谓"演绎闭合"，就是你的观念系统得满足以下的条件：①这个体系以内的东西不能互相矛盾；②这个体系以外的东西，你持怀疑态度；③凡是能从这个体系推导出来的东西，你就有根据相信。必须承认这是一个非常高的要求，因为我们不可能一天到晚审视自己的信念系统，可是这个原则对我们而言是一个重大的提醒。你不能一会儿说必须得这样，一会儿又说那样也行；你不能今天信这个，明天又信与这个矛盾的那个，如此一来就难以赢得社会的信任。讲逻辑还要求你在这个观念系统里的"公理"应该是比较少的，大部分观念应该都是被推导出来的，这意味着你回答"为什么"时，你得有理由。别人问你为什么支持这个，你不能总是回答"因为我喜欢"。不过，讲逻辑只是出发点。笨人也可以讲逻辑，坏人也可以讲逻辑。即使是两个在逻辑上无懈可击的人，因为他们的基本信念可能不同，也不见得能互相达成一致。

第二，讲理性。所谓基本信念，就好比是数学中的公理，是无须证明的东西，是逻辑推导的出发点。你不停地追问自己为什么，总要达到某些点，而那些点其实是"没有为什么"，那就是你的基本信念。有些基本信仰是出于风俗习惯，比如中国人喜欢讲团结、讲人多力量大、讲集中力量办大事、讲集体主义，而美国人喜欢讲个人英雄主义，你说到底哪个更有道理？你深入挖掘可能有基因的因素、有地理环境的因素，但是最方便的说法就是两国文化不一样，有不同的传统。再比如一些属于个人的喜好和口味，我觉得橘子比苹果好吃，你觉得苹果比橘子好吃，你要问我凭什么认为橘子更好吃，我真没什么可说的，我只能说我有权喜欢橘子。把这个思路推广下去，有人认为一切信念都是相对的，你信什么都可以，只要能逻辑自洽就行。从纯逻辑角度，我们对此无法反驳。所以现在有所谓"后现代""文化相对主义""多元主义"，认为所有信仰都是平等的。但是从与我们生活的这个真实世界相处的角度来说，我们还是有一个标准，能够判断信念体系的价值好坏。有些信念更合"理"，尤金妮亚·程提出一个判断标准：你这个信念系统是不是开放的，是不是可改变的，开放和可改变的系统更值得相信。宗教信仰是一个封闭的系统。有人非要这么信也行，但是我们有另外的系统，那就是科学。有人说相信科学也是一种迷信，其实那是根本不懂科学。这里的科学不是结论，科学是一个方法系统，是一个发现知识的框架。这个框架要求用证据说话，只要有新的证据出来，能推翻以前的结论，科学家允许你改变他的信念。请注意，前面我们说过，讲逻辑的人不能总是变来变去，应该有一个稳定的信念系统，但是，稳定不等于绝对不变。有一个可改变的信念系统和没有信念系统，完全是两码事。其实讲框架的体系不只有科学，新闻也是如此。真正的新闻媒体——而不是那种流量自媒体——采写新闻是有框架的。比如有一个标准叫交叉验证（cross-checking），意思是你不能光听一面之词，得从多个侧面来了解事实，重要的消息要求至少有两个独立信息来源才行。框架只能在一定程度上保证结论的真实性和可靠性。从纯逻辑角度看，只要不是纯数学，就都可能会出错，有框架不等于肯定正确。为什么相信框架的结论比盲目相信什么东西更高级？因为框架是我们在有限条件下得出正确结论的最好办法。这样说来，框架代表了程序正义。经过了框架如果还是出错，那么这个错就不在你——这和你自己坐在书桌前拍脑袋瞎写绝对是两码事。故意造假是人品问题，使用未经辨别的信息是智商问题，框架体系可以保证你的人品和智商都没问题，你就不会被指责。讲逻辑，且有一个程序正义的信念体系，你就是一个"讲理性"的人——这里的"讲理性"英文是 reasonable，不同于经济学里"理性人"的理性（rational）——这里相当于说你是一个"可以理喻"的人。几乎所有人做自己熟悉的事情时都是理性人，但是要做一个可以理喻的人，你得有一定的学识水平才行。

第三，讲力量。讲逻辑、讲理性，你就不会在世界观问题上犯大是大非的错误了。但我们学习逻辑不仅仅是为了不犯错误——这只是做减法，我们还希望做加法。要把逻辑运用到高水平，你得能创造或者发现一个本来自己不知道的东西才行，这是一种力量。我多年以前看过一部古龙写的小说，其中有一段描写了两个反面人物在你一言我一语地分析事情。说着说着，年轻的那个就暗自地想，另一个人已经太老了，跟不上这种长链条的推理了。他这个想法有点年龄歧视，其实人的逻辑推理能力随年龄而下降的速度是比较慢的，而且还可以用知识和经验的积累去弥补。但又不可否认，在围棋之类的领域，人到了一定年纪之后计算能力的确就不如年轻人……这里我想说的是，"推理力"和体能、肌肉力量一样，也是一种力量。衡量推理力大小的一个标准是你能想多少步，简单的一两个"因为……所以……"意义不大。高手得能从一个抽象模型出发，以公理或者基本信念为基础，经过很多步的、交叉的、网络式的推理，构建一个庞大的理论，得出新鲜的、可能违背直觉的，但是正确而且有用的结论。最厉害的推理高手显然是数学家，他们可以用好几百页的论文去证明一个数学定理，就这样中间还省略了很多步骤，推理力不够的人根本看不懂。棋手的思维没有数学家那么复杂，但是计算力特别强。警察破案通常不需要太复杂的思维和太多的计算，但也可以说是有力量的推理者。而首先他们都必须是讲逻辑和讲理性的人。别人说个复杂点的事儿就理解不了，读一篇有点理论性的文章就跟不上，这就是推理力不足。推理力是个需要从小就练的硬功夫，如果是为了让我的孩子拥有足够的推理力，我宁可剥夺他们一部分看电视的快乐。

第四，讲智慧。尤金妮亚·程是个数学家，她的主要研究领域是"范畴论"（category theory），她喜欢思考事物之间的分类关系。她提到一个分类方法，使用"对别人有利"和"对自己有利"这两个坐标轴，把人分成了四类：①做事只对自己有利，而对别人不利，你是一个强盗；②做事对别人有利，而对自己不利，你是烈士；③做事对别人、对自己都不利，你是愚蠢的；④最理想的情况是双赢——做对别人和自己都有利的事，这叫"智慧"。我理解这个智慧和智能是两码事。智能是能力强，智慧是不但能力强，而且知道怎么用这个能力。想要做一个有智慧的人，要去帮助别人而且还能把事情做成，你就得跟他人交往合作——不但要擅长使用逻辑，还得擅长使用感情。总而言之，这个从讲逻辑出发获得健全人格的路线图差不多是下面这样的：讲逻辑＋合理的信念体系→理性；理性＋多步骤高效能推理能力→力量；力量＋帮助别人→智慧。能达到智慧这一步，也就算做到"修身"了吧。在现代社会中，人不可能独善其身，只想着做好自己的事情而不和社会打太多交道是不太可能的。就算你不找事，事也会找你。你得工作，你得交税，你得买保险，你得扶养老人，你得管好孩子的教育……这其中每件事都充满争议：公民到底要交多少税才是合理的呢？是应该只管最基本的公共服务，还是也要救助低收入阶层？孩子应该学什么？学校和家长各自有怎样的义务？这些我们都不可能置身于争论之外。但即使有参与争论的意愿，也不等于有参与争论的能力。所以，努力成为一个三观正、表态让人服气、说话能给人启发甚至帮助的人，是值得追求的。

有一部口碑不错的电影，叫《至暗时刻》，讲的是二战中丘吉尔担任英国首相后抵抗纳粹侵略的故事。这其中有一个细节，可能不太符合历史。对于抵抗纳粹这件事，影片里的丘吉尔虽然在政界表现得很坚定，内心却犹豫不安。直到他跑到地铁上倾听了人民的声音，知道人民内心是坚决反对希特勒的，最终才下定决心，在议院发表了那篇著名的演讲，坚决抵抗纳粹。那历史上的真实情况是怎样的呢？其实丘吉尔抵抗纳粹的态度自始至终都很坚决，他也没有因为犹豫不安到基层调研，而是在小黑屋里，5个人开了5天会，直到把所有人都说服了，一致通过：打！

当然，电影为了戏剧化效果虚构一些情节，这可以理解。但恰恰因为这一点，我觉得这个虚构值得拿出来说说。

虽然它乍看起来很感人，政治立场正确，政治家倾听了民众的声音，最终下定决心做出了选择。但是仔细想一想，回味一下，要是他接触到的人民不愿意打仗，我们就不打纳粹了吗？再进一步讲，一个在关键时刻承担国家民族命运的政治家，这么容易就被民众的意见左右，这是应该的吗？你是民众选出来的，这意味着你应该用全部的勇气、决心、信念和耐心，去最大程度地实现民众的利益。这部电影把丘吉尔描写成一个因为民众声音才下定最后决心的政治家，是不是有推卸责任的意思？其实，历史上的丘吉尔很轴，是一个为了保护英国利益一意孤行、不择手段的人。他在那个普遍厌战的时代，数十年如一日地呼吁对纳粹要强硬。他是少数派，但他不需要与多数派达成共识，因为他对自己的判断有绝对信心。

讲到这里，我得说一句。我认识的很多人，对自由民主有一种误解，认为讲自由民主，就是一定要商讨、要妥协、要达成共识。其实在历史上，自由民主的力量表现出强大战斗力的时候，恰恰是它不那么讲共识的时候，恰恰是某个魅力人物光芒夺目的时候，比如刚才讲的丘吉尔。再举一个英国的例子。我们都知道，英国有一场"光荣革命"。话说1688年，英国有一帮人发动了非暴力政变，推翻了国王詹姆士二世。那没有了国王怎么办呢？他们从荷兰请来了詹姆士二世的女婿来当国王，这就是威廉三世。威廉三世凭什么白捡了这么个便宜国王当呢？他必须得接受点条件吧——这就是限制王权的《权利法案》诞生的缘由。从此，英国国王是"统而不治"，国家权力由君主逐渐转移到议会。为什么英国人觉得"光荣"呢？因为这场革命没流血就发生了变革。因此，很多学者说，光荣革命好啊，没流血是一种达成共识的智慧，体现了自由民主的协商精神。

在我看来，这种说法是值得商榷的。

首先我们得明白，"光荣革命"的起因，不是一般的政治纠纷，而是宗教纠纷。当时西欧的宗教主要有两大派别：天主教和新教。天主教，跟罗马教皇是一伙儿的，主要支持者是法国人。新教，跟罗马教皇是死对头，主要支持者是荷兰、丹麦，以及后来德国的一部分地区。英国的情况再特殊一点，还有一个自创的教派——英国国教。这样，就有三种宗教势力在英国互相搅和。这个国王詹姆士二世相信的是天主教，而当时英国议会大部分成员相信的是国教或者新教。你说这有什么，大家各信各的？不行，这在政治上问题很大。

第一个是国家主权问题。你想，国王信的是天主教，那按照天主教的教义，所有天主教徒都要听罗马教皇的，那到底谁才是英国的主人？第二个是国家关系问题。当时天主教圈子里最有势力的是法国国王路易十四。英国和法国是世敌，在海外殖民地上也有很多现实矛盾。在议会里的那帮英国国教和新教的人看来，我们英国为什么要跟法国搞到一起呢？这不符合英国的国家利益。所以，信天主教的詹姆士二世被推翻了，换上了他的女儿和女婿——信仰新教的威廉三世。在议会里主导这件事的有七个人，他们就是"光荣革命"的功臣，史称"不朽七君子"。但是这事完了吗？还没有。威廉三世带着荷兰的军队登陆英国，詹姆士二世连夜就跑了，去法国搬救兵去了，他们天主教徒是一家嘛。

当时的法国国王路易十四也是很强大的，也很要面子，于是他就借给詹姆士二世6000兵马。1690年，詹姆士二世这位老丈人就和女婿威廉三世在爱尔兰打了一仗。詹姆士二世战败，这才分出胜负。英国议会还不放心，于1701年又搞了一个王位继承法，把信天主教的英国国王后裔都排斥在王位继承权之外，这才算完全解决问题。

如果把"光荣革命"的完整历史这么捋了一遍，你就发现，它并不是没有流血，只不过是当时没流，第二年双方还是打了一仗才解决问题。更重要的是，说"光荣革命"体现了协商精神也是有问题的。英国国教和天主教之间达成共识了吗？其实就是要把天主教这一派清除出去。

以上是两个和英国有关的故事：一个是丘吉尔，一个是"光荣革命"。但是本质上想讲的问题是，共识是怎样达成的。回到刚开始的那个说法，用强权暴力压服别人，能达成共识吗？当然不能，我顺从你，这并不意味着我跟你有共识。那妥协可以达成共识吗？也不能，民主是一种多数原则的决策手段。你人多，我只能听你的，但我跟你未必会达成共识。只是因为我将来还有机会上台，所以大家不会被逼急了使用暴力而已。当然，妥协也经常有用。但是，那一般都是鸡毛蒜皮的小事，或者是完全对这事没有成见的人，才能达成共识。如果像我们今天说的大是大非，如要不要抵抗纳粹，信什么宗教的问题，妥协这种手段就彻底没用了。那还有什么办法，能在大规模人群中就重要事项达成共识呢？从我们今天讲的这两个故事里可以看出，历史上有一种方法是有效的，那就是用坚定的信念影响所有的人；如果有影响不了的，那就把无法达成共识的人排除出去。

这话听起来有点不正确，但是联想一个场景你就明白了。在一家创业公司，我们需要有共识的人一起战斗，我们不需要"猪队友"，对吧？那该怎么做呢？招一些人进来，然后用纪律驯化他们吗？或者，用培训和推心置腹的谈话，说服他们或者迁就他们吗？都不对，效率都太低。唯一有效的方式就是严把招聘关，把没有共识的人排斥在公司的外面，这是达成共识最快的方式。吴伯凡老师在他的专栏"伯凡·日知录"里就讲过，全世界排名第一的管理理念，非常简单，就是"No Asshole"（没有混蛋）。永远不要低估人性的顽固，也永远不要高估妥协的力量。在大多数情况下，共识是我们展现意志、信念选择伙伴的最终结果。

第三章

人生是有选择的

第一节　人生从"必须做"到"有选择地做"

无论是否愿意或不愿意，每个人每天都要做很多选择，例如早晨几点起床、吃什么、穿什么等。然而在一生只有一次选择面前，我们完全孤立，也因此获得真正的自由。我们选择什么行为界定了我们是什么样的人，再没有其他借口。人生选择表面上不是做题，实际上很多时候就是做概率题，懂概率能帮你做出正确决定；那种只发生一次的最重大的人生选择，看上去很像概率题，其实却不是。你只能做自己，而只要忠实于自己，就怎么都不会做错。

第一类问题，你的人生里会有许多大事。你也许认为正确的做法是这样的：每件大事都全心全意全力以赴，做完一件，再做一件。其实，这样做大多数时候是错的。如果有两个按钮，按其中一个结果是翻番，按另一个是亏损一半，但你不知道哪个是翻番哪个是亏损。你应该怎样做才能保证获得正收益？如果先按一个再按下一个，全力以赴做完一个再做另一个，你将始终回到原点；先涨一倍再亏一半，回到原点；先亏一半再涨一倍，也是回到原点。惠特曼在《价值观的力量》中论及如何做选择时认为，要把握好专注和随机应变之间的关系，尊重和倾听周围人的意见，广开言路、从善如流；需要明确最高目标和最低要求，一旦证明行不通时，在第一时间及时调整。当你设置人生最高目标的时候，其他的选择都是方法与技术。

这告诉我们一个道理，同时间不要只做一件事，要做一个事件的组合，这就是最基本的多元化策略。在绝大多数时候，它能减少你的风险，还能增加收益，就是这么神奇。但凡可能，人生中的大事你要把它们组合起来做，不要一件一件依次处理。高风险高收益的决策必须要同时做几个。

第二类问题，面临各种人生大事时，你选择稳定还是冒险？假设有按钮，一个按钮每按一次挣100万，另一个按钮每按一次挣1亿或者全部亏光各有一半可能，亏光就游戏结束。按下任一按钮就必须一直玩下去，不能停止、无法反悔。你按哪个？作为一道题，你应当按第一个按钮。第一个按钮好比上班打卡，第二个按钮好比孤身创业。创业的人那么多，若你也想创业的话，应该想想那些选择创业的人的条件，你能不能达到。有人按第二个按钮是因为他有机会反悔。

提起创业我就会联想到蔡崇信，蔡崇信是阿里巴巴最有实权的几个人物之一。他是这样对耶鲁法学院的校友自陈为何放弃投行优裕条件、加入当时还是"草台班子"的阿里巴巴：反正我毕业于耶鲁法学院，总不会缺一份工作，所以我可以冒险。蔡崇信只是随口分析，其实有理念支持。创业与否取决于你有多少次创业机会。假设上班和创业的预期收入均值一样，而前者是正态分布，后者是幂律分布。也就是说，上班的发财机会极小，拿平均工资的机会极大。创业的发财机会小但不是极小，拿平均工资的机会极小，一无所有的机会挺大。你选哪个要看你有几次创业机会，次数越多就越应该创业。次数很多的话，就是蔡崇信所说的，创业失败还可以回去上班，等于是个免费期权，不拿白不拿。要是反过来，如果只有一次创业机会，你最好选择老老实实上班算了。倒推回去，什么样的人能承受得起多次创业？有钱的、学历高的、有家世的，等等。俗话说，千金之子，坐不垂堂。越有资源的人越冒得起险。有人按第二个按钮是因为没有机会按第一个按钮，找不到工作就创业，就是要拼这个小概率游戏。有人按第二个按钮是因为他天生就是这种人，生来就要按第二个按钮。比如说马斯克，按第一次，有了Paypal；按第二次，有了特斯拉；他是永远不会停下来的，再按下去他就要"上天"了。

如果你选择第二个按钮，想清楚你属于哪一种人。敢冒奇险的人要么其实非常安全，选择很多；要么本来就极度不安全，没得选择；要么他生来就是这种人。如果你三者都不是，还是按第一个按钮吧。

第三类问题，面临一生只有一次的选择时，你怎么选？世上没有两片完全相同的叶子，人不能两次踏入同一条河流，但这里所说的一生一次不是这种形而上学意义上的独特。人生中的大多数决定是可以重复的，或者近似可重复。人生百年，许多事周而复始如轮转，或者至少能用可重复的眼光来看待。所谓把眼光放长远，不执着于一时一地一事，指的就是这些。但反过来说，越重要的事件越不怎么重复，最重要的事情往往不可重复。一生只有一次的选择，我们每个人最终总会遇到，应该怎么做？仍然是刚才那两个按钮的例子，但现在只能按一次，而且再没有其他别的什么按钮等着你了，这辈子就只有这两个按钮。这个问题没有标准答案。钱对于每个人的用处不同，100万对普通人来说很重要，但要是对王健林来说，1亿也只是个小目标。哪怕是对同一个人来说，1亿的价值也不是100万的100倍，它的价值不是线性增加的。

如果你必须做某件事，而这件事的门槛是1亿，那么100万对你来说一文不值。反过来说，对于快要饿死的人来说，确定的100万比不确定的1亿重要，拿100万能活下来，搏1亿可能死。跟面临一生只有一次选择的人谈概率，他会说，概率是多少，没错，但对我来说，一旦发生了就是100%啊。他说得没错，单一事件没有概率可言。这就是孤例难题。我们每个人都是孤零零地面对它，仿佛面对只属于我们自己的天命。在这里，没有什么原理、规矩、惯例规定我们必须做何种选择才是正确的。这些原则、规矩、惯例倒是都还在手边，但只是做选择的拐杖，并不是非得用任何一个，因为任何一个并不比其他更合理。

哲学家和概率学家查尔斯·佩尔斯（Charles Peirce）建议，即使这是一次性选择，预期收益在此并无实际意义，我们还是应该做预期收益更高的那个选择，也就是按下第二个按钮。他说："（在做一次性选择时）逻辑要求我们的利益不再受限于自身，不能锁定于自己的命运中，而必须拥抱整个社群；同样的，社群利益也不能受限于自身，而必须扩展到所有人类。它必须超越这个时代，超越所有边界。逻辑植根于社会原则。"也就是说，对我们每个人来说的一次性选择，对整个群体、全部人类，以及未来世代来说，却是可重复选择的一次取样。只有这样，对每个人来说的一次性选择，其预期收益才具有意义。你是没有预期收益的，但你为全人类的预期收益贡献了一次抽样。至于我们每个人为什么要这样？佩尔斯说："因为信仰、希望和慈悲。"这样的选择很崇高！

但我们不一定非得这样选，我们还是有其他选择。我们可以按下第一个按钮，拿走确定的 100 万。理由只有一个：我就是这样的人，你管得着吗？我们也可以按下第二个按钮，拿走 1 亿或者面对毁灭，理由也只有一个：我就是这样的人，你管得着吗？

幸福是自己奋斗出来的，方向是自己选择出来的，自己的努力是通向有意义的幸福生活的必由之路。不要停歇，随时准备着改变方向。生活的意义要由自己创造。

第二节 选择做什么样的人，就会走什么样的路

我们经常会听见有些人这样评价自己："我有选择困难症。"这是若干常见"玩笑病"当中的一种，并不属于精神病学的领域。类似的描述还有犹豫和纠结，其实都是同一件事：害怕做出选择，决定推迟选择。

其实，轻度的抑郁会让人们对自己的判断更加准确，从而显得更加"睿智"，而适度的嫉妒，能督促自己努力上进。同样，害怕选择并不是什么病，相反，在很多时候，推迟选择这个决策能够让人存活下来，而且还能过得不错。

害怕选择也有好处，害怕选择也是有积极意义的。如果需要选择的生活问题是我们不清楚、不熟悉的，很多时候我们就容易在选择上犹豫和迟疑。比如在医院，家里有老人身体不好，医生出来问家属如何选择，通常他会说出很多医学专业词汇，这个时候病人家属就会对选择担忧。"你们是决定手术呢？还是决定保守治疗呢？"两种选择对病人意味着什么？风险如何？这些都是需要综合考虑的。这个时候就应该继续请医生加以解释。好的医生会解释得更清楚一些，比如：第一个方案比较积极，手术可能会完全治愈，但是有风险；第二个方案比较保守，无法治愈，但考虑到病人的年纪，可能未来十年还会有不错的生活质量。这些解释摆在面前，做选择就容易得多了。

现实生活中，有的人家中有人生病时，不是请医生再谈深入一点，而是去找不同的医生，这会让他们反复面对那种低层面的选择。正确的

做法应该是信赖主管的医生，恳请对方多介绍一些、多解释一些，以及最后可以问对方一句："想跟您诚心请教：如果您在我的立场上，您会怎么选择呢？"

不同的选择对我们利益影响太大，一时难以做出决定，比较常见的一个场景是离婚。有人问我，最近发现丈夫出轨，要不要结束一段婚姻。我只能说，无论要或者不要，都不应该在一两天之内做出选择。离婚涉及子女抚养权、财产分配、社会声望、工作影响等各方面，如果在一线城市，因离婚损失上百万财产很常见，在这种情况下，不立刻做出选择是非常明智的。但是注意：如果发现婚姻危机，不立刻做出选择、不立刻做出反应，正确的做法是立刻掌控所有的财产，比如现金、存款、有价证券，收好自己的证件，更换所有对方知道的账户密码和电脑手机开机密码。一些重要的资料转存到别处，而不是存在家中。

冷静地控制局势，而不是冲动地做出选择，这就是聪明人的做法。但因为选择的各种坏处而害怕选择确实会给我们造成不小的困扰，并错过各种机会；因为害怕承受未知的结果而回避、推迟选择，有的时候会让自己蒙受不小的损失。比如有人在"保送本校研究生"和"保送外校研究生"之间摇摆的时候，可能别的同学就已经跟本校最好的几个老师谈好了。去新部门、新分公司的机会，也是转瞬即逝的。有时你对一件事犹豫的态度可能还会影响对方对你的看法，比如当一位老领导要做一个新项目，邀请你加入自己部门的时候，往往是时间不等人。"今晚我回去想一下"是可以的，但是如果你要考虑、琢磨一周，机会可能就是别人的了。

（1）因爱生恨是最常见的危险

在感情之间摇摆不定，麻烦会特别大。同时对两个异性有好感，或者同时被两个异性喜欢，很多时候也是一件难以抉择的事。在这件事情上，旁观者对选择者还是比较宽容的。在两个人之间摇摆的人比出轨的人受的压力要小得多，人们更倾向于把它归为一种罗曼蒂克的故事，而不是渣男渣女的故事。但仍然应该快速做出选择，因为时间拖下去，当事人的感受会越来越糟。千万不要耽于那种摇摆的感觉。

《东京爱情故事》中织田裕二饰演的角色和《冲上云霄》中吴镇宇饰演的角色都可以反复在两个姑娘之间摇摆，但那是电视剧，而且这两人都长得很帅。正常人那么来回几次，好一点的情况是姑娘跟你断绝关系；糟糕一点的，姑娘找人揍你一顿都是有可能的。害怕选择可能会泛化。刚开始可能只是非常正常的"一个难题"无法决定，但是在这个难题上受挫之后，人可能很快会在各种选择上也害怕决策，这就是"泛化"，到最后会对任何选择都感到信心不足。

常见的情景是在职场上，一个新人如果被领导或者老员工骂几次、贬低几次之后，会连最基本的工作都担忧起来，比如会害怕选择PPT的配色，工作效率也会大幅度下滑，或者变成一个过度小心而琐碎的人，反复地去请示，然后一直被批评，还被看作一个能力不足的人。这时候是压力在伤害人、磨损人，除了工作本身可能需要指点和支持之外，尽快恢复自信也是很重要的。如果同时出现睡眠问题或者严重的焦虑感，就要及时就医了。

（2）伤害内心自洽

选择上的犹豫和挣扎会让一些人否定自己的能力，有的人会认为自己很糟糕，而且在接下来的日子里会反复用"果然，我就是这么差"这句话作为逃避的借口。同时，对于选择失误，一些人会反复复盘和咀嚼失败的苦涩，这也是非常折磨人的。然而，不是所有失误都要铭记，有的赶紧忘了最好。我们小时候做错了几道数学题，写错了生字，老师一般会罚多写几遍，这个确实可以加深记忆，但是罚站、打手心、打耳光就是完全不必要，而且也是伤害人的。在成年之后，很多人都会在自己工作失误或者选择失误之后复盘这个过程，这也是对的。但是这种复盘，认真写一次，把结论和要注意的点记住就够了，千万不要每天去重温犯错的那一刻，那就是折磨自己了。

（3）损害人际和谐

一些人会选择"问人"，这也是有风险的，你所求助的人可能对你的领域一窍不通。还有的人会去问自己的同事，而有竞争关系的同事对你可能是另有想法的。

如果听信了对方帮你挑选的建议，可能会导致你损失惨重，这个时候你会迁怒于对方。因为你去问人，其实就是怕自己承担自责。这个时候你们的关系就完了。

如果询问了建议，又没有采纳，对方可能会对你产生比较大的意见；如果事后你的选择被证明是失败的时候，对方更会尤其愤怒，认为你很愚蠢，甚至不再拿你当朋友了。

(4) 推进选择的方法

当你面临选择，而且对选择感到困扰的时候，记得检查一下自己的"选择清单"。如果有多个选择，先对它们进行缩减，最多不超过3个。有同学会问我："老师，我是个职场新人，我在工作之余应该学什么？"这样的问题是没法回答的，正确的做法是找到你想学的几个选项，提供给自己。"老师，我想考司法考试，也想考雅思，你看哪个更适合我呢？"这就是一个可以回答的问题了，因为我们可以比较利弊。把两个选择的优缺点写下来，我们之前也提到过这个方式，这是大多数的心理咨询师在求助者遇到艰难选择的时候会建议他们做的事情。把一张纸左右对折，然后一边写一个选项。再分别写下两个选项的好处和坏处，尽可能多地去写。最后把完全不重要的项目划去，比如，如果是两个工作机会二选一，"这个公司的漂亮女生很多"就不应该在考虑范围内，因为这只可能让你多一些麻烦和多花不少钱。

还可以在房间里给自己定一个决策的位置。好多人虽然一直没有当上领导，但是家里会挂一个中国地图或者世界地图，有些人可能觉得这件事有点好笑，不过这其实有它的用处。房间再小，也要给自己准备一个做决策的地方。家里应该有一张"会议桌"，要商量正事的时候，大家就坐在那里，好好扮演一个理性人的角色，坐在这里大家就说正事。同样，一个人做决策的时候也应该有一个这样的地方，如果附近有景色优美的公园，也可以选择。无论室内还是室外，这个地方要让你觉得舒适，不会被打扰。拿着你已经写好的优点和缺点，认真思考，在一个小时之内做出决策。做出选择后进行心理建设，做出决策之后不要拖延，把你的决定立刻告知相关人，比如愿意接受某个机会。

公众号"远读重洋"介绍了一本英文新书，叫作《影响力思维》，作者塔莉·沙罗特是加州大学伯克利分校实验心理学家和神经科学家。书里说，世界上有太多我们不知道却感兴趣的事情，有时候我们不知道哪些事应该去深入了解。对此，塔莉提供了两个解决办法。一个是"摘樱桃式"的择优选择，另一个方法叫作"心理计算器"。书里说，摘樱桃式的择优选择，也就是划重点、看主干，滤去细枝末节。比如，美国知名小说家克莉丝汀·卡索为了防止自己的状态被干扰，从来不搜索自己的名字或者书，但她会从朋友或者出版社那里获得一些反馈，从而大致知道人们对其本人及作品的评价。此外，她还会认真地看编辑部精选出来的、有代表性的评论。克莉丝汀·卡索处理读者意见的方法，就是一种择优选择。你也可以用这种做法选取别人为你筛选的精华，比如，你可以去关注一个你喜欢的知识平台，关注一个内容经过精心挑选的公众号。

当然，如果你不想麻烦别人，也可以用第二个方法——心理计算器。具体做法是，第一步，判断行动能否产生足够的价值。这里的"价值"是指，获取信息后，你改变了某个信念或行动计划。当你发现这种价值时，会倾向于获取这个信息。当你知道并没有什么价值时，会倾向于不去获取。就拿看前任朋友圈这件事来说，如果你想和对方和好，那"前任过得好不好"的信息就有价值；反之，就没有价值，也就没必要看了。第二步，通过预测结果来决定是否行动。比如偷偷去看前任朋友圈，是想获得一个答案，前任要么过得好，要么过得不好。如果答案不是你想要的，就很容易让你有负面情绪，影响你的生活。所以，与其有一半的概率受到刺激，还不如不去做这件事情。第三步，转移视线，重拾自我。就是要学会转移目标，用新的未知信息覆盖旧有的未知信息。只有往前看，你的生活才不会偶尔因为"前任过得怎么样"这样的问题而感到烦躁。

第三节　人生的结果取决于你的意向

我们生活中的一切都是我们个人的意向呈现的结果。如果说现在一切的结果是由过去的信念与价值观所创造的，那么未来的结果则是由现在的信念与价值观所决定的，这里最重要的就是你的意向决定了自己的人生。

成功的速度由你的意向度所决定

所谓意向度，简而言之，是明确目标。很多人都会在新年伊始的时候制定一个年度目标，但实现目标并不是一件容易的事。BBC 网站的一篇文章总结了几个更容易实现目标的方法。第一，如果你觉得自己的目标对别人比较重要，或者你的失败可能会影响他人的幸福，那你就更倾向于实现这些目标。此外，一旦你觉得有人对某件事投入了时间和金钱，就更有可能将这些目标执行到底。有研究表明，就算是面对一项无聊或者艰难的任务，只要有别人付出了努力，人们就会更有动力继续执行这个任务。第二，给出具体的提示。对自己的目标给出具体提示，这种行为称为"执行意向"。比如你打算学英语，你可能要先定下目标，每天早上开车上班路上都要听英语音频。为了提高成功率，你可以每天晚上在方向盘上贴一张纸条，提醒自己路上收听。这样，你不仅有一个意向，还有了帮助自己达成目标的具体步骤和具体提示。第三，合理的例外。利维教授说，在实现目标的过程中，确实可能有一些意外，比方说，家里着火了，你是不会去健身房的。但我们可能会扩大意外的范围，阻碍自己达成目标。所以，你要做的是防止意外过于频繁，不要让不合理的意外阻碍你实现目标。第四，列出长期的计划。最好的目标是写在一大串长期计划中的，而不是那些模糊但野心勃勃的目标。如果你一直对体育都不感兴趣，成为一名优秀的运动员显然是一个不现实的目标；如果你一直都梦想在 50 岁以前环游世界，那定期存钱就是一个更容易实现的目标。

要多挑战自己，培养意向度与意志力

无论是练习柔道、攻读更高学位或精通某种乐器，你都会遇到意料之外的困难。挑战自己就像是一种练习，让我们能更好地面对情绪上或意料之外的困难。第一，在心中抵抗挫败。内部的反击，是外部反击的起点。第二，寻求支持。有说法认为，有韧性的人不需要他人帮助。在我看来，这种说法是错误的。坚韧的人更乐意向家人、朋友或专业人士请求协助。第三，主动适应当下的局面。人们无法快速或轻易地解决自己面临的严重困境，然而，"掌握我们能掌控的地方，会让人觉得更有力量。制定务实的计划来改善你的处境，并朝着目标一步步前行。进展可以支持我们，让我们更加沉着冷静。第四，记住自己的勇气。人们往往牢牢记得自己曾遇到的艰难困苦，却忘了自己是如何撑过难关的。可以回想自己曾经面对过的挑战，以及是如何熬过这些挑战的，要记得自己曾拥有过的勇气和力量。要知道，"潜意识"并不完全是在没有意识时才会表达，除了我们做梦的时候，平时走神或者说话产生口误时，潜意识都有可能突然蹦出来。如果你能主动察觉并捕获这样一些潜意识的表达，有时候就会了解到一些自己以前从没察觉的内心秘密。潜意识的确是人内心秘密的忠实表达，如果我们能在平时有所察觉，特别关注自己内心的这种潜意识表达，那肯定是有积极意义的。如果内心有纠葛，我们不妨积极地去发现、探索并改变它，人生的美梦是由你的意向度决定的。

第四节　狼群战术的成功秘诀
——完善你的朋友圈

中国的一些知识共享平台，比如说百度知道和知乎，的确给我们提供了很多方便。但是我们也会质疑这些知识平台上的知识的权威性及其深度，甚至会感受到这里头有些知识解读是比较粗糙的，甚至可以说是劣质的。

4 种动物

如何能够建立一个真正的既能够惠及每一个人，又不乏深度和权威的知识平台呢？在互联网时代，我们如何打造一个既具有开放性，又不会造成权威性和深度缺失的产品和企业呢？要回答这个问题，先从 4 种动物——狼、虎、蚂蚁、熊猫说起。这 4 种动物有什么样的差别呢？它们之间差别意味着什么呢？大家不妨在纸上画一个矩阵，以合作能力作为横轴，以个体的能力作为竖轴，这样我们就得到了 4 个象限。

第三象限：熊猫。个体能力弱而且个体不善于与其他个体、环境进行深度的合作，他们对环境的适应性很差。个体能力很弱，它的攻击性和抵抗攻击的能力很差，繁育后代的能力也很差。最重要的是，熊猫与熊猫之间的合作度非常低，它对环境的适应力也非常低，只能够在一个非常封闭的、单一的、特殊的环境里生存。

第二象限：老虎。个体的能力很强，但是个体间的合作能力很弱。百兽之王，非常凶猛。但是老虎往往喜欢独来独往，俗话说，一山不容二虎。

第四象限：蚂蚁。个体能力很弱，它们的体型、能量、智力都处于弱势的状态，但是它们彼此之间能够密切合作。蚂蚁要生存下来，必须靠团队的充分合作。有一个种类叫行军蚁。有人说，行军蚁可能是比老虎、豹子，甚至比狼更凶猛的动物。当一只行军蚁发现有一个体型很大的动物，比如说一只豹子或者一条蟒蛇在某个地方睡觉，它就会以最快的速度，以其特有的方式告诉整个蚁群在哪个地方发现了目标。于是，在这只蚂蚁的带领下，几万只行军蚁倾巢而出。行军蚁走的速度相对于它的体型来说是非常快的，并且在行走的过程中，为了保证整体的行动是匀速且快速向前的，当一只行军蚁遇到一个坑的时候，它会自动停下来，后面的行军蚁也会跟着它自动地停下来，直到把这个小坑填满为止。这样后面的行军蚁就能够安全地通过这个地方，直到所有的行军蚁都经过这个地方后，那些在角洼里头的行军蚁，只要它们还没有被淹死或压死，它们就自觉地加入行军蚁的行列。当行军蚁到达目的地时，它们就一起爬到动物身上。每一只行军蚁身上都有一点点麻醉剂，也就是说几万只行军蚁就往这个动物身上注射一种麻醉剂，动物就会很快地陷入昏迷，这样五六万只行军蚁就聚集在这个动物的身上，啃食这个动物的身体。在很短的时间内，这个动物就会毙命，而这群行军蚁就可以享受一场盛宴。正因为如此，有人说行军蚁是自然界里最凶猛的动物，当然，准确地说行军蚁群是非常凶猛的。蚂蚁毕竟还是一种弱势动物，因为它的体型太渺小，如果被人一脚踩上去，大片的蚂蚁就会死掉。

第一象限：狼。个体之间的配合、协同合作能力很强，同时单个个体的杀伤力也很强。狼本身就是很凶猛的动物，攻击性很强，耐力也很强。与此同时，在一个狼群里，个体之间是密切配合的，是一种典型的团队作战的动物。在进攻一个目标的时候，它们能够非常好地进行分工协作。如果看过《狼图腾》这本书的话，就能了解狼是一种多么具有攻击性和竞争力的动物群体。

我第一次听到关于这4种动物之间的差别的分析，是在2016年9月华为的全联接大会上。在大会上，华为的轮值CEO郭平先生讲到了这4种动物。跟他交流之后，他推荐我看一篇文章，内容主要是说，狼群是既具有个体竞争优势，也具有群体生态优势的动物；与它相反的动物就是熊猫，它既不具有个体的竞争优势，也不具备群体的协同合作能力；而老虎，它是具有竞争优势，但是缺乏生态优势的动物；蚁群则是具有生态优势，但在个体竞争优势上很弱的一种动物。

我记得当年诺基亚在鼎盛时期，甚至在走向衰落的时期，都一直在强调它们高额的研发费用。而苹果公司，仅仅靠企业自身的力量而在市场上谋求一种压倒性的优势，实际上是非常值得怀疑的。据说诺基亚的研发费用在某些年份达到该年销售额的10%，甚至更高。而苹果公司的研发费用一直是很低的，而且以低研发费用为豪。他们有一种观念，一个企业的创新能力的高低并不取决于企业投入多少的研发费用，而在于是否能够把众多的并非自己企业原创的技术整合起来。就像小朋友玩乐高玩具的时候，他们手里头的积木都是一样的，但是不同的小朋友能够用同样的积木拼装成完全不一样的作品。苹果手机上的触屏技术并不是它原创的，用两个手指放大照片的技术、重力感应等的技术其实都不是苹果公司开发的。但是苹果公司能够将这些技术整合起来，做出市场上完全没有的产品出来。竞争优势和生态优势，在一定程度上也可以说是自主式创新和乐高式创新的表现形式。

怎样筛选和拓展你的人脉

你要做的关键动作是，把个人视野扩大到公司视野。有了这样的视野，你对职位的理解会不一样。迪士尼以"制造魔法"为使命，其工程师和多媒体专家被叫作"幻想工程师"；赛百味以"制造新鲜食物体验"为使命，一线员工是"三明治艺术家"；有这样一家广告公司，把自己的前台打造成了"第一印象总监"。我希望你能找到那个一生的召唤。什么意思？我们不是在打工，而是在响应命运的召唤——calling，这是工作的3个层次——job、career、calling中的最高境界。如果你还没有找到，你应该继续用这4个问题寻找——你想做什么？你为谁而做？他们需要什么？因为你，他们有什么改变？不要误以为级别越高的职位，就越是召唤。你会发现，只有能用上你自己所有优势的那个位置，才最容易成为你一生的召唤。

比如，我从事领导力培训事业，能同时应用到我身上最突出的3个优势，分别是：输入和重新架构知识的能力、口头表达能力、面对面的亲和力。我做课程时，甚至还应用到了我的第4个优势：组织文字的能力。所以，我在做这些事情的时候，最有可能体验到心流，最有可能做得顺利。而且，我和他人连接的时候，就有存在感和价值感。这就是我和世界连接的那个"点"。在最近的朋友圈里，我发现过去班上最调皮、最让老师头疼的一个男生，在做婚礼司仪，知名度很高。回想一下，他从小就喜欢表现自己，善于制造轻松欢乐的气氛。这使我真的认识到，任何天赋都可以产生收入，关键是要有价值，只要找到那个能把自己天赋发挥出价值的那个位置，就是呼召，或者天职。所以，连接点、价值点、呼召，是同一个概念。价值点和人脉管理是相辅相成的关系，找到自己的价值点，人脉管理会更有效。

反过来，人脉圈能给你的第二次机会，是帮你一次又一次校准方向，找到你一生的呼召。找到这个连接点以后，我们来讲怎样用有限的时间精力、有效的方法经营人脉，释放出朋友圈的真正力量，打造自己的"155人黄金人脉圈"。进化心理学家罗宾·邓巴发现，由于受大脑所限，人类所能维持的朋友圈在150人左右。所以，不同的社交专家也是在这个著名的邓巴理论的基础上做建议的。怎样找到这155人呢？首先，做一个人脉归档表。这份人脉归档表包括以下几栏：名字、角色、职业、地区、行业、影响力以及他和你的亲密度。其中，影响力指的是他在他自己领域内的影响力，分为弱、中、强；他和你的亲密度也分为疏、中、密。凡是在他那个领域内的影响力是"中"或"中"以上，或者你和他的亲密度是"中"或"中"以上的人，就应该进入这"155人黄金人脉圈"。请从当中挑出5个"命友"，就是你可以随时随地电话骚扰，或突然从天而降去敲他门、开他冰箱拿吃的那5个人。这是我们用生命交的朋友。再挑出50个密友，就是你对他们有浓厚兴趣，很想和他们走得更近的朋友。最后，是好友100人，就是你想继续关注的朋友。

怎样维护你的人脉

不同工作类型需要不同疏密的人际关系。问一下自己，目前从事的是哪种类型的工作？工作中用到的是哪一类知识？这决定了你需要建立何种疏密程度的社交关系。

我们工作中需要用到的知识分为两种：一种是显性知识，指的是明确的、整理过的知识，比如工作流程、财务统计方法、某种表格或公式。另一种是隐性知识，指的是主观的经验或体会，包括那些含蓄的、还未经整理或不容易用结构化概念描述的知识。

例如在培训行业，显性知识指的课程设计的基本模式，隐性知识指的是一个好的培训师的经验、直觉，比如怎样感知课堂气场，怎样配合不同地区或不同行业客户的偏好。又例如，对于一名临床医生，显性知识指的是他在医学院学习的基础科学知识，隐性知识指的是他自己在常年的实践中摸索出来的规律。问问你自己，目前工作中用得更多的是哪种知识。如果是显性知识，那么你须要将更多的时间放在不断接触大量的人上，建立浅度的信息关系。因为这种弱关系的大型网络能给予你足够广泛和最新的信息。这样，你的"155人黄金人脉圈"流动性更大、更新速度更快。如果你目前工作中用得更多的是隐性知识，那么你须要将更多的时间放在培育小型的、紧密的人情关系网络上。因为只有在密切深入的联系中，人们才会愿意花时间分享他们的隐性知识。那么，你的"155人黄金人脉圈"要求更稳定、更长久。

加州大学伯克利分校教授莫腾·汉森的研究表明，哪怕同样是做产品开发工作，不同类型的产品也要求不同类型的人际关系网络。如果是开发非常新颖的产品，需要的信息类型无法预知，那么发散的、新奇的、创新的建议会很有帮助。而弱联系的大型网络恰恰可以让产品开发团队广泛探讨有益的信息。与此相反，如果开发的产品主要是利用现有的知识和现有的完善的能力时，一个较小的人际关系网络有助于更快地开发出产品。

因此，你的工作种类和工作中正在面临的项目，决定了你需要哪种类型的知识，并决定你的"155人黄金人脉圈"的更新速度。

那么，命友、密友和好友各自的联系频率应该如何确定呢？命友是我们不可取代的财富。对于这5个人，要有事没事都联系一下，内容不重要，但联系他的这个行为很重要。在他们身上的投入，我们不期待事业上的回报，而是情感回报，而且一定会有加倍的情感回报。我们容易在命友5人身上犯的错误是，很少向他们求助。我们自以为他们理所当然地知道我们在做什么，我们还臆想他们可能帮不上忙。其实，当你有了困难，应该第一时间告诉他们，他们会用自己积累一辈子的资源全力相助。对于密友50人，你们的联系频率应至少每周一次，比如微信点赞、微博私信、喝喝咖啡、约着一起打羽毛球，等等。对于好友100人，至少每个月要联络一次，节日、生日、与他们相关的重大事件发生时，一定要和他们联系。

有人问："我觉得命友、密友也不适合天天联络或者过于频繁联络，特别是见面的交流，这会在一定程度上打乱他们的生活节奏吧。但是到底怎么样的联系时间周期比较好呢？"

除了亲密的生活伴侣，谁都受不了天天联络。对于命友，我不做硬性规定，有事没事都可以联络。如果双方都有兴致，可以多聊一会儿。如果没有兴致，打个招呼就行。命友嘛，关系已经很好了，可以随性一些。

密友呢？我建议联系频率至少每周一次。朋友圈里点个赞或留个评论，是一种最不会打扰到对方的联络方式，让他有一种你一直都在的感觉。

总之，通往幸福的道路，不只是你找到这155个会让你幸福的人，其实反过来说才是真理：通往幸福的道路，是找到你想让他们幸福的那155个人。你用规律性的联系频率，将自己的时间和才华给予他们，你们从亲密友爱的关系中得到深层次的快乐。有人问："如何与过去曾经有过节或有误会的朋友重新建立新的良好关系？因为出现这些问题后往往沟通会有隔阂。"我觉得坦诚地谈一次是个不错的选择。如何重获信任？简而言之，就是行动，用行动表示你在主动建设这段关系。

第五节　朋友圈的用法

我们之前说过，永远不要说自己不好的事情，朋友圈不要发负能量。比如绝对不要说自己胖、丑、平胸，哪怕是自嘲；如果图片上的你太胖，你的描绘一定是跟健身、控制饮食和运动在一起——你提及的是建设性的意见和解决方案。同样，推己及人，如果有人在朋友圈自嘲或者自黑，他可不是要拉你一起黑自己，如果不是那种特别开得起玩笑的10年以上的朋友，你的回复应该是："你不胖！""挺好的呀！""试试划船器吧！"

观察你喜欢的人的朋友圈。大家都是活一辈子，遇见的事情差不多，如果发现某个朋友写同一件事，见识上比你高明，态度上比你阳光，那就去学习和效仿。对同一件事的描述为什么会不一样？你的反应、想法，你在描述自己感受的时候，是不是有不得体、冒犯人的地方？我们经常说某人情商低，很多时候就是那个人做事非常不得体，缺乏一种观察别人、向别人学习和借鉴的能力。要知道，社会上的很多规则是约定俗成的，成年后没有人专门教你这些规则，你必须经常对比自己和他人的行为，才能理解自己是不是符合这些规则。比如大家一起吃饭喝酒，你可以扭身就走，然后发个消息给大家就行，但是回到桌上向大家道别后再离开，显然是更得体的做法。你进了电梯，一定是脸朝着门站，没有人会警告你说背对着门站不道德，然而大家一定觉得你很奇怪。

结交一些特别的好朋友。你可以发一些分组朋友圈状态给他们，有的时候遇到好的文章或者提及某人，还可以选择"@某好友"提醒他看，这些一定要偏私人一点，因为你是在和对方分享感受。要显示自己安排生活、管理时间的能力，天天晒吃喝玩乐会显得玩物丧志，每天晒加班则令人生厌。最好的办法是"在什么山上就唱什么歌"。当你工作的时候，就要斗志满满，谈远大的未来；当你休息的时候，哪怕娱乐很无聊，你也要珍惜休闲的时光。如果你在工作的时候怨声载道，想要好好睡一觉，在黄金周又抱怨人太挤，你的妻子建议的那个度假地点看的全是人，还不如回去加班。这会让你在朋友圈看起来是一个生活不能自我管理的人，人们会远离这样的人。"我是一个什么样的人？"你一定有优点，要时时提醒你的新老朋友。有的朋友可能刚刚打开跟你交往的大门，往下看你的10条朋友圈，一定会有对你的判断和评价。你也要经常强调自己的特长，但不要太刻意。如果是我就会这么说："自从拿了心理咨询执照之后……帮了不少的朋友。""川藏线上骑行了二十几个来回之后……""色狼驱逐小套装，口哨和一支防身用笔……"如果你什么都不会,如果你什么都没有,如果你跟人沟通都困难,公开场合讲话两眼一翻当场就能厥过去,可以这样说:"我是一个好的倾听者,而且嘴特别严(没错,我跟别人根本说不了话)。"大家别小看这样的表达,和你刚认识的朋友会迅速给你贴上一个标签——他遇到问题和麻烦的时候,会把你当作这个领域的专家,或者至少你可以推荐专家。所以你要经常重复一点:"朋友,我身上有你要的能力和品质,来和我交朋友吧!"

暂时的逃离和倾诉。当你有一些很强的负能量时,尽量选择逃离你现在所处的环境。如果是工作压力,就要暂时离开办公室,出去走访客户或者开个小会,路上拍张风景、花草,轻度的逃离是一种健康的减压方式。如果你要吐槽,可以和你的好朋友吐槽,最好是你的朋友也愿意吐槽他的压力给你听,互相比惨是有效果的。这里再强调一次,不要在朋友圈发负能量的图文,尤其不要发含含糊糊、指桑骂槐的负能量,对号入座最容易群伤了。就算你没有得罪人,担心你的人会一拥而上,问你发生了什么事,你也要解释半天,4个小时没干任何正经事,说的就是你。

谈论失败。许多害羞的人在遇见失败、挫折的时候,没法忍受那种压抑在心的尴尬,一定要说出来给别人听才觉得好受一些。"今天犯了个错误……"如果忍不住一定要发在你的朋友圈,记得要提及这场失败中的积极因素——"今天犯了个错误,上了地铁发现有座儿,坐下想玩手机的时候摸出来一个空调遥控器。"这条朋友圈是个老段子,就算是你的真事,也只能证明自己很呆,一群人都会点赞。"今天犯了个错误,上了地铁发现有座位,坐下想玩手机的时候摸出来一个空调遥控器,也好,现在我是附近最有权力的人了。"在这条状态下面加一个地点,是×××空调厂,下面就会有一帮人"哈哈哈哈"。如果一定要谈论失败的话,那就要加一点幽默感在里面。如果对自己的幽默感没有信心,那就不要谈论任何失败了。

展示一些独处的时间。如果一定要比较的话,晒宠物比晒娃强,晒娃比秀恩爱强。不要真觉得"撒狗粮"是温暖的事,其实没那么多人真的关心你的家庭生活。刚才我们说过了,看朋友圈的目的就是获知朋友的信息,同时观察你是否还像以前一样。提及男朋友的行业或者服务的公司是有用的，但发两个美化得没了人样的照片，就是毫无价值的。现在的微信和朋友圈越来越转向工具属性，即成为工作的工具——越来越多的陌生人出现在朋友圈里，把个人生活过多展示出来，其实是不明智、不得体的。和晒宠物、娃和男女朋友相比，一些独处的时间反而是有情绪的、有趣的。要知道，阅读你朋友圈的人会有介入你生活的偷窥感。如果你看上去是一人独处，拍摄的都是风景或者偶尔自拍，阅读者的感受是和你一起经历了一些事；如果是双人自拍或者有人为你拍摄，阅读者就很难走入这个场景——因为人已经太多了，他是一个闯入者，一个第三人了。所以聪明的、善于展示自己魅力的女性大多不拍男友，自拍也是偶尔晒一些有声望的名人，就要让焦点聚集在自己身上，看上去好像自己一个人在浪迹天涯。夜间跑、瑜伽、钓鱼、看花、放风筝、喝茶、做手工，都可以显得像是一个人在做，这也是放空自己和排解压力的一个好机会。重温一下，朋友圈的内容可以是：我挺忙，但很好；我很强，且有用；我这人很有趣。

　　什么是负能量？①对强度劳动叫苦不迭，半夜下班一定发一个凌晨三点的北京给大家。三四年前，我有个朋友写公众号，每次第一句话就是："最近工作实在太忙了，所以一直没空更新。"忙？你倒是停了它啊。②抱怨同事关系，把几个奇葩同事的行为详尽描述，求点赞安慰。③抱怨老板，这个好理解，经典保留曲目，有人吐槽完老板还洋洋得意地说："我这条分组了，老板看不见！"有的同事还点了个赞，有的同事截了图给老板之后，再点了个赞。④抱怨大环境恶劣，比如房价高这个也算负能量？真的算！⑤抱怨甲方不靠谱，这个就不用说了，甲方都要眼前一亮。负能量的危害——这些事为什么不要做，都有讲究：叫苦会让你的领导心存忧虑，同时也会让同行觉察出贵公司的经营情况。抱怨同事关系会加剧身边人的不和，点赞行为会造成部门的割裂。抱怨老板，即使分组，也有可能传入老板的耳中，可能合作伙伴或者下任老板看到也会考虑，是这个人的老板真的太奇葩，还是他就是这样黑老板的性格？大环境恶劣看似冤有头债有主，怪完开发商怪业主，但说到底是哭穷，是叫苦的另一种方式。抱怨甲方不靠谱的事绝对不要做，分组也别发。我也曾经是一个爱叫苦的人，现在回想起来，很感谢我的老领导们。几年前，我还在杂志社做副主编，那时我有爱抱怨的习惯，以叫苦为主。当时我的工作强度很大，队伍又非常年轻，需要训练。回来的稿件质量不好，就要自己动手去调整，出杂志之前，最累的时候连着在公司待了两个昼夜，杂志下厂之后倒头就睡。那时候我会把抱怨当作一种解压方式（其实可以通过加薪来缓解）。现在想想，我的领导、主编沈老师的压力比我更大，他还得想尽办法变着花样来安抚我的诉苦。我说话技巧比较多，从一味凄苦到段子爆发都有，每周花样翻新。也算是道高一尺魔高一丈，沈老师成了中文媒体圈最会哄下属的人之一。后来沈老师辞职（我倒苦水肯定也有贡献），杂志交给了我，当负责人后就真的没法抱怨了。

做二把手和做一把手的区别，比男朋友和老公的区别大多了，我也能更清楚地观察团队里有负能量的人。各行各业都差不多，有的人是撒娇型，有的人是发泄型，有的人是破坏型。从维护一个组织的战斗力来说，说怪话的人要尽快清理掉。在私营企业里，负能量的朋友圈最多是让你的晋升受到影响。如果你在国企或者机关里，负能量可能带来更负面的评价。我们知道，中国传统的规则是集体主义的，水滴要融入大海，个人要融入国家。中国的很多私企老板也在提倡集体和团队，但其实大多数私企都有个人主义占上风的文化。抱怨、吐槽、叫苦，都只会显示你的不成熟，显出你没有集体大局观。要注意的一点是，很多女性都希望能进机关、国企工作，因为稳定。女性进国企的过程虽然比较费劲，但国企对已经加入的女性非常照顾。国企执行的原则，其实是男性规则。你的抱怨、吐槽、叫苦，早晚是要还的。我遇见过一个姑娘跟我抱怨，说觉得自己干得很好，但是好像没有提升的机会。后来我看了看她的朋友圈，感觉完全不对，她的那种吐槽尺度已经近乎刻薄了。有一条，她的领导还点了一个赞。"这件事完全不对啊，"我对她说，"你觉得你领导心胸宽广，我觉得他忍你很久了。""啊，那他不早说！""他如果认真说这事，你会觉得小题大做，他也会觉得自己跟小女孩一般见识，其实他是介意的。""是吗？""总是负能量，你就会被打入另册的。这对于体制内的单位来说，很难翻身。"

美国的一组心理学学者就曾经对美国的大学生和哥斯达黎加的大学生展开过调查。哥斯达黎加的文化是集体主义性质的，美国则是典型的个人主义文化。哥斯达黎加和美国的大学生传播正能量的时候都会很愉快,但是当学生们被冒犯了,要对对方表达负面情绪的时候,美国人感觉要舒适得多,哥斯达黎加人则会非常不适。换句话说,个人主义的文化鼓励人为自己的权利表达不满,大家支持公正。集体主义的文化里,你如果表达负能量,那就是一个不安定因素,是一个麻烦制造者,你不团结。领导的关键绩效指标(KPI)不是帮你报复哄你开心,而是避免下一次冲突。你因为人际关系、甲方的苛刻或者自己的贫穷而吐槽,他固然可能会帮你协调一些事,但那不是因为疼爱你,而是因为要尽量避免下一次不团结的局面出现。也就是说,如果你发了一条负能量朋友圈,领导想的不是怎么消除你的负能量,而是怎么让你下次不发朋友圈。我们知道,成年之后最难改变的就是人的世界观和性格了。如果已经长期负能量,让领导对自己有了看法,应该怎么办呢?①赶紧停止发负能量朋友圈的行为;②把过去的朋友圈删一删;③跟领导谈一次,承认错误,变成一个觉悟了、懂事了的人。在《灌篮高手》里,三井寿是个很差劲堕落的小子,玩世不恭,已经被所有人放弃了。当他看见了慈祥的安西教练,一切心防突然之间都放下了,这就是那句经典的台词:"教练,我想打篮球。"当然了,这样克制负面情绪的成长非常宝贵,也非常罕见。可以把"教练,我想打篮球"这句话记住,遇到很好的朋友负能量抱怨的时候,就去下面评论这句话。如果对方不懂,你就告诉他们,这句话的意思是:为了喜欢的事业,有些小情绪是可以暂时放下的。

第六节　人格魅力的价值所在

有时候,人们会表现出和平常不一样的状态,比如,一个内向的人,或许在某次活动中表现得特别外向;一个很难相处的人,或许在某个周末变得很讨人喜欢。为什么人们会有这种表现呢?其实,人不仅有稳定的人格特质,还有自由特质。那什么是稳定特质和自由特质?稳定特质指的是,我们在思考自己是什么样的人时,会给自己贴一些标签,比如外向、讨人喜欢、神经质等,这是用稳定的人格来解释行为。而自由特质则是人在追求特有动机时形成的人格,这些特有动机包括人们在日常生活中追求的目标、抱负、承诺和个人计划，它的来源是独特的，是一种后天塑造的人格。而我们的人格构建，正是受到了这两方面的影响。

自我人格的了解

我们身上那些相对稳定的特质，是生物因素和社会因素塑造的，而且没法改变。但我们体现出的自由特质，也就是和自己不太一样的性格，与我们的天性并不矛盾。自由特质告诉我们，我们并不完全是基因和环境塑造的，个人的动机和计划能让我们超越这两个因素的影响，慢慢成为我们想变成的样子。为了改变性格，你可能需要制订一些计划。我建议，想要更好地制定改变计划，你可以问自己以下3个问题。

第一，我是计划的主要发起者吗？个人计划最有意义的地方，是自我同一性，也就是说，你在多大程度上认同自己的个人计划，认为它确实是你想要的。第二，这个计划的意义是什么？判断依据是它的重要性，它与你的价值观是否一致，以及它是否表达了你自己。如果你的计划在这几个方面都有意义，就可以当成核心计划。第三，这个计划跟其他正在推进的计划有什么联系？你要把个人计划系统看成一个整体，在这个系统中，有些计划跟其他计划密切相关。如果把这些计划做好了，就等于把其他计划也做好了。如果你在这些计划上遇到了困难，其他计划也可能不会成功。核心计划的微小改变，都会给其他计划带来重大变化。总之，我认为，人格的复杂程度远超我们的想象。假如你想了解自己，不能问"你属于什么人格类型"，而应该问"你生命中真正重要的事情是什么"。作为职场人士，只有清楚认知自己的喜好、开心地工作，才真正有益于自己的职业生涯。

我建议你再问自己两个问题。第一个问题是：你是否想追求非常成功的职场生涯？对于这个问题，科克发现，很多人都可能会点头，但大多数人并没有付出更多的努力去争取。其实倒不如坦承自己没有那么大的野心，这并不可耻。另一个问题是：你想在什么环境里工作？是为某家公司服务还是自己创业请人来工作？

一般来讲，职场人士主要有以下6种类型：第一，向往大公司的组织型工作者。这类人通常很有野心，喜欢在系统化、供给完备的组织里工作。第二，容易满足现状，觉得小公司就够了的工作者。这类人通常没有强烈的事业心，喜欢和现在的同事一起上班，即便是一份普通工作，也能乐在其中。第三，动力十足、不怕辛苦的独行者。这类人喜欢独立工作，不受制于任何公司，重视自由的工作时间，工作内容也必须是自己感兴趣的，他们也具备团队合作的能力。第四，野心不大但也重视自由度的人。这类人喜欢弹性的工作时间与内容，希望工作能配合他们的生活风格，赚很多钱不是他们的首要目标。第五，像 CEO 一样的白手起家者。如果你讨厌受人雇佣，不喜欢独立工作，又想改变世界，那就属于白手起家型。第六，有同理心、看重过程的人。他们重视工作的过程，享受规划事务、启发别人的成就感，通常做事果决有自信，也有关怀他人的同理心。

人格特质和职业成功的关系

"人格"是创业研究领域的一个重要概念。在我们采访了 100 多名上市企业家后，总结出了这些企业家身上的一些共同特质。公众号"家族企业杂志"介绍了这部分内容。

首先是乐观主义精神。很多受访者表示，他们能在面对危机的时候保持沉着和冷静。虽然有些企业家说自己会失眠，但大部分人都强调，即使在最严重的危机中，他们也能放下工作，睡个好觉。他们说，只有经历一次严峻的危机，你才能发现自己有没有强大的精神，你才能估计自己有多坚强。

对于企业家来说，"乐观"这个词相当于心理学上的"自我效能"。自我效能指的是在特定的甚至是极具挑战性的情况下，一个人对自己掌控局面能力的信任程度或强度。自我效能高的人相信自己能做到某件事，而自我效能低的人则认为自己做不到。

其中有位企业家表示，他周围总有很多"唱反调"的人，如果不用乐观的态度来抵御这些嘲讽，你根本看不到希望。而当你犯错的时候，则要乐观地说："好吧，这是我的失误。我可能损失了 50% 的股份，但我从中学到了宝贵的经验，这是一件好事。"另一位企业家也表示，乐观是一种必要的纠正措施，专门针对"所有那些只会说'行不通'的人"。他认为，乐观主义者会花时间找到解决问题的办法，而不是浪费时间去抱怨。

其次，当大企业家面对失败时，他们会从自己身上找原因。他们一般不认为自己是外部环境或者竞争对手诡计的受害者，而是主动承担个人责任。他们也不会把负面的市场变化当成借口，而是承认失败是因为自己对市场的误判。企业家都有富有野心的具体目标，这些目标会让他们把注意力放在和目标有关的活动中，而且他们也会为了实现这些目标付出更长时间的努力。和那些没有这种目标的人相比，他们为了实现目标，工作会更卖力、更持久。

我一直有一个观念，人应该从事什么职业，是做通才，还是做专才，也就是说，是走专业路线，还是走综合管理路线，都和人格特质有关。

什么是人格特质呢？所谓人格特质，就是一个人独有的气质。独特的人格特点，也是一个人区别于其他人的性格上的特征。比如，一个人遇到事情是不是更容易乐观地看待事情，是不是更容易自信地看待问题，是不是从骨子里就越加真诚，遇到问题的时候，越容易产生解决问题的动力，而不是先想到回避。这些都是人格特质。

关于人格特质的研究已经有几十年的历史，已有几十种特质得到学者们反复研究。虽然学者们到目前还没有找到特别明确的研究结论，但在研究过程中的一些中间成果，对于指导我们的职业选择和行为方式，是有借鉴意义和启发作用的。有些学者把人格分为"内控性人格"和"外控性人格"两种不同的人格特质。具有"内控性人格"的人，特点是一旦遇到事情，他们会觉得所出现的事情都是个人能力和处世方式造成的，直觉会让他们觉得：只要努力，事情就可以掌控。而"外控性人格"的人，思考问题的方式刚好相反。他们一旦遇到事情，往往认为事情的出现都是超乎自己掌控的，是周围环境太过复杂导致的。也就是说，同样一件事出现了，内控性人格的人，第一反应是别慌，慢慢来，我就不相信找不到解决问题的办法；而外控性人格的人也会去努力试一下，但努力一下之后，一看解决不了问题，就会去找上级、找救兵。所以，如果你是一个有"外控性"特质的人，在找工作的时候，就应该寻找那些环境比较稳定的工作和岗位，从事一些例行化程度比较高、作业程序相对比较标准的工作。一旦遇到什么事情，就会有比较清晰的工作指南、任务标准来作为你行动的支撑。相反，如果你是有"内控性"特质的人，就应该寻找一些有挑战性的工作，你的积极倾向如果此时不用，就有点浪费了。也就是说，对于有内控性人格的人来说，只有在迎接挑战的过程中，才能更好地显现出他们的能力，以便晋升到更高的位置，处理更加全面复杂的工作。

我有个学员，由于我比较了解他，也知道他过去的成长经历，我觉得他应该是一个有内控性特质的人。但我这个人很少替别人拿主意，我只是帮他厘清了一下选择的思路：首先我请他想想，十年之后，自己准备成为一个什么样的人；其次，我告诉他，我认为他是一个内控性人格的人；最后建议他综合这两个方面的因素，自己做出选择。后来，他选择离开老东家，去新公司负责更难、更有挑战性、更全面的工作。

事实证明，当时的选择不能算错。前段时间，我们一起聊天，他回忆了当时的心路历程。他发现，经过我的提醒，他认同自己确实是典型的内控性人格，因为以往工作中所有的重要节点，都是在新的领域、有挑战性的工作上，他才会表现得更出色。而当时，他如果选择晋升到总部，例行性的工作会很多，可能不利于他人格特质上的优势发挥作用。为此他选择了去新公司上班。虽然新单位人生地不熟，但大领导支持他，他又是主管整个事情的一把手，所以，他有充分施展才华的机会。

为什么在职业选择上要善于利用自己性格特质上的优势呢？举个例子，讲讲我们的两个决策回路——"本能"回路和"思考"回路。比如，你在街上，突然一辆汽车向你呼啸而来，你的第一反应就是"躲闪"。这是因为在你的意识系统里，本能的神经回路是第一位的。至于车过去以后，你是选择忍了，还是对着车子骂上几句，这是第二位的，是你的思考回路。第二位做决定的思考回路反应会相对比较慢，因为如果这个回路反应比本能的防御回路快了，当你遇到危险，第一反应不是跑，而是先考虑骂不骂，你基本上早就没命了。所以，逃，是本能的力量；骂与否，是思考的选择。

当你知道了人类行为上的这两个回路后，你就能理解利用人格特质的意义了。因为一旦你选择的工作可以充分发挥你的人格特质，多数时候，你做起事来，就像你躲车那样出于本能，别人没你反应得那么自然，那么快。因为别人可能需要理性系统权衡再三才做出来的事，而你基于本能一下子就做到了。你的所有心理活动都是连贯的，由此就可以形成你的职业优势，这种职业优势是别人没办法比过你的。所以了解自己的人格特质，选择特定的管理方式，选择特定的工作，有助你扬长避短，把本能的东西做到极致。

明白了"本能"和"思考"两个决策回路，我们再来看前沿的研究成果：有内控性特质的人一旦对工作内容、工作方式、对同事甚至是对上级不满意，他们就会不加隐晦地去努力改变这一切，他们有时甚至会声称自己要离职，但他们的离职意愿似乎不一定会转化成离职行动。这一点，有统计数据来支持。但是，在他改变周围环境的过程中，往往会得罪很多人，即使没有离职，以后的日子一般也不好过。有内控性特质的人，大多喜欢凭本事吃饭，他们的天性决定他们不太注意维系同事关系。

所以，这种人在遇到问题时，如果能够及时关闭本能回路、开启思考回路，注意他人的感受，也就是说改变周围环境的时候，不要有意地得罪那么多人，那就厉害了。

一旦内控性特质的人对于薪酬和晋升有所不满的时候，他们将离职意愿转化成离职行动的比例就会特别高，这也有统计上的证据支持。因此，如果你是领导，就要注意，这些内控性特质的人往往都是主动离职的，而不像外控性特质的人，总是等领导谈话之后，才接受被裁掉的现实。

你可能会有疑虑，是不是只有具备特定人格特质的人才能做大事呢？不是这样的。人格特质，是一个人的特点所在，没有好和坏之分。比如，大家都熟悉的BAT，3家公司的领导人都有着鲜明的个性，彼此之间非常不同。我有一位朋友曾经近距离地观察过这3个人，在同一个场景下，同样都是坐在主席台上，也同样都是在众目睽睽之下，但3个人的表现有着天壤之别，呈现出完全不同的人格特质。其中，马云是豪放型的，不管谁在那里讲话，他都和旁边的领导大声交谈，我朋友的评价是"旁若无人"，他根本不在乎其他人是什么反应。而李彦宏呢，则完全处于另一个极端，他平静地坐在那，只沉浸在自己的世界里，很少见到他和旁边的领导有什么耳语，或眼神上的交流，他就像一个默想者。而马化腾则是介于其间，在矜持中和邻座的领导进行着偶尔、简单的沟通。这3个人的人格特质可能完全不同,但这都不妨碍他们各自成就自己的一番事业。

第四章

重塑你的行动力

第一节 团队建设与"猪队友"

对于团队的领导者,首先,我们一定要学会从工作任务出发,把骨干和辅助人员有机地搭配起来;其次,我们还要学会从思维方式的有效衔接上,理解团队结构的现状,通过微调,创造协同力。

我们先思考一个问题:我们为什么要组建团队?因为一个人干不过来,所以要找人帮忙,人人都向你汇报,向你负责,这个叫群体。如果你要实现的目标,需要较长时间的努力,那么成员之间不仅需要对你负责,还要相互之间互动配合,你就需要搭建一个团队。团队和群体的最大不同,就是团队成员之间有协同配合的关系,有协同效应。

要建立一个团队,我们首先一定要清楚地知道:你想干什么,团队的任务是什么,目标在哪里。我们需要明确区分"组建团队"和"团队建设"这两个名词。我们为什么需要团队?搭建一个有效的团队的核心是"选择团队成员,是领导者最重要的工作"。我用阿里巴巴的例子来分析选人对于组建团队来说有多重要。

有人说,苹果、网飞都要牛人,其实,就算是牛人的组织里面,也有高低亲疏。骨干和辅助人员在任何团队里都是存在的。就算你没有在苹果和网飞里面工作过,NBA 总看过吧,顶级球星也有高下之分。所以,学会依靠骨干团队,是领导者的一个大本事。还有一个要点:团队会遇到一些复杂问题,需要综合性的有机思维能力和解决问题的能力,骨干这时要发挥作用。骨干要有能力把复杂问题拆解,之后交给具有线性思维的人员去做。会带领辅助人员工作,是骨干的标志之一。

很多团队不是从零起步,所以,我提供了一个团队建设的极简工具——一个逻辑图示，里面包含团队进化的内容。把员工当作资源，是团队构建的一个基本原则。因此，招人的时候，一定要慎之又慎。但是，一旦将员工纳入团队之后，就应该真正把员工当作企业的资产去培养，成为协同力量。所有的员工在进入组织之后，都会在心目中和组织签订一个你看不见的"心理契约"。当这个契约中的核心条款无法被满足的时候，他们就会离职；当普通条款没有被满足的时候，他们就不会倾心投入、尽心尽力。当然，人都是有懒惰倾向的，这就需要严格的制度，不合格的员工该开除的时候不能手软。

好的团队，应该包含三种人：领导者、骨干和辅助人员。我读书的时候特别愿意翻看著名大学的教授名单，当时特别不理解的一件事就是：为什么超一流大学的教师队伍里，并非个个都是顶级高手？后来，我又喜欢研究英超、意甲球队的成员结构，发现如皇马那样的豪华阵容也是极其罕见的。我渐渐懂了，优秀的团队都是少量的顶级高手和一群合格好手组成的。如果都放上顶级高手，这个组织很难打造成团队。明白了这个道理，我们就具体讨论领导者、骨干和辅助人员的关系，也就是团队结构的问题。我喜欢把未来组织描述成一个海洋，团队就是海洋的一个个触手。为什么要这样描述？简单地说，就是我坚信未来企业所能提供的东西就是针对客户的差异化解决方案。而触手是一般的团队在复杂竞争环境中最能够提供差异化解决方案的。所以，在一定意义上说，未来的企业就是团队的联合体。这个联合体的核心，是团队的领导者。领导者要想成事，最重要的就是要在自己的身边聚集起有能力、肯合作的骨干。学会识别、训练和使用骨干，是每一个团队领导者的基本功。骨干是团队的腰，团队的腰力发挥不出来，组织是没有战斗力的。也就是说，一个领导者在规划人员组织的时候，首先须考虑的是打法，然后是安排骨干。

为什么安排骨干非常重要？因为组织往往会遇到一些复杂问题，需要一种综合性的思维能力和解决问题的能力，骨干就是要帮助领导者发挥这个作用。骨干有能力把复杂问题拆解，将非关键性的问题交给辅助人员去做，对于关键性的复杂问题，自己亲自动手解决，骨干的任务是带领辅助人员。所以，领导者的首要任务是搞定骨干。如果领导者搞不定骨干，后果就极其严重。

我喜欢看 NBA，记得 1995 年那个赛季的冠军队是芝加哥公牛队，领队是主教练杰克逊。而杰克逊很重要的一个工作，就是要搞定骨干乔丹、皮蓬和罗德曼。你如果有时间，可以关注一下杰克逊在湖人队后来的故事。杰克逊厉害的地方是有一套"三角进攻"打法。你仔细观察他的排兵布阵，在重点战区里，都至少有一名骨干来帮他撑起这个"动态三角"。骨干之间要高度协同，非骨干球员，就是要当好这个骨干球员的辅助者。而在湖人队，骨干科比就不买杰克逊的账，而且还和另外一个骨干奥尼尔严重不和，这就妨碍了杰克逊三角战术的落地。杰克逊沟通无果，就向俱乐部提议把科比卖掉，但俱乐部不同意。杰克逊没有办法，只好自己辞职，紧接着奥尼尔也离开了湖人队，结果当年的湖人队战绩非常差，甚至没有打入季后赛。这就引发了一个问题：对于团队成员中的明星，如果出现了问题，我们该怎么处理？保团队，还是保明星？这是领导者要想清楚、处理好的大问题。俱乐部后来想明白了，先是做科比的工作，然后请回了杰克逊，领导和骨干之间开始了真正的合作，这才有了后来的辉煌。

领导者第一步搞定了骨干，第二步就要善于为骨干搭配辅助人员。在选择辅助人员的时候，领导者最大的忌讳是用自己的理解去要求他们的行动。骨干之所以能够成为骨干，靠的是专业能力强，主要体现在他们的思维方式是一种有机思维。与有机思维相对的，是一种"线性思维"。而新人、辅助人员的思维一般都是线性思维，就是只能看到最直接、简单的因果关系，只能看到表象，所以，动手解决问题的套路是头痛医头，脚痛医脚。骨干的老道，往往就在于在头脑中练就了一套包含复杂因果关系的有机思维。运用有机思维，他们更能够看到事情背后的复杂原因、整体情景，所以，解决问题时也善于抓住关键因素，而不一定是直接的影响因素。因此，骨干在专业领域有变的能力，能够处理非标准化的问题。而辅助人员则缺少这种能力，他们只可以完成目标相对明确的内容。辅助人员的这种单线思维是一种局限，这很可能和阅历、受教育的程度和认知的程度有关。

最近流行一个词叫"猪队友"。说心里话，我不是特别喜欢。后来我看了韦恩伯格的一本书《成为技术性领导者》，里面也提到"猪队友"。我觉得，之所以有"猪队友"一说，估计就是因为这种思维方式上的差异导致的彼此不理解，而它的根源来自认知模式的差异。在一个团队中，领导者和骨干一般都应该达到有机思维层次，而辅助人员应该较多是线性思维。但是，不同的人在有机思维和线性思维的细节上也会有层次不同的情况。所以，当高一级的人无法忍受低一级的思维方式、对交流障碍怒不可遏的时候，就会把那些思维方式相对简单的人称为"猪队友"。其实这是不对的，我认为一定要对辅助人员和新人有足够的包容力。如果我是一个部门的领导，我就会经常解构一些团队成员之间的对话，看看一个人话语背后的思维模式，到底存在着怎样的差异。在这个过程中，大家也许就会理解原来以为的猪队友，也不见得那么"猪"，而就算是一个猪队友，在这个过程中也可以得到提高。我在学校经常遇到这样的对话场景。其实，两个人说话没有对上，根本上是因为思维方式的不同。比如我说，我们可以通过阅读《领袖们》来学习领导力。学员问，哪个领袖最值得我们学习？这是典型的有机思维对上了线性思维的情况。无论我怎样回答，对方都不可能对上。对于团队的领导者，我们一定要学会从工作任务出发，把骨干和辅助人员有机地搭配起来；还要学会从思维方式的有效衔接上，理解团队结构的现状，通过微调，创造协同力。

第二节　专注态度的认定

如何提高专注度

在平时的工作和生活中，我们经常会遇到很多干扰，这些干扰让人很难保持专注。怎样才能摆脱干扰，让自己更专注呢？王辽东在《专注与多元》这本书里提出，大多数人对干扰的理解都比较狭隘了。我们都觉得，干扰就是那些打扰我们工作的事物，比如手机新消息的声音。但这些外部干扰只不过是众多干扰的一种而已。大多数干扰其实来自内部。我们的大脑就是一个干扰源，因为不超过30秒，大脑就会产生各种杂念。比如你可能会想，一会要去洗衣服，又或者会想，刚刚自己是不是忘了关煤气。所以，人其实有分散注意力的倾向，而今天各种电子设备更是大大增强了这种倾向。那怎样才能摆脱干扰、保持专注呢？主要有以下两个方法。

第一，列一个详细的日程表，安排好什么时间做什么事。很多人会问，明明自己知道应该做什么事情，为什么还要把这些事情写在日程表上呢？王辽东说："你要完成的事，和安排时间完成它，完全是两回事。我们更习惯从'产出'的角度去思考，但工作效率要求我们更多地关注'投入'，最后的产出会受到很多外部因素的影响。"在完成目标的过程中，会有很多因素影响到最终的结果，而且这些因素都是我们控制不了的。我们能控制的就是自己的时间和专注度，这就是需要做好规划的原因。此外，制定好日程表，至少有两个好处：首先，它能减轻认知负担。有了日程表，你就不用去想什么时候该做什么事。其次，它能让你摆脱价值低的工作。有研究显示，知识工作者41%的时间都浪费在价值低的工作或者没必要做的工作上，而规划时间能很好地解决这个问题。

第二，注意内在的触发因素。要控制干扰，就要确定并理解内在干扰因素，以及它与外部干扰因素的联系方式。人们会避免那些不舒服的感觉，通过这种机制，身体会影响我们的行为。比如，冷了加衣，热了脱衣——这些人类行为（包括干扰）都可以追溯到内在触发因素。埃亚尔说："产品吸引用户的手段就是迎合用户的某些负面情绪。孤单时，刷刷社交软件；拿不准主意时，打开搜索引擎；无聊时，看看新闻。正是这些即时反应帮我们养成了一些习惯。所以，就算没有了外在干扰因素，如果不研究内在因素，结果还是无济于事。"

在寻找内在触发因素的时候，王辽东给了3个建议。一是留意自己的感受。当你受到干扰时，要探究背后的情绪。每个人都会时不时抗拒一些任务，短时间内你可能会说服自己，但当你确定自己对某些任务真的十分抗拒时，就要考虑产生这种情绪的深层原因了。二是激发好奇心。对内在触发因素寻根溯源，而不是随便下结论。此外，当你想要更深入地探索触发因素时，要学会自我怜悯，因为我们在试图集中注意力时都会受到挫败。研究表明，自我怜悯能力强的人，更有可能实现长期目标。三是通过外部的支持来减少干扰。就算你已经安排好了日程表，解决了外在触发因素，也留意了内在触发因素，你还是需要一些外部的支持来保持专注。王辽东介绍了一些方法，其中之一就是一种自我约束的方式，是你跟未来的自己做一个交易，让"未来的你"替"现在的你"做决定。可以理解为，让别人替你做决定。

举个例子，在医院里，有个人遭遇了严重的事故，然后这个人说自己不想活了，让医生别救他了。这种案例通常会被送到道德伦理委员会，而委员会的决定通常是：不能让病人死去，因为未来病人会从打击中恢复过来，并且获得幸福。道德伦理委员会就是理性的代表，委员会的理性战胜了病人的情绪。这里的经验法则就是：当你不能依靠自己的理性系统时，可以借助别人的帮助。建议找一个伙伴，互相帮助对方集中注意力。比如，你可以找个同事，创建一个问责机制，然后互相告诉对方接下来一小时要做的工作，彼此监督，完成任务。还有一个方法是换个角度看待自己的任务，你可以把它变成一种游戏，让它更有吸引力、更有乐趣。

另外，有五种观念会阻碍你进入专注状态。第一，每件事都很重要。列一张"待办事项表"对时间管理和成功的帮助很大，但凯勒认为，大部分待办清单其实是"存活清单"，只能帮你应付生活。其实应创立一个"成功清单"：上面的内容都是围绕着你的终极目标，短小精悍，条理分明。第二，你可以同时处理多件事。对于多任务处理，我们已经知道这样做既无效率也无作用。有人说，分心是人的天性，当你精神无法集中时，不要过分自责。"分心会减少你的成效，当你在同一时间里做太多事，就会什么也做不成，不如把你分散的注意力收回来，用在最重要的那件事上。"第三，成功人士都很自律，过着有规律的生活。王辽东认为这句话就是一个谎言。他认为成功无法靠马拉松式的动作达成，成就也并不会因为你是一个自律的人就随之而来。他建议，你不用成为一个完全自律的人，但可以养成一些有用的好习惯，然后用自制力强化这些习惯。培养习惯时要有耐心，一次只培养一个习惯。第四，不成功是因为缺乏意志力。凯勒认为，大部分人过度强调了意志力的作用。其实意志力就像手机的电量，虽然有限，但你可以找机会重新充电。他建议人们珍惜每天有限的意志力，找出最重要的事再使用；要在每天意志力最强的时候做最重要的事。第五，试图平衡工作的各个方面。凯勒表示，其实没有什么东西能够达到绝对的平衡状态，生活中看似平衡的事物,其实都处在另一种状态——"努力平衡中"。他说,在哲学里,"中庸"被用来描述两极之间的一种状态,这种状态要比任何一端都吸引人。凯勒建议,可以想象一下自己用一根扁担挑两桶水的情景,你的工作和个人生活分别放在两个不同的水桶里,生活和工作都会有其各自制衡的目标和方法。

"心流"与专注

我们常抱怨工作太无趣,放假才好玩。真的给你几天时间,很多人会很郁闷地意识到,自己除了吃睡发呆,也并不会玩——春晚无聊,聊天无聊,看书也挺无聊的。小时候那种专注又投入的玩的状态再也找不到了。我曾经投入地做某些事,如画画、写作、谈话、下棋、上网。当你完全投入其中时,你也许会忘记时间、忘记吃饭、忘记久坐的酸疼、忘记上洗手间……如果你经历过这种情况,你就有"心流"的体验。

"对所做的事情全身心投入的感受,心流产生的时候,会有高度的兴奋感和充实感。"很多艺术家在创作时,经常忘记饥饿、疲劳和不适,灵感源源不绝,心灵平静灵活。但是一旦作品完成,他们的兴致马上消失,又重新回到真实世界中。显然艺术家们进入了另外一个精神状态。在随之而来的扩大研究中,有研究发现很多顶级的运动员、企业经理人、作家、主持人与演讲者都有这样的体验。这是人类的一个普遍现象。有人把这种现象命名为"心流(floal)"。如果你有过潜水经验,你就能马上理解什么是 flow。海底有很多看不见的流,一旦进入,你不需要动作,只要专注地保持着,水流就能带着你在海底移动,进入看不见的通道,与世界摩擦力为零。其实我并不太喜欢"心流"的这个译名,早期内地的翻译"流畅"或者"沉浸"更加直接,而台湾的翻译"神驰"则更有意向上的精准。

人怎样才能进入心流状态?有三点:清晰的目标、即时反馈以及技术与挑战的平衡。清晰的目标和即时反馈相辅相成。没有清晰简单的目标,根本不可能有反馈——因为你不知道做到了没有。大部分人和心流无缘,是因为他们的目标充满形容词,而非名词。比如健身,"每次尽力做"就是一个不清晰的目标,你的大脑还需要在努力的时候反复思考"是不是尽力了",很难投入;但是"每组12次,组间休息30秒,实在做不到就放下",就是个清晰能反馈的目标。又比如写作,如果将目标设定为"把文章写好,让读者喜欢",很容易写不下去——你写作的时候会持续地自我批评和思考,"这一句好不好?读者会怎么看?"但其实读者还不知道在哪里呢,没法反馈;但如果是"第一遍写,列出所有想法,大概四千字",这个目标就很容易获得即时反馈。

很多老师会建议你"别管读者,自己写爽",其实也是说,"自己写爽"就是个能反馈的目标。做事情之前先问问自己,这个标准能获得反馈吗?如果自己设定不出来,那么就信任一套靠谱的方法论,好的方法论一定能给你具体能反馈的指标,而不是"靠感觉""心诚则灵"这种路子。

控制技能和难度比,高能力做低挑战的事容易无聊,低能力做高挑战的事容易焦虑。但在焦虑和无聊之间,有一个神奇的空间,人在其中很容易进入专注状态,这就是心流通道。更加精确地说,当难度略高于技能5%~10%的时候,最容易有心流。如何找到心流通道?很多人第一次接触新事物,都会有这样的学习路径。比如南方人第一次到北方接触滑雪。一开始看到雪场觉得"哇!新鲜";没人教,自己滑了几次,在初级道勉强不会摔倒了,开始觉得"有点无聊",此刻你掉出心流通道进入无聊区。一旦过了新鲜期,一定要有人点拨,展现专业系统——教你东西,比如转弯、重心、动作细节,你又会重回心流通道,觉得"好玩!"但一旦真的尝试,马上又会觉得"什么情况!完全控制不住",进入焦虑区。然后你开始细分动作,耐心练习一段,心里慢慢踏实了,"Hold 住了!"你又重回心流通道。几次进出焦虑、无聊区,你对于自己的心流通道就变得熟悉,就能让自己持续保持在心流里。这个时候你的进步就很神速。别人夸你"有悟性",你自己则感觉"迷上了"。天天练习,水平上升就很快。

为什么说拳不离手,曲不离口?就是打磨你对于心流通道的感知。很多人因为对于自己的观察不够,一辈子都没有意识到心流通道的存在,不是无聊就是焦虑,学习也找不到乐趣。

设计心流通道,如果说学习是一个完全可以自控的过程,工作则比较难控制——因为任务的内容和难度都不是你设计的。你需要在完成工作任务的前提下找到心流,这就需要你的内在设计。你需要持续调整难度与挑战的关系。如果工作难度比较高，第一步不是动手做，而是从学会寻找方法论，把大目标拆解到自己能控制、能自我反馈的小目标开始。好的方法论一定是你自己就能即时评估和评价的，也就是佛门所说的"法门"。一万小时理论虽然不一定正确，但至少给希望成为专家的人一个楼梯入口，100小时了，500小时了。等真到了7000小时，其实你已经充分理解真正高手的标准，无须这个楼梯了。

带着一个清晰可即时反馈的目标进入心流通道，时刻觉察自己的状态，能让你保持在心流中。根据这个原理，每个人都可以设计自己的学习通道，完成工作的内在设计以及设计沟通的心流。

第三节 王阳明与知行合一

三不朽的王阳明

什么叫三不朽？就是立功、立德、立言。立功，作为一个读书人，王阳明打了三场大战役。第一次是平定了宁王朱宸濠的叛乱。这个朱宸濠也是朱元璋的后代，他觉得台上的皇帝不如他，想自己当皇帝，然后处心积虑准备了15年，凭着手中的10万大军发动叛乱。按照当时的情况，他的胜算其实是很大的。当时王阳明手里没有一兵一卒，在知道朱宸濠发动叛乱之后的几天时间里召集了3万大军，最后把朱宸濠的十万人给灭了，活捉了朱宸濠。第二次是平定匪患。江西、湖南、福建、广东一带有严重的匪患，这让明朝政府苦不堪言。而且其中已经有人有明确的政治主张，并不只是打家劫舍，可以说这些人是有可能颠覆明朝政权的。明朝政府用七八十年的时间来剿匪，结果这些势力反而越剿越大。而王阳明用了一年零四个月的时间就消除了某个地方的匪患。那个地方是多省交界的三不管地段：江西剿他们，他们逃到湖南；湖南剿他们，他们逃到福建。就在那样一个地方，王阳明用了一些手法，最后把他们全部剿灭。第三次是在王阳明生命接近尽头的时候，清除了广西的匪患。也就是说，王阳明一辈子很重要的成就就是打了这三场胜仗，这是他的立功。立德，在那个没有互联网、没有任何现代传播媒介的情况下,他拥有两万多名忠实的弟子。他在那个时代已经有那么大的影响力,而且在他死后影响力还一直在发酵,一直在蔓延,甚至扩散到日本。有人认为日本之所以出现明治维新,与王阳明的心学引入日本有很大的关系。今天有数不清的人也认为自己是王阳明的信徒,可见他的感召力。立言,我们现在的企业家们,赚了钱以后就做慈善,做完慈善就要写书,无非就是立功、立德、立言。王阳明作为一个思想大家,他在中国哲学史上的地位是不言而喻的。大家可能不知道,王阳明还是中国书法史上著名的大家。但是我们一般不说他是书法家,因为书法家一般都是在别的地方没什么特别大的成就,字写得好他就是书法家。王阳明已经有那么多厉害的特长了,他的名片上已印不下这个东西,所以我们一般不太知道他是一个书法大家。总而言之,说他是古今完人还真不过分。

去年我去王阳明故居参观的时候,听到旁边有个人说,这个人是真了不起啊,房子这么大。我听到这句话的时候有点无语,但是也觉得人家说的也有道理。他是那种僧者见其僧、钱者见其钱,在哪个方面都做得很不错的一个人。他为什么能做出这么大的成就,尤其是在世俗的这些功名利禄之外,能够成为国家的脊梁,能够在历史上、在思想上有那么高的地位?我觉得原因可以用"志业"来解释。志业这个词听起来可能有点陌生,也可以说是某种使命能量的召唤,或上天的召唤。所以有人把它译成"天职",就是你活在这个世上做各种各样的事,说各种各样的话,不是出于功利的考虑,而是出于一种强烈的使命感。王阳明确实是那种有强烈使命感的人。他在读私塾的时候,有一天突然问老师读书的目的是什么,老师说读书的目的就是像你父亲那样中状元,然后做官。对于老师的这个回答,王阳明表示了不屑,他觉得读书不应该就像他父亲那样。他有一个天然的优势,在别人眼里高山仰止的地位在他看来是平常的,所以他在视野上就赢了。他对老师说,读书不是为了中状元,不是为了做官,而是为了做圣人,做像孔子那样的圣人。

北宋的张载,他有所谓"横渠四句":"为天地立心,为生民立命,为往圣继绝学,为万世开太平。"这叫作使命的召唤,也可以叫作志业。王阳明从一开始就给自己设定了一个使命。而他的父亲王华应该是很优秀的了,能够读书、中状元,在当时的人们看来是了不起的,甚至可以说是读书人的最高成就。但是，王华说到底只有目标，没有使命的召唤。有一个例子很能说明问题。王华一辈子都想在仕途上大有作为，可是混得一直不太好，最后跟很多人一样，自己不行的时候只能寄希望于儿子。有一个细节是王阳明的那个封侯的牌匾送到他们家不久，他父亲就去世了，这是他的夙愿。从王氏父子不同的经历，我想到一句古话，"取法乎上，得乎其中；取法乎中，得乎其下"。如果没有一个长远的目标，仅仅是奔着一个浅近的目标，你最后达到的结果往往是大打折扣的。成大事者不纠结当然，王阳明也清楚，在那个年代，只有通过科举才能够做官，才能为老百姓做事情，才能够谈得上为生民立命，为万世开太平，所以他也去应试。头一年，没考上。因为王阳明很有个性，处事不太符合当时的"规范"，所以他答题的时候乱答，不按照标准答案，不按照朱熹的那套说法去答题，头一年就落榜了。但他说，别人以落榜为耻，他以落榜动心为耻。但他也没有拒绝科举。从王阳明一生来看，他的仕途很坎坷。因为仗义执言挨了廷杖，差点被打死，被打入刑部大牢。后来出来回老家，一路上遭到追杀，最后勉勉强强做了一个小得不能再小的官，被发配到贵州一个叫龙场驿的地方，用我们今天的话来说就是一个政府招待所的一个小接待员。即使他后来立下了那么大的功劳，也总是招人暗算。

　　从他一生的仕途来看，他最后的结果是不错的，但是过程非常坎坷，非常不幸。他为什么在那种被排斥、被打压、被陷害的情况下还能做那么多的事情呢？原因就是：不动心。王阳明年轻的时候，有一个高人见了他以后，说他必成大事。别人问说为什么？高人说，我跟他说话的时候，他能够做到不动心，宠辱不惊，这是很少人能够做到的。为什么他能够做到宠辱不惊？我觉得就是因为他心里头有一个使命，有一个远大的目标，有一种天职：我干这份小职业不是我的目的，虽然我也必须得干这件事情；你们用各种方法整我的时候，我是不动心的，因为我想着别的事情，能应付过去就应付过去；你要我考科举我就去考科举，但是我不会把自己的定位搞得很低，让自己升官发财。因为他总是向着一个目标，就是成为圣人。

　　"为往圣继绝学，为万世开太平。"由于心里一直有这个目标，他在面对阶段性不顺的时候，就有一种居高临下的包容和忽视，不会因为眼前种种纷扰让自己忘记那个目标。王阳明临终的时候，他的弟子问他："先生，你还想留下什么话？"他的话只有八个字，但是流传至今。这八个字是——"我心光明，夫复何言"。我的心是光明的，用不着再说什么。犹如今天流行的那句话：彪悍的人生无须解释。就是因为心里头有一个使命，所以他能够完成立功、立德、立言的使命。即使他被迫去面对一个又一个的目标，但是他始终是把自己定位为一个有志业的人，而不是一个有职业的人。

王阳明的"行"与"知"的释义

"知行合一"是王阳明"心学"的核心概念，从"同步"的角度看"知行合一"："行"是"知"的一个同步。既然心外无物，物是心的产品，行动也就是心的一种同步状态，你行动的效果、成败都取决于心的状态。用王阳明的话说，"一念发动处即是行"——一个念头一旦发动起来，本身就是"行"。我们再说说"知"。"知"字，左边一个"矢"，"矢"是射箭的意思，右边一个"口"，"口"是目标。"知"就是指射箭达到了目标。在古代汉语中，"知"的意思有很多。①感知。比如"春江水暖鸭先知"，水里游的鸭子最先感知到春江的水暖。这里的"知"是最常见的意思——了解。②深切沟通。比如"知己"，如果两个人之间的关系可以用"知己"来形容的话，就证明他们是一种深切沟通的状态。③掌控、管理。比如古代有"知府""知州"这样的官职。这里的"知"显然不是"知道""感知"的意思，不是朝廷派个人去感知那个地方，而是掌控、管理、运营那个地方。"知"的本来意思是"射箭时看到且达到了目标"，强调的是要正中那个目标。"中庸"，"中"是不偏，"庸"是不易，说的也是射箭的事——箭射到最中间，射中了，这叫"中"；这次射中，下次还射中，这种不变的状态叫"庸"。做到"中庸"是非常难的。射箭表面上是个行动，但最后射中靶子的结果取决于你的"心"和"知"，这个"知"既是一种认知，更是一种行动。换句话说，射中靶子的行为实际上是你内心真正知道了怎么射箭以后的一种同步方式：如果你的心是不知的，那么是射不中靶子的——最终射中只是一个同步结果。"知"是未发动的"行"，"行"是已经实现的"知"，我们所讲的"认知"，本质上是一个行动、一个生产体系。我们的感知结果是我们感知设备的一个呈现和实现而已。

举个例子，一台单反相机和一台只有200万像素的早期数码相机拍出来的照片之所以不同，是因为它们的设备不一样。或者说，这两张照片是它们各自设备同步的结果——表面上是"行"的不同，实际上是"知"的不同。我们经常说"求知"，好像"知"是一个对象，放在那里，我们伸手去拿就得到了这个"知"。所以我们自以为获得了知识，就能够掌握这个世界，就能达到我们的目标。但其实真正的"知"不是"见到即得到"的。就像我们射箭的时候，不是你看见那个靶子就能射中那个靶子。所以，与其说"知"是一种对象、一种可追求的东西，不如说"知"是一种状态、一台设备、一种储备，你的行为是这种设备运行和发挥的一个结果。

简单地说，"知"是未发动的"行"，"行"是已经实现的"知"。

所以王阳明不说"求知"——获得知识，而是说"致良知"。"知"是一种状态，你的念头一旦发动，就已经是行动了。先知而后行，真的对吗？我举一个王阳明的例子来进一步解释。

王阳明除了打仗之外，还有两样绝活：第一个是射箭。有一个太监以为他是一个文人不会射箭，为了羞辱他，就和他比射箭。比赛的时候，王阳明气定神闲地拿起箭，不声不响三次连中靶心，就让那个太监甘拜下风。第二个是书法。王阳明是个大书法家，但因为他的其他业绩太突出，以至于我们忘记了他的书法。很多人第一次看到王阳明写的书法时，都有这种感觉：惊为天人。他的书法有一种淹没你的气势，这是很少书法家能达到的状态。射箭也好，书法也好，它首先是一种"知"。你知道怎么射箭，你知道怎么写书法。但是，能不能说"我知道怎么射箭，但是我射不中""我知道怎么把一个字写好，但是我写不好"呢？显然不妥。"写好"是一种"行"，知道怎么写好是一种"知"，这两者是不能分开的。它并不是先想好了怎么去写，懂得了怎么去写，再去写，而是在写的一瞬间，"知"和"行"同时发生了。或者说，纸上的书法就是书法家心里的书法的一个同步而已。

所以王阳明是这么概括的："知之真切笃实处，即是行；行之明觉精察处，即是知。知行工夫，本不可离。"常识告诉我们，很多事情要先知后行。但按照这样的逻辑，你要先懂得了人生的道理再去活着，也就是先知道怎么游泳再去游泳，这显然是荒谬的。"懂得了那么多道理，却仍然过不好这一生"这句话很流行，我把它翻译一下，你就会觉得这句话很荒唐：你已经看了王羲之的《兰亭序》，为什么还是写不好书法呢？进一步说就是：你已经知道了书法，已经实实在在地看到书法了，为什么还写不好呢？

你会说，后一个问题还用问吗？但它其实跟前一个问题是一回事。

认知+行为=学+习

所谓的认知，就是在神经元与神经元之间建立一个高带宽的专线连接。神经元与神经元之间是偶然连接的，但神经元连接的一个规律就是：只要不断地重复，它就会从偶然一次连接开始，逐渐建立一种固定的连接，而且这种连接重复的次数越多，连接就越稳固。在遇到某个情形的时候，一个神经元或一组神经元可以立即和另外一个神经元或一组神经元建立一种连接。这个连接越牢固，它抑制其他神经元的能力越强，就越具有一种"特权认知"——当仁不让，先声夺人。神经元的建立与连接，从"偶然连接"到"固定连接"，从"低带宽连接"到"高带宽连接"的过程，就是一种练习的过程。

"练习"的英文是 practice，它还有一个意思是"实践"。我们把王阳明的"行"也可以翻译成"实践"——知行合一，认知和行为的合一，就是学和习的合一。

由孔子提出，王阳明发扬光大的儒家思想特别强调习的重要性。学是一个建立初步连接的过程，习则是把这种偶然连接固化，形成高带宽的专线连接。孔子讲"学而时习之""性相近，习相远也"，还有王阳明的著作《传习录》，这里的"习"都是"练习、实践"的意思。孔子说"温故而知新"，这本身就是一种习的过程：你好像在"温故"，其实是在反复刻意练习。

现在我们就很清楚了，所谓的"行动"，就是已经形成的神经元连接在相应场景下的一种发挥。你"行"的品质取决于这种连接的带宽是不是专线。现在很多讲王阳明"心学"的人，一说到"知行合一"，就说要"说到做到，言行一致"，其实根本不是这个意思。"知行合一"应包含两个方面，"行"本身是"知"的一个同步的结果。"知"是反复"行"形成的一个固定连接。只有在这个意义上,才是"知行合一",这也正是"知行合一"的本质。至于如何真正做到"知行合一",是一件很简单又很不容易的事情。

第四节 认知自己的社会评价

什么是自我认知?人是进化的产物,所以认知是进化的副产品。首先,人类只能通过自己的各种感官认识外部世界。这些器官同样是进化产物,进化的目的不是使我们真正了解外部世界的真实,而是使我们能够生存。为了生存,知觉系统会扭曲外部输入,或者形成错误印象,只要能使生存能力提升,知觉系统不介意做这种扭曲。认知系统会把很多我们觉得恐怖的东西内化到我们的系统里面。只有人类能认知认知系统,我们称之为原认知。其他动物也可以通过认知系统了解外部世界,但人类可以反思自己的认知系统,可以觉知到,什么是外部世界的真实反应,什么会产生偏差。由于我们对自己的认知系统有充分理解,可以想象,当下次错误认知再来时,就可以事先提防,能使我们对外部世界的认知更真实,同时也使我们对自己的了解更真实,我们就会更幸福。有很多认知科学、大数据、行为科学的研究成果,放弃了人类是理性的观点,承认人类是非理性,但是可预测。越多理解自己可预测的非理性行为,越多了解自己,就越能多发挥自己的潜能,能过得更幸福。

我一直很关注认知科学的进展,也有多年的一些实修经验。尤其是在佛教的修行上,我探索了不少方法,包括道教的修行。目的是让大家能更好地认知自我,尤其是认知你会觉得陌生的自我。现代人生活在都市里,焦虑感很强,很多人有抑郁症,怎么能让自己过得更好一些?人跟人之间最大的差别就是认知上的不同,人和人最终比拼的,是对一件事情的理解和对行业的洞察。人的认知状态有4种:第一种是不知道自己不知道,也就是自以为是的认知状态;第二种是知道自己不知道,也就是会心存敬畏,准备要丰富自己的认知,这个叫"开始有空杯心态";第三种是知道自己知道,也就是抓住了事情的规律,提升了自己的认知;第四种是不知道自己知道,这是认知的最高境界,能够永远保持空杯心态。可是在现实生活中，95%的人都处在第一个状态，也就是不知道自己不知道。今天我们处在一个大拐弯的时代，每个行业的认知都在迅速叠加，如果不能保持"自我否定"的认知状态，就很难对快速变化的行业有充分的认知。

另外，人们很容易陷入两个认知误区。第一个就是自以为是。比如奇虎当年做搜索网站没成功的例子。周鸿祎1998年就创立了一个搜索网站叫3721，也一度辉煌过，后来雅虎向3721伸出了橄榄枝，周鸿祎就把它给卖了。可是后来，谷歌上市了，百度也崛起了。周鸿祎一度把自己做搜索网站没成功的原因总结为：自己不小心把公司给卖了，而百度没有卖，坚持了下去。但傅盛认为，周鸿祎没想到的是，其实当时李彦宏对于搜索的认知远高于他。所以，自我否定就是要假设自己无知，如果不做痛苦的自我否定，认知上不了新台阶，就算把正确信息都摆在你面前，你还是会视而不见。

第二个误区是，你以为自己认为某件事很重要，但这不意味着你真的认为这件事重要。简单地说，你认为某件事很重要，但其实你根本没把它转化成真正的行动。这种情况很常见。傅盛说自己就曾陷入这样的误区，2013年他就发现了一个重要的领域，可是一直都没有着手做，直到2015年第四季度，他才开始召集人马，准备业务。所以，认知不落实到行动上，就是伪认知；你光炫耀自己知道，有什么用呢？一个浪潮打过来，认知就没了，执行的本质就是为了实践认知。

那么，有什么办法可以提升认知呢？傅盛开出了三副解药。第一副解药是要坚信大趋势。那些行业领头人拿到的信息肯定比你多，处理信息的能力比你强，他们的认知不是现阶段的你所能赶得上的；不能理解，就先执行，在执行中理解，在行动中形成认知。不行动是最糟糕的，行动才有可能证伪。第二副解药是不做井底之蛙。人都很容易陷入以自我为中心的状态，很多人面对新生事物，甚至连尝试和对外沟通的欲望都没有，也完全不知道外面发生了什么。所以一定要扩展自己的视野，要找到带路党。他们吃过的猪肉都跟你吃的不一样，他们比你强不一定是因为他们聪明，而是具备你不知道的认知。越是处在绝路的团队，越是应该多往外看。第三副解药是活在当下，面向未来。发现自己有恐惧心理时，就想想如果错了会如何？想想最坏的结果会是什么？想完你就会发现，最坏的结果跟你内心的恐惧，根本不在一个重量级，恐惧往往比事实严重得多。我们恐惧的往往就是恐惧本身，不敢面对所谓失败，其实绝大部分失败并没有什么严重后果的。

成长，并不来自所谓的位高权重，不来自所谓的财富积累，也不来自你掌握的某一个单项技能。身处绝境当中，一个人真正拥有的核心武器，根本不是资源，而是认知。所以，成长就是认知升级的过程。比如，马化腾通过投资形成了开放的生态体系，帮助他建立了足够的行业认知。当他投资了这些公司后，他就不是在跟一个普通的产品经理聊了，而是跟刘强东聊电商，跟王小川聊搜索，跟猎豹聊国际化；他用投资挣来了很多认知，就会知道国外市场的规模、方向和目标，知道国际化有哪些机会，就能抓住行业认知。而人和人一旦产生了认知差别，就会做出完全不一样的决定。

我们的认知信念决定了学习能力。那些有复杂认知信念的人，可以在冲突的信息中随时获得新知识，不断进步。而那些只有简单认知信念的人，一遇到冲突的信息就觉得困惑或者焦虑，有挫败感，甚至感到厌烦。虽然说如今很多时候，如果环境没有什么剧烈变动，大部分人只要有点"工匠精神"，做个简单的人就可以安身立命。但是在见识水平上，这样的人最后恐怕是很难跟上时代潮流的。

第五节　自我认知的困难和突破口

如何破解认知升级的困难？如何突破认识障碍？首先要有正确的自我认知。就是你要知道身上缺什么东西，才有学习的动力；否则你觉得自己很完美、很全面，似乎只要把自己的能力有限度地发挥出来就能达成目标的话，自然你就不用学习了。要正确地认识自己其实是很难的，对此，一个比较好的态度是：你的目标期望值超越现在的自我，你先天就知道自己是有缺陷的，因为跟目标是有距离的。所以，有上进心，特别想成就一番事业，对自己现在不满意，对未来有期许，这就是自我认知，乃至锻炼自我力的一个起点。什么是自我力？就是一种"认清自我、以我为主"的人生态度。

在与一些同学的交流中，我发现一种懦弱和盲从，这是担任领导者和管理者的大敌。领导，是一种影响力，你要影响他人，自己没有主见怎么可以。所以，首先要认清自己是谁，然后在自我认知的基础上，选择自己的方向，去带动其他人，和自己一道前行。作为领导者，需要一种气魄。

我们学习领导力的各种知识，甚至各种招法，是为了影响其他人和自己一起打拼。我们学习管理实践中总结出来的各种分析方法和实战工具，是为了让自己做事情不太离谱，是为了借助一些方法使目标更容易实现。所有的知识和方法都是为我们服务的，我们需要一种魄力来驾驭和整合这些工具。但是，对于知识，必须有敬畏。我们很多同学，学习知识，秉持着一种谦卑的心态，我觉得这是对的。

一年的课程学下来，你要敢于去问，今天的这个知识是否适合今天的我？在你没有学过这些知识的时候，你提这样的问题，在某种意义上说，是一种狂妄。但是，当你很认真地了解了前人的经验和智慧之后，再这样想问题，就是在驾驭知识，就是一种气魄。我觉得，要勇于在适当的时候拥有这样的气魄和自我力。

如何修炼自我力？我觉得，自我力的形成一定和"孤独"有关。我当年在国外，为了练习英文，努力和外国人接触。我的第一个住所，选在了基本上碰不到华人的一个区。整整一个月的时间，我几乎没怎么说中文，周末都是自己独处。我在那段时间最大的收获，就是体会到了"孤独"的价值。以前，总听长辈说"独处训练"的价值，但始终没有机会体验，那段时间的人生阅历，让我补上了这一课。人在孤独的时刻，一切都只能靠自己，每时每刻都要判断自己和他人的关系，总想着如何能最有效地解决问题。渐渐地，自我意识就开始形成了。

我现在还依稀记得，周末夜深人静的时候，人在异乡，举目无亲，特别想说一句中文，但物理上的屏障让我没有办法实现这个最简单的需求。于是，只能一个人坐在椅子上瞎想：我是谁？我为什么要来到这个地方？我要干什么？我最后要到哪里去？这就是孤独让你产生的自我意识。我一直很尊敬残障人士，并且固执地坚信，身体跑不远的人，他的心可能跑得很远。所以，很多年前，在和一家企业的领导者聊起他的竞争对手时，我建议他们最先收购的，不是最强最大的对手，而是一家领导者身体略有不便的企业。我坚信，一个身体有残疾的人，可以把企业做到那么大，一定是最可怕的。

我最敬佩的企业家之一，是三星的李健熙会长。我们以前的课程，也多次提起过李会长。李健熙出生不久，就由他的奶奶抚养，直到他3岁开始懂事，他才知道抚养他的是奶奶，而不是妈妈。10岁刚过，他又被父母送到日本读小学，小小年纪就在日本独自生活了3年。在日本时，他作为朝鲜人，被人看不起，被称为"朝鲜佬"。之后回到韩国，又因为韩语发音生硬、行为方式有点日本化，被同学称为"日本佬"。李健熙回忆说，从出生起，他就和父母分开生活，渐渐适应之后，就形成了很内向的性格；一直没有朋友，所以常常自己一个人想问题，把问题想得很深。李健熙头脑聪明，孤独使他开始沉迷于机械，痴迷于尖端技术。后来，他去美国读大学时换过六辆汽车。原因很简单，就是因为他喜欢拆解汽车，重新组合，进行研究。

所以，三星后来能在李健熙领导下成为一家世界级的高科技公司，其实在早年就种下了种子。世界上凡事皆有因果，李健熙的人生经历，不能不说就是一段因果。孤独除了让人专注，让人把事情想得深以外，还会培育出强大的自我力。道理特别简单，就是因为你无可依赖，所以事事都要靠自己，靠自己的意识和历练，从而增强了一个人的自我力。李健熙是家中的第三个儿子，据说他父亲、三星的创始人李秉喆决定把家业传给他，也是因为欣赏他的自我力。李秉喆曾经在生意上有过一个几乎过不去的坎。面对这个几乎导致三星集团崩盘的危机，李秉喆一筹莫展，几近消沉。这时，李健熙拍了拍爸爸的背，告诉爸爸再坚持一下，一切都会过去，一切都会好起来。李秉喆是生意场上的老油条，自己都几乎崩溃了，儿子李健熙却举重若轻。望着尚显稚嫩的儿子，李秉喆毅然决定把家业传给这个不起眼的儿子。当然，这只是孤独产生自我力的一个例子，如果你留意观察，我们身边其实还有很多这样的例子。

坦率地说，就算你向别人求助，任何一个对你负责任的人，都不会轻易地给你一个解决方案的。我也经常向别人咨询问题，求教、求助，但是，我从来没有指望别人可以直接提供一个解决方案，只要按照这个锦囊妙计去操作就行了。天下没有这样的好事。除了你自己，没人知道你所面临问题的答案。在很多情况下，比如别人在给你提供建议时，如果你没有自我力,就会很容易被这些建议误导,甚至会走更多的弯路。

前几天,我读了一位日本学者的新书,他曾经是麦肯锡公司的高级管理人员,是吉姆·柯林斯的同事。柯林斯是麦肯锡的合伙人,也是《基业长青》这本书的作者。这位日本学者和柯林斯不知有什么深仇大恨,在他的书里,把柯林斯损得够呛。在这本书里,讲到柯林斯写完《基业长青》之后,同事们就嘲讽他,说他研究的都是有百年历史的成功企业,总结出来的道理都属于"事后诸葛亮",他说的基业长青的伟大企业,都是有愿景的企业,这个东西没有办法证明,更不能说:只要有一个好愿景,我就可以成就一家百年老店。因此,指导性有限。柯林斯一生气,就选择考察了一些当前成功的企业,总结了一套企业成功法则,写了一本新书,叫《从优秀到卓越》。结果,十年过去了,这些企业倒了一大堆。柯林斯又生气了,就又写了本新书,叫《为什么优秀的企业也会倒下》。

这个段子好像是在嘲讽柯林斯,但我觉得是在嘲讽那种轻易就给人建议的"咨询术",就是那种动不动就摆出一副权威的架势,给人开药的"老师型"咨询术。这种老师型的咨询术,大多数是故弄玄虚的"超级骗术",我对此十分反感。我非常同意这位日本学者所说的一句话:"我说的就是答案,这个时代,已经过去了。"那么,未来的咨询趋势是什么呢?主要是"陪跑型"顾问。什么是"陪跑型"顾问呢?就是以你为主,有问题来找我,看看我是不是可以给你一些信息,传递一点别人的经验,帮你理理思路,但大主意,还是要靠你决定。

以上讲的,是咨询行业的一点动态。我希望通过这个动态,可以给你传递一个观念:自我力是一切的核心,也应该成为你的立身之本。

事实上,从认知升级的角度来看,任何人都没有任何机会有资格就任何事说:"我知道了。"这不是态度上的谦虚,而是事实如此。一个真正的终身学习者,会发现任何话题都有无穷无尽的深入空间。认知升级的途径,就是行动。很多人都说,技术是未来,将来的内容产业都会被技术影响,都能说出自己的一大套理论。但是这么多内容创业公司,我们还真的很少看见哪家真的花钱去建立技术团队,为什么?因为做内容的人往往是文科生,觉得自己不懂技术,所以,就回避在技术上的认知升级。

领导力的核心不是所谓的高情商，而是在大格局下构建对整个行业的认知体系，用大趋势做出正确的判断和聪明的决策。在武侠小说里，一群人打不过一个武功高的，这在现实中当然是不可能的。但是现在的互联网商业竞争中，还真就是这样。你堆再多的人，还不如来一个认知出众的人。本质上，就是这个人在这个点上的认知体系，超越了一个庞大的队伍。领导者在核心点上必须有一个强大的认知体系覆盖所有人，才值得成为一个领导，才得以做出正确的决定，才能够带领整个队伍走一条正确的道路。如果认知错了，即使整天忙得鸡飞狗跳，也做不成真正有效的管理。

但是你想，即使一个人认知水平很高，他要想带好一家公司，要怎么做？唯一的方法，就是找到合适的人，在他身上多花时间，把自己的认知传递给他。在关键人身上花足够多的时间，把足够多的认知传递给这个关键人，让他做一群人的决定，切忌多人平行站位的职责不清。老板既然有这个心态，就是我们普通人的机会。大公司里，可能因为层级太多，好的、真正核心的认知你接触不到。小的创业公司里，你虽然可能更有机会独当一面，但是老板的认知水平也可能不高。

所以职场里的人，赚到的不是钱，而是认知。至于那些赚大钱的人，多数情况下，都是认知提高的结果，这是要经过长时间磨炼之后才能兑换的东西。比如腾讯这些年发展得这么好，股价猛涨是为何？大家知道，是因为腾讯采取了开放策略。那开放挣到了什么呢？不是钱和业务，而是别人的认知。要知道原来腾讯不开放，什么都自己做，结果就是腾讯在每个领域都不得不与当时各个领域最先进的认知去竞争，所以非常困难。后来腾讯开放了自己的生态，投资了一大批公司，结果是什么？是他做什么业务，都不是跟自己公司里的产品经理去聊，而是和这个行业里有顶尖认知的高手去聊。

比如，马化腾会跟刘强东聊电商，跟王小川聊搜索，跟猎豹的傅盛聊国际化。结果腾讯市值从300亿美金涨到了今天的2000多亿美金。所以，腾讯用这种开放的生态策略，本质上拿到的不是投资挣来的钱，而是投资挣来的认知。对腾讯这样的大公司都有效的策略，对我们每一个普通人当然就更有用了。

综合来说，要想认知升级，有三个途径可以达成。

第一,永远保持否定自己的状态,知道自己不知道。
第二,永远不停留在知道,重要的是把知道变成行动。
第三,永远和比你知道得多的人在一起。

第五章

挖掘有价值的自己

第一节　现代人与焦虑的产生

在遇到压力的时候，如果能聚焦于当下，察觉到情景的压力和自身反应的冲动，你就已经引入了一个新的维度。在正式的正念练习中，当我们体验到不适、疼痛或任何一种强烈情绪时，我们只是去观察它们，允许它们存在而不去进行条件反射式的反应。我们要让自己和那些不愉快的、艰难的东西共处，这样一来，我们就能更真实地感受到当下的一切，从自身的体验中看到事情之间的关联，做出更恰当、有效的回应。

当你能面对压力而不是逃离压力的时候，你就更可能察觉自己的情绪，以及某件事情的来龙去脉。一旦你保持冷静和安定，在每一个当下的时刻保持觉知，你就可能在过去毫无希望的地方看到新的方向和路径。比如，一般开会的时候，往往是很多人坐在一起绞尽脑汁讨论。但如果能在会议开始之前，拿出5分钟让大家冥想一下，让人把心思安定下来，人们也许就能比较自然地从现状中发现做事的方法。

在日常生活中，我们太容易做出评判，觉得别人说的话没道理，认为只有自己知道对错。正念强调的就是不要轻易做出评判。团队合作时，要学会彼此倾听。想找到新办法解决问题，就要学会集思广益，而不是因为某些想法还不成熟就把它扼杀了。有时候，新的洞见并不是来自某个人，而是来自交流与对话。如果每个人都能少一些评判，多一些思考，新的想法就会浮现出来。很多时候焦虑不一定是什么坏事，你不需要排斥它。面对它最正确的态度就是，把它当作一个信息，这个信息背后的完整内容，需要你去追问。你需要问自己：发生了什么？我在担心什么？

比如，一个讲师为几天后的上台演讲感到焦虑，这个时候他可以问自己：这个焦虑情绪的背后是什么？是担心口才不好失去重要的机会吗？是害怕别人挑战我的观点吗？还是怕紧张忘词显得没面子？当我们这样去问的时候，会发现答案本身就给出了行动方案，它会告诉我们，我们能做什么。比如，你担心别人挑战你的观点，那么你就可以更全面地准备你的内容，如果你担心忘词，就多背几次，或者做个预演。

焦虑是一种在潜在威胁面前无能为力的状态，但如果你发现自己并非无能为力，发现只需要去做些什么，就能避免坏事发生，焦虑是不是就减轻了？有的时候，焦虑的敌人，就是行动。另外，你可能会发现，很多焦虑是有隐蔽性的，当事人可能会有莫名的压力，但不是很容易识别压力背后到底是什么。比如上台演讲的例子，有的人已经准备很充分了，但还是会不安，那是为什么？

这个问题是可以追问下去的。你可能发现，焦虑未必来自客观的威胁，而是来自某些更加个人化的原因。不管怎样，就算你觉得你的生活中焦虑情绪已经是一种常态，也不要把它们笼统地用"焦虑"两个字带过。

"我很焦虑"这种话可能会让你更焦虑，你原来可能还只是为某些事情焦虑，而现在你在为自己的焦虑状态而焦虑。

正确的方法是问自己：我在为什么而担心？我害怕什么发生？信息被这样"翻译"出来，本身就是一种情绪的释放。首先找出焦虑背后的"想法"，焦虑是一个信息，它出现的时候，我们要把它翻译出来。做到这一点不太难，但有时候这还不够，你还需要找出你的焦虑发生时，背后的那个"想法"。

有句话说，人不会两次踏入同一条河流。然而一个人的焦虑，很多时候会反复走同一条路。什么意思呢？比如，一个妈妈最近总是双眉紧皱，说起孩子就是各种担忧，担忧孩子以后会不会成绩差，老师会不会不喜欢他，会不会考不上好学校。有一天，这个妈妈准备周末带孩子去亲戚家串门，但是孩子说肚子疼不想去，于是妈妈同意了。但是当妈妈回到家的时候，看到这个孩子正在一边看电视一边吃冰糕，妈妈勃然大怒，打了孩子。这样的事情可能不止一次发生，不管是孩子不按时起床还是不按时写作业，妈妈都会变得很敏感，很小的事情就可以把她引爆。我们可以简单地说，这位妈妈是在为孩子的成长焦虑罢了。但是如果连妈妈都觉得自己的反应过分了，那么我们就有必要去问：这种似乎有点过度的焦虑是哪儿来的？放到我们自己身上，就是当某一类焦虑反复出现时，我们就需要多问自己一句：当这类焦虑发生的时候，我是怎么想的？

心理学有个"合理情绪疗法"，也叫 ABC 疗法。A 代表正在经历和发生的事情，B 代表一个人的观念和想法，C 代表一个人的感受和行为。A 和 B 加起来，才导致了 C。我们无法选择 A，要想让 C 有改变，唯一可能去改变的就是 B，也就是观念和想法。

我们再回看刚才案例中发怒的妈妈。当我们问到她的想法时，她说，当她看到说肚子疼的孩子还在吃冰糕看电视的时候，她的想法是：孩子居然撒谎，他怎么可以这么不诚实？她想到自己的孩子长大后会不会是个骗子，他对自己这么没有自控力，以后会不会非常没有前途？这么越想越焦虑，也越愤怒。

现在我们能看出来，在这个妈妈的想法里，孩子撒谎的行为，很容易就等同于孩子长大后会成为一个骗子，等同于没有自控力，而没有自控力就等同于没有前途。正是这种想法，影响了这个妈妈的情绪和行为。

很多人也一样，每一个焦虑背后有一个自己的想法，这个想法是我们对眼前发生事情的观点和评价，也是对未来的主观推断。当你抓到你的想法，就好像抓到让你焦虑的那个背后黑手。这个想法经常是以"如果……，就……"的形式出现。"如果我的孩子性格不好，在外面就会不受欢迎。""如果我这周没有搞定这件事，可能就会永远拖延完不成。"等等。

所以当你焦虑的时候，应该问问自己："我是怎么想的？""眼前的事情哪些是客观发生的？""哪些是我的观点和信念？""我的观点和信念一定正确吗？""换一个想法情况会不会有改变？"但是要知道，你的观点和信念也不是突如其来的，它跟我们怎么习惯性地看待这个世界有关。因此，当你发现自己有某种惯性的焦虑反应时，你可以试着去找找焦虑的源头。

有一个方法，叫作写情绪简历。你可以准备一支笔和一张纸，纸分左右两栏,试着去回忆在你可以想到的过去时间段里有哪些人生大事发生?不需要罗列得特别多,就写几个可以算作人生转折点的事情,可以是开心的,也可以是难过的,但是这件事情的发生让你记忆深刻,并且会有情绪和认知上的影响。在纸的左边写上这件事情是什么,然后在右边对应的地方写上这件事情对你的影响是什么,外在有什么影响,情绪和认知上有什么影响。比如有人可能会在左边写哪一年的高考,因为身体不舒服没有发挥好而落榜了;右边写上,因此错失了进入好学校的机会,感觉人生不如意,开始自卑起来。也可能有人会在左侧写,某一年参加了一个业余歌唱比赛,获得了亚军;右边会写,从此对自己更加有信心了,一下子打开了音乐方面的发展道路,人也变得开朗起来。每一件发生在生命中的事情对我们的认知和感受都是有影响的,只不过有些被强化了,有些被弱化了。而能够在你写情绪简历时回忆起来的,一定是被你强化了的那些事情。这个做法,其实是一种简单的自我洞察的方式,它可以帮助你知道,你的观念和想法是怎么形成的。

再拿那位焦虑的母亲来举例。这位母亲在书写自己的情绪简历时,提到一件事,那就是自己早年有一次答应别人一件事情但没有做到,对方连解释的机会都没给她就跟她绝交了,这可能就是她对不守信这件事反应这么大的源头。当我们在写情绪简历的时候,不要光回忆那些挫败和不如意的经历,要把正面的记忆也写下来,因为当一个人焦虑严重的时候,能想到的事情很多都是负面的、挫败的。回忆正面的记忆,能让你更客观地观察到,人的状态是流动的,有好有坏,你当下的状态并不代表你的全部。

在与人交往时,人们有时会感到畏惧、紧张,甚至产生焦虑感。不少人会把这种表现归咎于害羞,但这种表现其实是社交焦虑。在心理学专家梁芷菁老师看来,害羞与社交焦虑之间有一个主要的不同之处,即害羞是一种短暂的心理问题,克服最初的害羞之后,就不会再经历社交焦虑了。而社交焦虑会使人们认为自己会做出一些引人奚落或让自己尴尬的事,觉得其他人在对自己指指点点,因此让人变得悲观消极。严重的情形下,与陌生人交谈或与亲友打电话这样的日常活动,对于有社交焦虑的人来说,都是很大的障碍。

克服社交焦虑,人们不仅能更好地展现自己的优点,也更加享受而非害怕社交过程。克服社交焦虑有以下方法。

第一，减少自我关注。当人们过度关注自我时，很难准确注意其他的事。"你只能获得更少的信息，比如别人说的话、脸上的表情以及他们对你的反应"，基于这些信息，你会轻易地判定别人能知悉你的内心活动，会对你指指点点。英国学者巴特勒认为，自我关注是社交焦虑的核心层面，需要优先处理。

梁芷菁老师给出了一些帮你扩大注意范围的建议。第一个是，将注意力从自己身上移走。你可以尝试做一个练习，在一个平静的环境中，先把注意力集中到自己身上，保持两三分钟，然后把注意力转移到外界事物上，再保持两三分钟。第二个是，下决心不去想那些让你不愉快的经历，把注意力集中在周围发生的事上。"你对别人越好奇、越感兴趣，你就会越关注他人和你们谈论的东西，你对自身的症状和恐惧的念头关注得就越少。"第三个是，要充分调动你的好奇心。你可以把自己想象成研究社交的科学家，比如，你可以在机场登机口观察人们告别的方式，观察人们的年龄、熟悉程度、心情、身边陪同的人，等等。这个简单的观察会让社交焦虑者明白，在社交行为中并不存在所谓的"正确"方式，你不需要为自己的行为模式感到不安。

第二，改变思维模式。社交焦虑中的恐惧主要来源于别人的看法。比如，在一些社交场合中，社交焦虑者普遍都有一种要被批评的预感。想法会影响你的感觉，反过来，感觉也会影响你的想法，改变思维模式可以使你感觉更好。怎么改变思维模式呢？巴特勒给出了两个策略。第一个策略是学会识别你脑中的想法，弄清楚当你感到焦虑时，你在想些什么。很多社交焦虑者都有自己最习惯的负面猜想，比如，有人在自己讲话时离开，就认为这是专门针对自己的；再比如，内心会习惯性地承担一些不属于自己的责任。如果你能通过记录、质疑和反思，清楚地找出这些负面猜想，那么改变就会很容易。另一个策略是找到有益的思维模式。巴特勒认为，好的思维模式一般可以用比较公平温和的语言表述，它们可以减轻你的压力，帮助你采取一种更加平衡和灵活的方式来看待事物。比如，当你想监督自己进步时，不要使用"必须""应该"等强迫性的词汇，而是用"如果我……会更好"来激励自己。

第三，改变行为模式。尝试新的行为模式有利于你探索更实际、更有益的思维模式。比如，你会表现得更加开放，会问更多问题，结交更多的朋友。改变行为模式，需要你摒弃安全行为。安全行为就是你在社交中为了保护自己而做出的行为，比如在谈话中眼睛向下看躲避别人的视线。安全行为会降低你的信心，"有效"地帮你逃离别人的关注。你可以把自己采用的安全行为都列进一个清单里，然后逐渐摒弃。改变行为模式，也需要你直面现实。巴特勒建议，社交焦虑者可以确定出自己想躲避的事物，明确自己的想法和这些事物之间的联系，然后在行动中改变自己一贯的做法，即"直面恐惧而非躲避"，最后还要评估后果，弄清楚你对后果的预期是不是正确的。

第二节 不做时间的奴隶

　　现在人们每天要接触大量的信息，我们的时间被碎片化了，很多人忙了一天都不知道在忙什么，就如同看了很多信息，其实总结一下却不知道哪些对自己真的有用。如果想要高效管理时间，就要避免干扰，你要建立一个系统，这个系统能帮你专注于眼前的任务。要处理的干扰有两类，一类是外部干扰，一类是内部干扰。针对外部干扰，有很多做法。比如，你可以专门拿出一天，关掉所有的通信工具，让自己有一个专注的时间。再比如，你可以让自己养成习惯，不处理那些在你专心做事时发生的事情。还有一种方法是，让自己进入一个心理状态，告诉自己，你正在做的事情就是最重要的。

　　美国前总统吉米·卡特不管在他前面的人是谁，不管这个人应不应该在那里，也不管自己能从中获得多大的价值，都会与他面前的人继续交谈。对于卡特来说，出现在他面前的每一个人都是有价值的，这让他可以不受时间限制地活在当下，全身心地专注于眼前的事情。同样，行政助理也会帮老板安排好时间及行程，以便让老板知道，摆在他们面前的事情就是最重要的，他们不用担心还有其他什么事情要处理，因为他们知道还有秘书在帮忙。

　　而对于普通人来说，没有人帮忙安排这些事情，所以只能靠自己来战胜干扰。那些比较困难的任务，通常需要人们持续专注 50 分钟或者更长的时间来解决问题,这是因为大脑需要更多的时间进入专注状态,并且维持这种专注。以下有一些比较好的时间管理技巧。

第一,把这些任务写下来,确保你已经抓住了所有吸引你注意力的事物,或者你注意到所有应该注意的事物。这样做的目的是把任务和环境从大脑移除,与此同时,保证不遗漏任何可能有用的想法,相当于把大脑的执行系统放在了外面。这样,你就可以回过头,从观察者的角度看一下你列出的任务,不至于让自己被大脑最新的、最吵闹的信息干扰而分心。

第二,随时清除小任务。一般来说,如果我们有一个大项目,需要好几天或者好几周才能完成,那么当截止日期快到了的时候,我们就会放下手头上所有的事情,把全部时间都花在这个大项目上。这意味着我们没办法处理很多小任务。当小任务越积越多时,只会带来麻烦。解决这个问题的办法是遵循5分钟原则。也就是说,如果完成某件事只要5分钟,请立刻处理它。如果你有20件事情要做,每件事5分钟就能做完,但你只能抽出30分钟时间,那就把这些事情进行排列,看看这些事情是应该立刻处理,稍后处理,还是直接放弃。这里的关键是,能处理的事情,最好每天立刻处理,而不是积累起来。你每天都可以做这样的事情,比如,把衣服从地板上捡起来,或者是回一封邮件。这个做法和前面说的"不让自己受到干扰"并不冲突,两者的重要区别是,你要抽出特定的时间来处理这些小事。

第三,计算时间对你的价值。很多成功人士在管理时间时都会做一件相同的事情——计算他们的时间客观上对自己有多大价值。这个价值不一定就是市场价值,也不一定和每小时的工资有关。这里的价值指的是,在成功人士心里,他们觉得时间有多少价值。比如,当你犹豫究竟是自己洗衣服,还是花钱请别人洗的时候,你要想想在这段时间里你可以干什么。如果你难得有一个周末,并且真的很希望和朋友聚一下,你可能就会觉得请人来做更有价值。如果能计算时间对你的价值,你就能简化很多决定。当然,这里说的是你不喜欢做的事情,如果你很喜欢洗衣服,这样计算就没意义了。

另外,在计算时间价值的时候,你还要遵守另一个原则,那就是不要花比事件本身价值更多的时间来处理事情。比如,你正在购物,发现一件你很喜欢的衬衣，但你的购物时间没剩几分钟了，这时候售货员走过来，又给你拿了一件衬衣，你同样很喜欢。现在，你要花更多的时间决定到底买哪件，因为你的钱没那么多。如果售货员告诉你，买两件可以打折，并且你也买得起，你可能两件都买了。这时候，显然多花一点钱很划算，因为为这样的决定多花时间很不值得。

在社会竞争很激烈的当今时代，很多人都希望能学更多的技能，恨不得把一分钟掰开来用，同时处理很多件事情。可是，这样真能提高我们的竞争力吗？想要提高竞争力，恰恰不是做更多事情，而是要做得更少，做得更好。要学一下精要主义的心法。

精要主义的第一个心法就是学会选择。比如某个人在香港工作的时候，在职读了一个法学专业，而且晚上自学管理和写作。因为他打算考到律师证之后，当律师或者写和法律有关的书。其实很多人都有这种状态，看起来很忙，很充实，但到头来什么都没学好。

第二个心法是学会甄别。很多人小时候都打工赚过零花钱。当时英国小孩儿能做的事情就是当报童送报纸，1小时能赚1英镑。后来有人发现，给邻居洗车也可以赚钱，洗1辆车可以赚两英镑，而且1小时可以洗3辆车，这样，这个人1小时的工资就是6英镑了，比送报纸多赚5英镑。最后，这个人就专门给邻居洗车，省下了很多时间成本。所以学会甄别也是一个很重要的心法。

第三个心法是学会取舍。比如2000年的时候，很多公司的业绩都不好，股票大跌，但是西南航空公司的业绩不减反增，这是为什么呢？就是因为西南航空会取舍，它只开了几条航线，不提供飞机餐，不提供头等舱，大大降低了成本。一旦不会取舍，试图满足所有人，那西南航空公司很可能也就没有逆流而上的业绩了。

了解了精要主义的心法之后，我们再来看看具体的办法。第一是要给自己留出思考的时间。我们总是把自己的时间安排得很满，生怕浪费一丁点时间，但这样不一定就能提高效率。领英的CEO杰夫韦纳，每天都给自己留两个小时的空余时间。因为如果一天排满了会议，他就没有思考的时间了。一旦被琐事缠身，就没有时间来思考公司未来的发展方向了。再比如比尔·盖茨，他也经常会抽出一个礼拜的时间，专门用来思考和阅读。就算是在微软发展最快的时候，他也一直保持着这样的习惯。

第二是要有清晰明确的目标。很多公司都会提出一些很模糊的口号，比如说"要勇于创新""要有团队精神""要改变世界"。可是具体要怎么创新，怎么有团队精神，怎么改变世界呢？这些听起来挺伟大的口号，其实都很空洞，没办法指导我们的行动。那什么才是一个清晰明确的目标呢？比如美国在进行数字化的时候，曾经提出了"到2012年底，保证让每一个美国人都能上网"，这就是一个很清晰的目标。

第三是学会及时止损。比如说英美两国曾经研发过一款飞机，从伦敦到纽约只要不到3个小时，比传统的飞机快了一倍。但是成本太高，一直在赔钱，结果英法两国政府就不断地砸钱，砸了长达40年。最后还是赚不到钱，被迫停止了研发，赔了很大一笔钱。为什么会出现这种情况呢？就是因为被沉没成本绑架了，没有及时止损。所以说，学会止损，当机立断，能把损失最小化。

第四是要及时奖励小的胜利。举一个例子，一般我们被警察拦住，肯定不是什么好事，要么是违反了交通规则，要么是违反了其他规定。在英国，有一个新警长一反常态。他说，不能光是处罚市民，市民做好事的时候也要给奖励，口头上的也行。所以他开展了一项活动，让警察多肯定市民做的好事。比如说年轻人扶老奶奶过马路，就可以口头上表扬一下；不乱扔垃圾，也可以给予一定的鼓励。结果当地的犯罪率有了明显的下降。所以说，不要忽略小奖励的作用，多给自己一些肯定，自己的状态会更好。

最后总结一下，想要成为一个精要主义者，首先要掌握3个思维模式，学会选择、甄别、取舍。而具体的行动就是：给自己留出思考空间，不要做时间的奴隶，要有清晰明确的目标，有及时止损的能力，最后别忘了给自己小奖励。做到这些，你就是一个合格的精要主义者了。

第三节　有效工作是一门创造性的艺术

怎么提高个人的效率？我们都有经验，如果一件事是自发自愿的，不光做的时候心里舒服，效率也会高很多。懂得自我激励的人，可能会比同龄人收入更高，幸福感更强。所以想要提高效率，关键就在于激发动力。那么，怎么才能让自己产生动力呢？有两个方法。

第一个方法是确信局面在自己的掌控当中。也就是说，不管面对什么问题，你都要知道自己有选择的余地。比如你现在要处理一堆枯燥无味的邮件，你可以选择优先处理哪一封邮件。只要事情是由自己决定的，我们就能感受到控制感，从而就会产生动力，效率就会提高了。

第二个提高效率的方法，是给自己的行动赋予更大的意义。比如说，美国海军陆战队培养士兵时的训练特别严苛，有一批新兵在接受最后的考验，他们已经连续行军两天，睡眠时间不足4小时，很多士兵都多处负伤，其中一个新兵濒临崩溃，马上就要放弃了。队友就问他，你为什么来这儿？这个问题不是随便问的，教官说，在人生最脆弱的时候，就要问对方为什么。因为把一项艰巨的任务和他特别在意的选择联系起来，就能把任务转化成有意义的决定，从而激发动力。回到那个新兵的故事。队友问他为什么要去参加海军陆战队训练。这个新兵说，他要成为海军陆战队的一员，给家人更好的生活。因为他的妻子刚刚生下了女儿，如果他能通过最后的考验，就可以和家人团圆了。在这个信念的激励下，这名新兵最终完成了考验。

因此，提高个人效率的方法，第一步是选择自己要做的事情，选择会让我们有掌控感，从而提升做事情的动力；第二步是给选择赋予一个意义，进一步强化动力。

那如何提高团队的效率呢？高效率的团队有3个特征。

第一个特征是团队成员都具有心理安全感，确信自己可以在团队中表达真实的想法，团队也会包容自己的错误。举个例子，每个医院都难免发生医疗失误，比如用错药，那是不是业务能力比较差的团队，就更容易犯错呢？调查发现，一个团队的失误率，和业务能力没关系，而是取决于团队规范。也就是说，如果团队鼓励公开表达建议意见，护士们就会勇于承认自己的失误，大家一起讨论解决方案。但如果出现失误就会面临很严重的惩罚，护士们就会选择隐瞒真相。长期来看，这样是不利于改正错误的。所以说，想要组建一个高效团队，首先要让成员有安全感。

第二个特征是团队成员要有平等地表达想法的机会。如果领导者能让每个团队的成员都感受到自己的想法被重视，就能提高整个团队的积极性，从而提高工作效率。像谷歌有些团队的领导者在开会的时候，会在发言人的名字后面打钩，直到每个人发言的次数大致相同时，才结束会议。这样做会让团队中的每个人都感受到被重视，从而激发工作的动力，提高工作效率。

第三个特征是要有较高的社交敏感性。所谓社交敏感性，就是能透过别人说话的语气、面部的表情等细节，了解对方的真实感受。从心理安全层面来讲，团队成员不用成为朋友，但是有必要培养自己的社交敏感性，倾听别人的想法。建设团队心理安全的最好策略，就是领导者亲自示范。

如今，高效已经成为绝大多数职场人追求的目标。因为每个人每天手上都有忙不完的事情。但是，怎么判断一个人是否高效呢？难道只能凭借个人的主观感受吗？这里的高效，指的是能够做好自己职责要求的所有事。可以通过3个问题，来判断自己是否做到了高效。这3个问题是："我是否达到了预期目标？""这是我自己的期望而非他人施加的吗？""我的时间安排是否合理并善用了周围的资源？"

在日常工作中，第一个问题要问的是，一个人是否完成了自己职责范围内的工作要求。比如，销售目标是否达成，是否在特定的时间里回复了客户等。第二个问题要确定的是，你完成的工作，是出于自己的期望，而不是其他人对你的要求，因此你可以从中获得成就感。第三个问题要确定的是，你是否合理地使用了自己的时间和各种资源。所有的时间教练都会告诉你，要能够分清楚工作的轻重缓急，要在工作时保持专注，要善于使用各种工具。

如果你问完自己这3个问题，觉得还没有做到足够高效，这时候该怎么办？难道只能生活在沮丧中？这里可以分享两个建议，帮你改进自己的效率。第一个建议是，调整预期。如果你觉得自己无论是时间管理还是资源管理上，都做得不错，但是仍然满足不了工作预期，这时候，你需要做的是调整预期，包括调整任务截止日期、工作量等。第二个建议是，精进自己时间管理和工作管理的能力。它要求你善于规划、安排好任务的优先级，在必要的时间段能做到高度专注。同时，也能够帮你有条不紊地工作，善用各种工具，从纸和笔到各种任务管理工具。

面对任务时,我们凭直觉就能知道哪些更重要,哪些不那么重要,很容易就能按照紧急排好优先级。然后,我们还是会按时间和精力充裕的情况来处理任务,而且,我们会把不那么重要的事放到"以后"来做。但其实从来没有所谓的"以后",未完成的清单从来没有尽头。因为,一旦我们的职业生涯进入某个阶段,我们所担负的责任,让我们永远无法满足所有要求。但是,我们的时间和精力都是有限资源,那该怎么办呢?

第一步,要把事项重新组织一下。鉴别归类意味着设定需要处理事项的临界标准,主动忽略那些不达标的大量事务。最终的胜利不是赢得一次战斗,而是赢得一场战争。打个比方,不是处理完收件箱,而是处理完收件箱里所有重要的信息;不是完成清单上的所有事项,而是完成清单上全部重要的事项;不是见完所有等待约见的人,而是把真正重要人物的问题处理完。

第二步,停止使用错误的工具。巴蒂斯塔认为,我们在"时间管理"和"个人生产力"上面花了太多精力。这些努力在战术上有效,但在战略上进行鉴别归类时就没用了。记住:任务不是要列出清单,而是决定哪些任务可以删除,并且坚持执行。

第三步,我们需要解决鉴别归类所涉及的情感问题,因为这不仅仅是个认知过程。主动忽略一些事情、拒绝一些人,可能会产生一系列情绪问题,这会影响我们的选择和行为。比如说到"不是真正重要的人物"时,很多人可能会觉得把人分三六九等,这很无情。这正是鉴别归类方法的困难之处,但只有我们关注它的情绪维度,我们在控制工作流程时才有效果。研究指出,情绪会产生对于目标事实的偏见,甚至干扰做决策的支持机制,从而影响有效决策的制定。所以,在进行鉴别归类时,我们要学会管理这些情绪,包括焦虑、害怕、愤愤不平甚至恼羞成怒。

我们最终目标是通过不舒适的方式来变得更舒适。要意识到对事务进行鉴别归类会产生困难情绪,这样就能面对没完没了的任务清单、爆满的收件箱,还有排队想要约见我们的人,做出科学而有效的应对方式。

第四节 "生活"与"活着"

人活这一辈子，到底有什么东西在驱动？20世纪前叶，仅仅在维也纳，就有三位心理学家分别提出了自己的解释。其中最著名的是弗洛伊德，他认为人生就是要追求快乐，内在的驱动力是性。还有一位心理学家也很有名，叫阿德勒，他认为人生是为了追求财富和权力，内在驱动力是自卑。而我们下面将要提到的维克多·弗兰克则认为，人生最重要的是发现生命的意义。这是心理学上的一个重要发现。

《三国演义》里有一个著名的故事——周瑜打黄盖。黄盖为了诈降曹操，让周瑜当众痛打他一顿。黄盖挨打的时候，心里肯定没有什么屈辱感，反而会很兴奋。那用心理学理论怎么解释呢？是像弗洛伊德说的，为了快乐？肯定不是。还是像阿德勒说的，为了财富和权力？当然更不是。唯一的解释是，他为自己设定了一个目标，让他当下受的这番皮肉之苦有了意义。其实我们也一样。你在辛苦工作的时候，你在抚养孩子的时候，苦和累是常态，为什么你能挺过来呢？为了公司上市，为了孩子成人，反正你心中一定有一个非凡的意义。我们对意义的需求，比我们一般以为的要强烈得多。或者可以说，人类根本就无法忍受无意义。

古希腊神话中西西弗斯受到的惩罚——把石头推上山，但石头永远都会在快到山顶时滚下来。让西西弗斯在这种无效又无望——也就是在彻底无意义的劳作中消耗生命，希腊众神认为这是最严厉的惩罚。曾经有人效仿西西弗斯的传说做过实验，在监狱中迫使一群囚犯挖土坑，然后让他们填上，然后再挖开……如此一直进行下去，囚犯们的情绪很快就失控了。他们宁可去干其他更累但有用的活儿，也不愿忍受这种毫无意义的劳作。如果一直强迫囚犯这样做，他们会发疯。

实际上，这种惩罚是如此之可怕，以致在最残酷的苦役营里，囚犯干的活儿，尽管非常繁重，但多多少少都会有一些用处、有一些意义。比如建造工程、道路、开掘矿产、开垦荒地等，监狱不会让囚犯去做"西西弗斯式"的劳作。监狱管理者们本能地意识到，那样折磨囚犯太严厉了，监狱也是无法管理的。

曾经在纳粹集中营里发生过一个故事。那里面的人，整天缺吃少穿，被迫做高强度的体力劳动，还要担心时时刻刻被送进毒气室，你以为他们是天天愁苦度日？并不是。很多犯人在做工作的时候，特别认真，特别负责，比在外面的时候还要加倍努力。为什么？因为在这种环境下，工作成了他们生存唯一的意义，他们只有抓住这一根救命稻草，才能活得下去。弗兰克医生也是从集中营里走出来的人，他深深知道在那种极端环境下，生存的唯一方法，是找到意义。

第二次世界大战打到1944年年底的时候，弗兰克所在的集中营里有人传言：当年的圣诞节，纳粹就会被打败，他们会被解放。这样的好消息传播开来后的那段时间，人们的精神状态都非常好，也没有了跟纳粹的对抗，很多人就像变了一个人。结果圣诞节到了，一丁点儿动静都没有，希望破灭了。有人马上说，不是圣诞节而是元旦，我们会被解放。这是一个善意的谎言，也是可怕的谎言，因为到了那一天还是什么动静都没有。一下子，集中营里很多人抵抗力下降，都死了。其实再挺5个多月，他们就真的被解放了。

从这件事也可以看出意义的重要性。意义不需要太长远，从长远看人都是要死的，所以人生没有什么终极意义。意义就是你自己为自己创造的东西，成名、发财、照顾家人、超越同行、贡献社会……什么都行，只要找到，你的生活才有支撑。

后来，弗兰克就用在集中营里摸索出来的这套理论，发展出了心理治疗上的"意义疗法"。简单地说，就是帮助精神崩溃的患者重新找到生活的意义。比如，有一位老先生和妻子感情非常好，但是妻子不幸去世。老先生陷入悲伤不能自拔，求助于弗兰克的心理诊所。弗兰克问他："如果先去世的是你，你的妻子会怎样？"老先生答道："她会比我更悲伤、更痛苦。"弗兰克说："看，现在她免除了这种痛苦，你替她受苦了。代价是你活着，并陷入深深的悲伤，你的悲伤是有意义的。"老先生的痛苦马上就减轻了。因为他一旦相信了这个说法，无边的苦海就变成了一种替妻子受苦的奉献。现在，这套意义疗法，在西方已经获得极大的发展。

或许可能会人有说，人生要有意义的支撑，这个谁不懂啊。其实不然，中国人有句古话，叫"福无双至，祸不单行"。那请问，为什么祸不单行呢？可以想一下，人在遭遇挫折的时候，会遭到两个层次的打击。第一层是挫折痛苦本身带来的，比如疾病的折磨、工作的辛苦、失败的损失，等等。除此之外的一层，就是因此而感到的沮丧、羞耻、失望甚至绝望。第二层打击往往更沉重。

为什么呢？因为第二层打击的本质，是支撑你原来人生的意义突然中断。你原本想好好工作，但是突然公司倒闭或者开除了你，你对未来的所有想象烟消云散。你原本想好好生活，为家庭负责，但是突然得了重病，原来所有的美好设想不得不中断。你原本想好好爱一个人，但是对方突然提出分手，你所做的一切都变得没有意义。弗兰克的意义疗法，就是为这一刻准备的。普通人的人生意义，往往是自发生成的。你要看尽世间繁华，他要陪心爱的人坐旋转木马，人各有志，这并不难。但是面对无妄之灾的时候，意义发生中断，你能不能果断放弃原来的意义追求，来个急转弯，从零到一，重新找到一个新的意义？这才是真正的难题。

在阎云翔教授看来，从年轻人角度来讲，是道义责任感与回馈父母之实际行动之间的矛盾。年轻人对父母的亏欠、愧疚是真诚的，但行动上要做到是极为困难的。甚至行动上经常是相反的。如果不再向父母索取，结婚、买房付首付、生孩子、带孩子、买车、孩子早教等一系列问题离开父母的支持都很难解决。年轻人对孩子的态度是，每一对父母都认为自己的孩子是完美无缺的。每一对夫妻都要拿出十二分的努力，在孩子教育上做得比别人好一点。因为我们的人口资源比例和社会压力决定了，做得和别人一样好你就已经输了。所以，不但年轻的父母很累，连孩子也承受了很大的竞争压力。

从老年人的角度看：他们本应该享受晚年生活，不该再为成年子女辛苦，但是离开他们，年轻人的生活根本搞不定。与此同时，还有个变化，中国人以前生活的意义是光宗耀祖。但是现在，祖先在信仰层面被抛弃，很少有人相信祖先显灵，举头三尺有神明。生活意义从祖先和传统的精神世界，转移到"现时现刻、此时此地的消费欲望"，"生活的意义也在转变，谁能把自己的孩子孙子扶过了一坎又一坎，谁就觉得生活还有意义"。阎云翔教授说，这可以部分解释"为什么每个人，或者说绝大多数人都活得很累"。

第五节 自我修养的路径

从"修身"到"平天下"

《大学》中儒家的理想是,做一个君子应该修身、齐家、治国、平天下。"修身、齐家、治国、平天下"对创业者自我修养是一个极其好的建议。

从某个角度来讲,孔子就是 2500 年前的创业者。他从鲁国起家,有自己一套方法,然后有一套执行手册,他希望怎么治国,但他须要获得支持。在本地没有得到支持时他就到处游走,去募资,去获取资源,希望能够把他的想法变成现实去改变世界,这是孔子一生的故事。

(1) 平天下

先看"平天下"。对于创业者来说就是,你要修身,要修心性,要彻底占领这个市场,"天下"就是你的目标市场,你怎么定义你要干和能干的事非常重要。你要选择正确的目标市场,必须有足够的规模,有足够的价值。因为创业归根到底是要解决问题的,如果你解决的问题不够大,你创造的价值就不够大。所以选择合适的市场,就是你选择的天下。"平"的意思就是,你不光要进去做,最后还要彻底占领、垄断它。尤其对互联网公司来讲,只有迅速结束竞争、垄断这个市场,才能创造最大价值。"平"的意思跟这个有点像,不管通过什么方式,越快越好。

(2) 治国

那么你怎么去"平天下"呢?你不可能自己去干每件事情,要有人写代码,做设计,谈客户,你需要"治国"。这里"国"的意思,是你的整个企业。大家可以看到,在阿里、小米发展过程中,他们都非常注重公司的系统构建。一个公司里面一开始只是单一的业务,按职能部门分,后来业务多了,就要按事业部分,后面按事业群分,或者他们有投资外面公司,有生态链的各合作伙伴,这才整个合成一个"国"。

要"平天下",需要靠你的企业,整个团队去做。"治国"就是要设计好、治理好整个企业以及相关的生态体系。

(3) 齐家

要怎么"治国"呢?再回一步是"齐家"。对于创业者而言,家就是你的直接下属,因为不管公司规模多大,CEO能直接管的人都是有限的,也就7个左右。不管你公司的规模多大,个人精力是有限的,直接下属就像是你的家人一样,他们的质量、投入度、成效对你的治国、平天下的计划有至关重要的影响。

"齐"怎么理解呢?有三个意思。

第一是你要配齐这个团队。作为创业公司,任何构思要做成一件事情,都需要不同职能,很难有一个人能在各方面都是天才,所以需要团队的配合,各个角色得配齐。这点非常重要,否则会影响整个公司发展。

第二是regulate。一种很有趣的做法是去读英文版《大学》,因为有时候我们太熟悉一种语言了,而外国人在翻译的时候,一定是把它搞明白后,选一个最准确的翻译。所以《大学》在英文里的翻译,"齐"用了一个词是regulate,即规律监管,听起来有点奇怪,但很有道理。团队十几个人,虽然人数很少,但是大家想法是不会完全一致的,怎么使大家的想法尽可能一致,就是心要齐。每个人能量越大,其实最后的合力并不越大。只有每个人能力既强,用力的方向又一致,才能把事情往前推。

第三个是你要想办法使他们不管在能力、态度,还是你对待他们的标准上要一视同仁,要公平,要让整个事情是有秩序的,这个标准是要对齐的。如此,你就能把身边的人带好,让他们很相信你,而且愿意投入。他们一层层地往下影响。这是"齐家"的意思。

(4) 修身

那么你怎么样才能够"齐家"呢?需要"修身"。

作为CEO,你就是公司的支柱,也是公司的天花板,如果你不能不断提升自己,那么整个团队和整个公司是不可能提升的,整个事情也不可能做大。所以我觉得CEO要做很多事情,但是其中有一项非常重要的就是要修身,就是要吾日三省吾身,不断地反省、学习,不断地想办法提升。

"修身"还能继续展开很多层面，如在心力上要提升，在脑力上要提升，在体力上要提升。毕竟创业是一种非常艰苦的事情，把一件事情做好，需要持久。从一切地方学习，从书本里学习，从身边的人学习，从比你年长的人那里学习，从比你年幼的人那里学习，从你过去的成功经验和失败教训里学习，从别人的成功经验或失败教训里面学习。

所以须先修身才能齐家，然后才能治国，最后才能平天下，当然这是在整个创业公司的语境来讲的。这个听起来比较虚，但越是快速变化的环境，越是要抓住那些可能不变的东西。如果大家相信奇点临近理论，说2045年到2048年人类会发生一个根本性转变的话，那么你就会相信，在那之前，一切事情只会越来越快，没有缓和的机会。

孔子是非常爱学习的，他说："默而识之，学而不厌，诲人不倦，何有于我哉？"

有一次，一个学生问他怎么种庄稼？孔子说：我不如老农，你去问老农吧。还有学生说：人家说你名气大，但什么本事都没有啊。孔子说：是吗？我什么本事也没有吗？那我还是学一门本事吧，我学给人家当司机呢，还是学射箭呢？我还是当司机吧。（达巷党人曰："大哉孔子！博学而无所成名。"子闻之，谓门弟子曰："吾何执？执御乎？执射乎？吾执御矣。"）

孔子真的什么都不会吗？不是的。孔子说："君子不器。"他其实是文武双全的。雷海宗先生在《中国的兵》里写到，春秋时期贵族子弟都是要当兵的，很可能孔子对驾车、射箭都很精通。那为什么孔子不教学生这些实用的技能，而是反复讲"君子不器"呢？他的意思是说，你不能把自己变成一个受专业束缚的匠人，而应追求把自己变成一个君子。

所以，我们一定要明白孔子所说的学习是怎么一回事。学不仅仅是读书，还要自省，这就是他的一个模范学生曾子说的"吾日三省吾身"。不仅要反省，还要身体力行。也就是说，孔子所说的学习，是每天要对自己的生活进行严格的道德反思，积极参与社会实践，希望从中得到直觉的顿悟。这种学习，其实就是提高自己的修养，每天磨炼自己的意志。

与西方文明的修身相比，儒家不会让你去当一个殉道者，也不主张一个人离群索居地修炼。儒家是在日常生活中修炼的。在儒家看来，一个人必须参与众多的生命之流中，才能充实自我。一个人要学习礼仪，通过礼仪才能实现自己的社会化，变成社会参与者。要有道德的楷模，通过模仿自己的榜样，不断修炼自己的德行。柴米油盐都是学习，良好的家庭生活本身就具有深刻的政治意义，能够做到家庭和睦，才能理解国家治理。

儒家还告诉我们，学习做人是一种终身学习，要不停地进行自我教育，要学会自我超越，这是一种漫长而艰辛的过程。想要做一个君子，想要做一个完人，一定会经历常人难以想象的痛苦和艰难，只有这样，才能最终实现内心的平静。你要每天反省自己的生活，天长日久，如切如磋，如琢如磨，最后慢慢变得温润如玉。

教学相长

孔子晚年过得比较落寞，但心情也更舒坦。落寞是因为才华不受赏识，舒坦是因为有不少学生追随他。孔子做得最开心的事情可能就是教学生。

孔子强调教学相长。韩愈讲过，"弟子不必不如师，师不必贤于弟子"。为什么孔子那么想要去教学生，不是因为他好为人师，而是想找到一群志同道合的人，建立一个共同体。如果这个社会变得越来越混乱，你无法改变大的社会潮流，那你可以试一下，能不能创造出一个小环境，在这个小社群中，大家互相鼓励、互相支持。

所以，教学相长是为了更好地砥砺自己的性情。修身是一件非常难的事情。孔子讲："君子无终食之间违仁，造次必于是，颠沛必于是。"不管在怎样艰难的情况下，你一定要信守这些准则。怎么做到这一点呢？必须得有人跟你一起努力，这就跟大家用悦跑圈跑马拉松一样，有一群朋友监督，再苦再难的事情也不怕。关键是要找到这些好朋友。

在《论语》里，孔子的学生跟孔子是比较平等的，孔子很少摆架子，学生也时不时挑战老师的权威。有个小插曲是"子见南子"。南子是卫灵公的夫人，名声不好，孔子见了南子，子路就很不高兴。孔子要反复跟学生辩解：我真的只是见了她一面而已，没有做任何不该做的事。据说孔子有弟子三千，杰出的有七十二人，可是没有一个成就超过他。这很可能是因为传统文化太讲礼教，学生放不开手脚。"丈夫自有冲天志，不向如来行处行"，当学生的就是要有这样的气势，才能创出一条新路来。

我们经常听到这样的话，上学的时候班主任说，"现在的学生，真的是一届不如一届"，长大了之后长辈们说"真是一代不如一代""现在的年轻人啊，真是太不像话了"。耳朵都快听出茧子了，也没搞明白，难道我们真的退化了吗？如果不是的话，为什么长辈总是发出这样的感慨呢？果壳网的公众号发表了一篇文章，从心理学、社会学的角度给我们分析了这个问题。我们先来看看现在的我们和以前的他们有什么不同。老一辈人生活比较艰辛，要挣钱持家，他们认为能做饭、会做家务就是有能力的表现。所以可能几岁就开始干很多活了，可以帮家里，也可以给别人家做小工，贴补家用，然后十几岁就成家，继续勤俭持家，就这样过完一辈子。再看现在，20岁之前，都在读书，除了考试以外，能做的事特别少，早恋的孩子就算是生活经历丰富了，也没什么社会经验。

听到这，你可能对为什么一代不如一代这个问题有了点认识，好像是缺乏社会经历导致的。但是事情没有这么简单，还要从更深的层面去分析。

首先，我们都知道，经历是可以塑造我们的大脑的，不同经历的人，大脑里的突触的数量、链接组的数量、沟回的结构都不一样。所以，理论上讲，如果单从社会经历这方面来看的话，现在的年轻人确实比不上老一辈人。但是这不代表人真的一代比一代差了，因为现在的年轻人接触的信息更多，懂得的知识更多，虽然他们不会烧菜，但是他们懂菜在锅里产生的化学反应。

除此以外，还有一个更重要的原因。科学家发现，人从不成熟到成熟要经历两个系统，一个叫情绪系统，一个叫动机系统。青春期的时候主要控制你的是情绪系统，所以你会比较情绪化、感性，甚至会很莽撞，因为我们希望得到社会性的奖励，特别是来自同龄人的尊敬。就好像男生打篮球的时候，想要女生在旁边给自己加油；兄弟跟自己并肩作战，哪还管受不受伤，恨不得跟对方打个你死我活。但是成年后，对你的生活起主导作用的就变成了控制系统，你不会再为所欲为，大多数时间都是在抑制冲动。与此同时，你逐渐发展出处理问题、保持冷静和做出决策的能力。控制系统越锻炼就会越成熟，就好比我们通过不断地修改让方案变得更好，最终成为一个良好的计划者一样。而这两个系统的协作关系的变化就导致了开头我们说的问题。

在过去，这两个系统很大程度上是同步进行的，情绪和控制同时发生，也就意味着你是在不断实践中练习对情绪的把控能力和对危机的处理能力。比如在狩猎社会和农耕社会，孩子在很小的时候就和大人一起打猎、耕地，他们有大量机会去实践那些在成年以后会用到的技能。可是现在，由于孩子在20岁之前，除了考试以外，几乎不需要掌握任何技能，因此两个系统就割裂开了。孩子在学技能最快的时候就只有情绪，而到了该用到某些技能的时候才发现，自己的情绪还没管理好，就更别提什么短期目标长期计划了。

那有没有解决问题的对策呢？当然有。虽然我们不能让孩子再过回以前艰难的生活，但我们可以建立一个缓冲体系。怎么个缓冲法呢？现在的法律把青少年和成年分得太清晰了，步入成年、承担法律责任、考驾照，都有明确的时间节点。但是这样对实际生活并没有指导意义，没有人可以一夜之间就拥有某种能力。所以，我们要给青少年营造环境，给他们一个缓冲期，就像驾照的"见习期"一样，有意识地让孩子在成年之前多参与一些社会活动，增长实践经验。学习是好事，但是过犹不及，把尺度拿捏好才是关键。

第六节　至善至恶是良知

是非本在人心，我们天然地就知道道德律，这个道理本身就也不是新观念。佛陀说过类似的话，儒家也讲过这样的道理。《孟子》里就讲过："人之所不学而能者，其良能也；所不虑而知者，其良知也。"后来王阳明这一派儒家，专讲"致良知"，就是告诉我们如何找到心中的"良知"。王阳明说，人人心中都有个圣人，个个心中都是仲尼。

既然如此，那我们为什么还会做错事呢？C. S. 路易斯讲到，人往往有两种本能。一种本能是按照道德律去做事，这种道德律长存在我们心中，敦促我们行善；在我们作恶的时候，这种道德律会让我们自责，感到不安。另一种本能则是求生存、求自保，这种本能会让我们随波逐流、放纵自我。我们设想一个场景。当你身处商场，突然遇到有凶手拿刀砍人，你会怎么办？第一种本能告诉你，这里有需要帮助的人，你应该去救他们；第二种本能则告诉你，这是一个危险的地方，你应该赶紧离开。后一种本能的力量更为强大，因为这是一种求生和自我保护的本能，但你注意到没有，道德律似乎总是站在力量较为弱小的本能一边。人是渺小而软弱的，我们经常会遇到该做却没有做的事情，这会让我们羞愧难当。

这就是我们为什么要让信仰来加持。信仰并不是一件让我们感到很轻松的东西。遇到人生的艰难选择时，信仰是我们唯一的安慰，也是最大的恐惧。路易认为，我们最需要的东西也是我们最希望躲避的东西。我们在世上，该怎么做，其实我们心里都清楚，但你时常会犹豫，会抱怨，会嫉恨，会怯懦。英国有个文化名人，叫约翰逊博士，他说，相对于教导而言，人更需要不断的提醒。路易斯是这么讲的，真正伟大的道德导师从不引进新的道德观念，只有江湖骗子和怪人才会这样做。请记住这个道理：每一位道德导师的真正职责都是反复不断地将我们拉回到那些古老而朴素的原则中，而这些原则却是我们渴望回避的。这就像把孩子拉回到书桌前，让他去做本想要逃避的功课一样。

信仰是手把手教我们的教练

信仰并非一种外在的社会规范，而是一种源于自我反省的选择。我们来打个比方，信仰就好比每个人都能收到的一封寄给自己的信。对于基督徒来说，这封信是发自上帝；对于佛教徒来说，这封信是发自佛祖；你收到的信也可能是发自其他的地方。你看不到别人信上的内容，但你却能知道，你自己收到的这封信，来自一个向导，或者说是一个教练。为什么我们需要向导和教练呢？因为我们自己经常无法把持善恶之间的边界。路易斯说，这就好像孩子刚刚练习写字的时候，连握笔的姿势都不会，写的字歪歪扭扭，这时候，大人会握着孩子的手教孩子写字。只有当孩子对大人完全信任，跟随大人的动作，慢慢练习，手指的肌肉不再僵持，完全放松，才能体会到如何把字写得漂亮。

但难就难在这里。妨碍我们形成完美人格的，恰恰是我们心中的自我。如果孩子在大人手把手教他写字的时候，没有放松自我，不断地跟大人较劲，那他是不能练好字的。道德的训练也是一样。路易斯谈到，最根本的罪、最大的恶就是骄傲，魔鬼因骄傲才变成了魔鬼，骄傲导致一切其他的罪。

人有很多缺点，比如贪婪、懒惰、易怒，或是贪杯、好色。这都是需要改正的，也都是容易改正的。贪婪是想要更多的享乐，没有体验过享乐的人会渴望享乐，但一旦体验过了，人对享乐的渴望就没有那么强烈了。懒惰是因为缺乏远大的人生目标，缺乏良好的生活习惯，一旦找到了让自己激情澎湃的目标，再加上一些严格的生活训练，懒惰的人也会变得努力、勤奋。贪杯和好色的人当然不是圣人，但他们也不可能作出极端的恶，他们也有人性温暖的一面。唯有骄傲是无止境的，骄傲不以拥有为乐，只以比旁边的人拥有更多为乐。所以说，信仰之难，并非难在人的理性不够，而是难在做不到彻底的谦卑。很多宗教都会强调一些最基本的道德。理解宗教的4种基本德性：谨慎、节制、公正和坚毅，无非是告诉人们要时刻提醒自己不要妄自尊大。

这是一场激烈的"内战"。当你放弃自负的那一刻，才有得到自我的可能性。你可不要小看了这种努力，这意味着你要放弃几千年来，甚至数十万年来，我们在演化过程中形成的本能，放弃我们与生俱来的自负和自我意志，意味着消灭自己的一部分、经历一种死亡。借用著名哲学家海德格尔的话说，这就是"向死而生"：要有把自己逼到绝路的勇气，才能置之死地而后生。

芝加哥大学经济学教授奈特曾经感慨，最难学和最难教的东西似乎是那些人人早就知道的事实。他说的是经济学，但道德的训练也是一样的。你之所以需要信仰，是因为需要一个手把手教你的"教练"。当老师握着你的手，教你写字的时候，你不要用自己的力量去抗拒，要把自己完全放松，去体会老师的动作，这样才能更好地训练自己。放下，才能得到。

在王阳明所处的时代，一统天下思想的程朱理学提倡"格物致知"，即终极真理存在于万事万物之中，要寻求真理，就要到外部世界寻找。今天格一物，明天格一物，最后会由量变到质变，豁然开朗。王阳明却说，不对，寻求真理，不用借助宇宙外物，而要回到自己的内心。每个人内心都有一套完整的终极真理，把内心的真理挖掘出来，再扩充到万物之中，去影响别人和社会，这就是"致良知"。程朱理学要求向外，王阳明强调回归内心，路径正好相反。

王阳明可不是从小就反对理学的。和当时的人一样，他从小把程朱理学奉为真理，认真学习。按照自己理解的朱熹的方法，对着竹子苦思冥想，一连七天，结果不仅没有收获，反而病倒了。慢慢地，王阳明发现"格物致知"这条路走不通，对程朱理学产生了怀疑。最终，开创了一套新的理论——阳明心学。阳明心学和程朱理学的另一个重大区别在于如何看待"知"和"行"的问题。程朱理学认为"知"和"行"虽然有联系，但两者是不同的，而且往往强调先知后行，王阳明反对将"知"和"行"分离，认为要"知行合一"。

何为"知行合一"？在王阳明看来，"知行合一"不是说知道了就要去做，更不是说行动要和内心的想法契合，而是"知道"和"做到"本就是一回事，知就是行，行就是知。知道了就一定会做到，之所以没有做到，是因为不曾真的知道。这和今天大多人的理解区别很大。有人可能要反驳了：有做坏事的想法，最后克制住了，这并没有做坏事啊。

怎么"知"就是"行"了？王阳明会告诉你——"一念发动处便即是行"。只要有了做坏事的念头，你就已经做了这件坏事，因为"一念发动处便即是行"。所以王阳明认为，只有靠不断修炼，提升道德修养，从内心深处断掉做坏事的念头，才能成为圣人。从这个角度看，阳明心学和程朱理学并没有实质区别，目标都是要"存天理，灭人欲"，只是一个推崇向外追寻天理，一个强调向内回到内心，路径不同罢了。

程朱理学强调从圣贤书中获得真理，成为圣人。王阳明却说，终极真理只在我们心中。这很能激发人的自信，但也导致一个后果——真理不在书籍等外物上，那就不用读书了。所以王阳明的后世弟子中，多有一种反理学的热情，特别不主张"尽信书"。

王阳明晚年的"四句教"可以概括他的心学思想："无善无恶心之体，有善有恶意之动，知善知恶是良知，为善去恶是格物。"翻译过来就是：内心的本体是纯粹、无所谓善恶的，但一旦动了意念，善恶就随之而来。要靠自己内心的"良知"懂得区分善恶，通过"格物"不断抛弃内心的恶念，最终我们就会成为圣人。

这时候就需要用到一个既很常识又很大胆的逻辑，那就是：一套行不通的道理，无论多么高大上，哪怕全世界都把它奉为圭臬，它也一定是错的。要做出这个判断，需要异乎寻常的勇气。普通人治学既没有这样的认真，更没有这样的胆魄，所以唯独王阳明从发现问题到解决问题，开创出一套崭新的学术，人们称它为心学，或者阳明心学，又因为这套思想和南宋陆九渊的学术很接近，所以人们也会称它为陆王心学。顾名思义，所谓心学，意思就是说，要找终极真理，不必到宇宙万事万物当中去找，要在你的心里去找；每个人的心里都深埋着一整套完整无缺的终极真理，每个人该做的就是回到内心，从心底把终极真理发掘出来，然后再拿这套真理去影响别人，影响社会。这就是阳明心学最核心的要领——"致良知"。

这在当时之所以很有颠覆性，就是因为朱熹教人格物致知，从万事万物中认识终极真理。在这一点上，心学和理学完全是反着来的。心学出现的契机，就在王阳明青年时代著名的"格竹子"事件。严格来说，这时候我们还不能称他王阳明，因为"阳明"是号，是后来才取的。他的大名是王守仁，字伯安，号阳明，但我们为了简便，就统一称呼他王阳明。

根据王阳明弟子的记载，王阳明在 21 岁那年认真研究理学，对朱熹的一句话特别有感触，这句话就是"众物必有表里精粗，一草一木，皆涵至理"，意思是说，终极真理无所不在，即便小到一草一木，也蕴含着完整的终极真理。对这个道理，你应该已经不陌生了。是的，这就是朱熹版本的格物致知。

所谓格物，就是以打破砂锅问到底的精神探索事物的终极原理；所谓致知，就是将已经通过格物获得的知识向外类推，触类旁通，逐渐由一事一物背后的终极原理而掌握到万事万物的终极规律。朱熹将格物比作吃果子：先剥掉果皮，再吃掉果肉，最后把中间的果核咬破，这才能晓得这个果子的全部味道。如果只吃掉果肉，却没有咬破果核，这就不能算作对这个果子有了完整的认知。还有一则比喻是：比如南剑人到建宁县去，只进了县境是不够的，必须进到衙门里，才算是真正到达终点了。

看上去这很像是我们今天所谓的科学精神。譬如探究物质的构成，咬破果核还不算尽处，还要进一步把这只果子分解到分子，由分子再到原子，再分解为质子、中子和电子，直到当下的技术手段所能达到的极致。继而触类旁通，果子既然由基本粒子构成，天下万物是否都是由这些基本粒子构成的呢？果然，石头也是，金属也是，甚至连空气都是。于是，我们渐次掌握了一切物质的基本构成法则，而这是否就是格物致知了呢？确实，在19世纪，西方的物理学读本被译介到中国时，中文就是将物理学表述为格物学或格致学的。但是，儒家理论怎么会突然关心起科学来了？

答案很简单：儒家还是一如既往地并不关心科学，一切貌似带有科学色彩的理论都不过是为了政治哲学或人生哲学寻找终极依据。比如张载的《西铭》，朱熹的理解就是，整篇《西铭》的每一句都在讲"理一分殊"的道理。所谓"理一"，就是说终极真理只有一个；所谓"分殊"，就是说终极真理在具体事物上的表现存在差异。反过来看，万事万物各具其理，这就是"分殊"；每个"分殊"之理都是本源之理的具体化，这就是"理一"。"理一分殊"，这是朱熹的著名命题。具体到社会伦理上：人人都生于天地之间，都是天父地母的子女，这是"理一"；而人人都对自己血缘上的父母儿女有特殊的爱，这是"分殊"。接下来的推理尤其重要：因为这个"理一"，所以我们才能够推己及人；因为这个"分殊"，所以我们的爱必须从最亲的人开始，渐渐波及遥远的陌生人。

那么再来看"众物必有表里精粗，一草一木，皆涵至理"这句话。它意味着每一朵花，每一片叶，都蕴含着完整的天理，只要凭着格物致知的方法，就可以体认天理，窥见整个宇宙的终极依据。理论上说，既然每一件细微的事物里都蕴含完整的天理，那么只要"格"一朵花或一片叶就足以认识全部的宇宙与人生了。

第六章

做最优秀的自己

第一节 不想碌碌无为，就做个行动派

有时候我们整天忙碌着，发现忙碌一天、一年却没什么成就。每当我们看日历或者思考接下来要做的事情时，不管有没有意识到，我们的情绪其实都会出现很大的波动。每一项任务其实都伴随着一种情绪，比如焦虑、无聊、恐惧和拖延。每天都想以最好的状态开始一天的工作，但总有一些任务让你陷入困境。

研究表明，情绪往往是我们拖延的原因，不是不行动，而是没能管理好情绪。当你非常兴奋地想要解决某些问题时，你很少会拖延。而那些让你拖延着不肯做的事情，往往带给你的是怨恨、厌倦或者焦虑等情绪。想想你经常拖延不做的那些小事，比如把脱下来的衣服挂好，或者跑步30分钟，这些事情很简单，但这些小事让人厌烦，所以你很自然地想要把它们放在一边。但问题在于它会开启一个不良循环：拖延会导致自我厌恶，而自我厌恶又导致更多的拖延。

如果我们能够调整好自己的情绪，拖延症会得到有效缓解。笔者总结了3个步骤。首先，先创建一份"正常"的待办清单。当你在编写清单时，记得把所有有趣的事情也写进去。比如晚上6点要和朋友吃大餐，这件开心的事情会提醒你，在工作中容忍可能出现的枯燥和不愉快。其次，写下和每项任务相关的感想。比如，写一份快到截止期限的项目计划书让你压力很大；和很久没见的老友吃午饭让你非常兴奋；周末家庭聚会需要你提前找好菜谱采购食材，这件事让你感到不堪重负；等等。这项练习会使你清楚，为什么自己会想要拖延某些任务，而且也帮你更好地根据情绪来安排自己的行程，把正面情绪和负面情绪的活动

交叉着推进。最后，找到缓和每种情绪的方法。比方说，你会更有动力写项目计划书，因为午餐计划令你十分期待，而且你会意识到，如果你超过截止期限，这项任务的难度会增加十倍。同样，当你意识到找菜谱可能会耗掉你几个小时，你会锁定某一个网站快速决定，尽量压缩浏览时间。

"只有当我们知道为什么自己会避免做某些事情的时候，效率技巧才会有效。"从心理学角度来分析导致拖延的原因通常有以下4个。

第一，我们觉得自己没有取得什么成果。接受新任务时，人们会感到兴奋，但几个星期过去后，会产生挫败感。科学表明，人类更倾向于即时满足，而不是延迟满足。但有价值的事，很少能够一夜成功。艾泰金建议，每完成一个小目标后，就可以用预先确定好的方式来奖励自己，这样能够带来继续前进的动力。

第二，要做的事情太多，不知道从哪儿开始做。艾泰金在创建JotForm的早期，也不清楚自己应该从哪儿开始做，他经常会做一些低价值的活动，来结束自己的"拖延"，但是缺乏计划性会导致不必要的混乱和逃避。他建议，你可以问问自己的导师和朋友是怎么做的，大家一起集思广益，合理安排时间。

第三，害怕失败。艾泰金也会害怕失败，他曾把大量的时间花在无关紧要的事情上，同时还错过了发展客户基础、建立商业伙伴关系等机会。人们经常会把自己的表现和自我价值联系在一起，他建议，我们要不断地去想想"我们是谁和我们取得的成就之间的关键区别"。

第四，我们不喜欢自己正在做的事。拖延症最常见的原因可能是不喜欢手头的任务。如果可以，尝试使用"如果……那么……"技巧。这个过程需要你确定完成一项任务所需的具体步骤，以及你将在何时何地完成这项任务。比如，"如果现在是上午11点，那么我就会停下手头的工作，不再发邮件了"。

在做不喜欢做的事时，还要询问自己几个有针对性的问题：如果我完成这项任务会发生什么？如果我没完成这项任务会发生什么？我的总体愿景是什么？为什么它很重要？通过这些问题，可以帮我们找回目标。另外还有两种拖延，一种是回避型，一种是刺激型。回避型拖延，它的本质是想要逃避，不想完成任务。刺激型拖延的意思是，拖延到最后期限，然后在短时间内完成高难度的任务，以此来获得满足感和刺激感。

如果你的团队正在冲刺项目的最后期限，这时很可能每个人看上去都没有出错。管理者要识别出那些常常在团队中充当"刹车"的成员。①缩短期限，严格执行。马克·吐温曾说："不要推迟到明天，因为也可以推迟到后天。"一旦发现团队中有拖延者，管理者就要严格地执行既定的任务期限。如果是长期任务，就把工作分解成小的、可管理的部分，并为每个任务分配最后期限。不要让拖延者淹没在任务里。拖延者实际上可以处理很多工作，管理者可以按顺序分配给他们，如果一次把几件事情交代给拖延者，他们很可能会发现自己还有很多其他有趣的事情要做。②消除干扰。分心是拖延的燃料，有各种各样的事情可以导致分心。管理者要让拖延者远离分心，专心工作。③利用任务结构与责任。拖延者总会找借口，不做那些他们应该做的事情。因此，管理者要明确哪些人应该做什么事，并以尽可能多的公开方式追踪他们的责任。发挥每个人的特长。齐尼自己也是一个拖延者，他认为挑战是拖延者最不想要的东西，所以，管理者要给他们分配一些他们知道自己可以做的工作。④向拖延者寻求帮助。拖延者也喜欢帮助别人，管理者可以适当地向他们寻求帮助。齐尼表示，拖延是一种心理障碍。管理者不能通过恐吓或惩罚来治愈它，也不能通过贿赂和奖励来摆脱它，只有理解拖延者，才能轻松管理他们。

我有个学员是学计算机的，毕业以后到了一家IT公司做技术支持。可是他觉得技术支持没什么创造性，不是他想做的，他想做产品经理。后来，他又来上我们领导力高级课程。想做产品经理是一个目标，如果说这是一个未实现的目标，有很大的张力。也许你听过这样的建议——要做一些积极的想象，想象你当上了产品经理以后如何如何。但如果只是这样，是不够的。按照心理对照法，一方面，你要想象你的愿望实现以后的场景，比如，你设计出了一个很牛的产品，有很多人用，你自己工作得很开心。可是另一方面，你也要想象转型成产品经理所遇到的障碍。比如，你需要学很多新的东西，你的思维方式需要做改变，你还需要接近做产品的同事，看看是否有这样的职业机会。这就是心理对照的方法，先幻想积极乐观的结果，再幻想在路途中可能遇到的障碍。已经有大量的研究表明，心理对照所产生的行动力，要远远比只是做积极幻想，或者只是想消极的障碍要大得多。

需要说明的是，心理对照的顺序是很重要的。我们要先想做成以后的好处，再想可能遇到的障碍。如果先想困难再想可能的好处，很有可能让你把目光集中到障碍上，这时候目标的张力还没有建立起来，你就觉得困难重重，同样会妨碍你的行动。心理对照最大的好处，是既通过乐观的幻想，保留了目标带来的张力，同时把幻想拉进了现实，让目标切实地跟现实发生联系。

就像那个想转型做产品经理的学员，当他设想做产品经理会遇到的种种障碍时，其实这些障碍暗示了转型做产品经理的真实路径：学习新技能、改变思维方式、寻找新的职业机会。如果他的目标所建立的张力是有效的，那这些张力就正好能用于克服这些现实的困难，而不是在空想中让张力消耗掉。但是，心理对照还有一个问题，它要求我们同时设想乐观的结果和可能遇到的障碍，可是并没有告诉我们该怎么克服障碍。很多时候，我们没法行动，就是因为设想的障碍给了我们太大压力，让我们想要回避，所以才有了拖延的问题。

第二节　小我、大我和超我

在心理动力论中，本我、自我与超我是由精神分析学家弗洛伊德之结构理论所提出的精神的三大部分，以此解释意识和潜意识的形成和相互关系。"本我"（完全潜意识）代表欲望，受意识遏抑；"自我"（大部分有意识）负责处理现实世界的事情；"超我"（部分有意识）是良知或内在的道德判断。这与下文要谈到的"小我""大我"和"超我"有异曲同工之处。

现在有一种很普遍的现象：相比从前，我们在物质上更丰富了，知道的事情也更多了，但是很多人却越来越焦虑和困惑。同30年前相比，每一个中国家庭的财富都已得到增长，每一个人的知识积累也都成倍增加。但是，绝大多数人会感觉自己在精神领域经历的是一个相反的过程——更有钱了、知道的也更多了，感觉却更差了。用"人格"来概括一个人并不准确，更准确的说法是"为人的状况"，或者用中国的说法：做人。建立了一个做人框架，把做人分成3个部分。有人打了一个比方，称之为生活在一个人头脑中的3个"小人"。这3个小人分别是：代表欲望和直觉的个体、代表反思能力的自我、代表社会的关系人。第一个小人个体代表着欲望，是对自我利益近乎本能的追求，它不需要任何教育和刺激，"以近乎生物性的存在寄于身体当中"。第二个小人自我，是一种反思性和伦理性的存在，会用价值规范作为衡量标准来看待自己和各种事物。自我具备反思能力，它会在我们的头脑中跳出来，观照其他小人。第三个小人是关系人。顾名思义，这个小人主要是基于社会生活发挥作用和采取行动的，它希望不断寻求社会认可。把个体、自我和关系人的做人框架用于分析中国社会。在他看来，从1949年到1978年改革开放这30年，中国人做人框架中的主线是"自我反对个体"；改革开放后到现在，做人框架中的主线是"自我反对关系人"。这个转变，就回答了为什么现在中国人虽然在物质上和知识上比过去都更好，但在精神生活上却感到纠结和焦虑。什么叫自我反对个体？中国人一直喜欢强调集体和个体的关系。晚清时，梁启超提出"小我"和"大我"，也就是个体利益和群体利益。1949年之后，国家也提倡个体服从集体。中国人头脑中代表着反思和伦理的第二个小人，不断在打压代表个体欲望和个体利益的第一个小人，目的是做更好的关系人，也就是第三个小人。而且，在改革开放以前，几乎每一个个体都是处在"单位"中的，个体被深深镶嵌在组织之中。自我反对关系人是指，改革开放之后，个体开始从单位和组织中脱离，变得越来越重要。比如，人们称最早的商人是"个体户"。欲望在中国经历了羞羞答答的登台，到完全合法化，然后极度膨胀。第二个小人自我不是去压抑第一个小人，而是对第三个小人，也就是关系人产生了深刻的质疑："我活得这么累，难道就是为了满足他人对我的期待吗？"

汉语里有一个词叫"对得起"，它可以理解为，在伦理上要对某些人负责，要对自己的行为负责，要向其他人解释自己的行为。以前是对得起别人、家庭甚至国家，现在出现的新现象则是"我要对得起自己"。以往是自我对关系人的负责，现在是自我向个体负责，要更真实地做自己。阎云翔教授说："现在每一个人都说自己活得不容易，有各种各样的原因。其中有一个原因就是在我们的文化中,'自我'这个概念一直处于上升成长阶段。但理性化、反思性的'自我'的增长和幸福无关。我们的'自我'越强大,很可能感受到的痛苦就越多,因为我们因此看得更清楚,考虑得更多。"这种自我的增长带来的是人的多样性。"感到空虚"其实正表现出一个人在进行精神追求,只是暂时没有得到满足。而这种试图让自己精神层面发生变化的努力,是一种可喜的变化。自我感到困惑和焦虑,说明你正从小我、大我和超我在进步。

第三节　良好习惯的养成

每到新的一年,人们都更愿意制定新的目标。但是,现代人生活节奏快,工作压大力,有些朋友天天说要早睡早起,但是晚上玩手机,转眼就到凌晨两点,这是很多人的生活写照。制定了目标有时很难达成,或很容易中途放弃。相比之下,良好习惯能够改变我们的生活,帮助我们实现目标。习惯比目标更重要,目标需要外在动机驱动,习惯可以自我驱动。就如何戒掉熬夜的习惯,你需要给自己理清楚如何戒掉这个坏毛病。要给自己设定必须戒掉熬夜习惯的理由,比如说利用危机感来自我激励,如果继续熬夜,就会导致睡眠不足和工作效率低,领导会有意见,不利于工作效率;又比如说把对未来生活的期待作为动力,告诉自己,如果早睡早起,留出时间看书和锻炼技能,还能多睡美容觉,会更有精神。

我们可以把戒掉熬夜的整个过程分成禁欲期、动力缺乏期、平稳期和倦怠期共4个阶段,全过程大约需要3个月的时间。第一阶段,禁欲期。一般来说,第1周到第3周属于禁欲期。在这个阶段,你要给自己创造一个杜绝诱惑的环境,比如说回家后先洗澡,不要打开电视和电脑。此外,要设定一个破罐破摔的上限。比如实在忍不住看电视或者上网时,你必须给自己限制时间;到了该睡觉的时间,即使不困,也要躺进被窝里。第二阶段,动力缺乏期。这个阶段通常会出现在第4周到第7周,你需要给自己设定一个必胜模式。什么叫必胜模式?就是贯彻执行一个严格的时间表。举例来说,你给自己设定的时间表可能是这样的：晚上7点下班，9点洗澡，从10点开始放松自己，11点准备睡觉。那么，你必须提高工作效率，确保自己可以在晚上7点下班。另外，你可以设定例外规则。在忙碌时期，你要制定一份忙碌时期的日程表，优先保证自己7小时的睡眠时间，周末可以允许自己晚两个小时睡觉。第三阶段，平稳期，也就是第8周到第10周。在这个阶段，你需要认真回顾结果，跟自己8周前的身体状况和工作效率进行比较。分析自己熬夜那几天和能遵守时间那几天有什么不同，再制定新的对策，然后彻底执行。第四阶段是倦怠期，往往发生在第11周到13周。在这个阶段，你渐渐习惯了新的时间表，但也会感到动力不足。这个时候，你可以给自己注入新的刺激，比如健身和散步。此外，你可以制订接下来的计划，比如减肥和戒烟。学习、减肥、创业成功，都是长期目标；狂欢、美食、即时利益，都是短期诱惑。如果减肥的长期目标，比美食的短期诱惑更强烈，那么恭喜你。但如果美食的短期诱惑，至少此时此刻比减肥的长期目标更强烈，这时候，你就需要自我控制的能力了。自我控制的能力，也就是自律，是何其宝贵。但是诱惑总是充满动物野性，汹涌而来，势不可挡。大部分人在巨大的诱惑面前，总是屈服于冲动。而自我控制水平高、自律的人，常常有更高的尊严，更强的人际交往能力，更好的情感回应和更少的缺点。所以，真正的自由，是在所有时候都能控制自己。这就是最近特别流行的"自律给我自由"这句话的来源。

自我控制是一种抵御外界的感性诱惑、坚定实现理性目标的能力。那我们应该怎么提高自我控制能力呢？我用一个公式表述，就是：长期目标+自我控制＞短期欲望。那具体应该怎么做呢？根据公式：第一，增强长期目标；第二，训练自我控制；第三，减少短期诱惑。

第一，增强长期目标。有些公司，把特斯拉停在办公区：谁能完成业绩指标，直接把车开回家。有些人，把魔鬼身材美女贴在冰箱上，每次想找点吃的，就提醒自己：四月不减肥，六月徒伤悲。有些创业者，赋予创业成功巨大的意义和利益，比如，我必须成为河南省的马云。这些其实都是用诱惑战胜诱惑，有助于增加公式左边的比重。

第二，训练自我控制。训练自我控制最有效的方法是：延迟满足。斯坦福大学有个著名的"棉花糖"实验。实验者让孩子们独自在房间里面对一块棉花糖，并告诉孩子，如果你忍不住了可以吃掉它，但如果你15分钟内没有吃掉它，就会得到两块棉花糖作奖励。在这个实验中，三分之一的孩子没有吃棉花糖。然后斯坦福大学跟踪研究这些孩子的成长。他们发现，没吃棉花糖的孩子，大多适应性强、具有冒险精神、受人欢迎、自信、独立，甚至成绩都比吃棉花糖的孩子高20分。而吃掉棉花糖的孩子，往往孤僻、易固执、易受挫，有优柔寡断的倾向，成绩差，甚至其中有不少被毒品、酗酒、肥胖等问题困扰。天啊，是一块棉花糖影响一生吗？其实不是的。影响一生的，是你延迟满足的能力。怎么训练延迟满足？你吃奶油蛋糕吗？你喜欢吃奶油，还是蛋糕？如果你喜欢奶油，那以后就先吃蛋糕；如果你喜欢蛋糕，那以后就先吃奶油。

第三，减少短期诱惑。美国船王哈利在把事业传给儿子小哈利时，带他去了一趟赌场。老哈利给了小哈利2000美元，说："要留下500美元。"小哈利答应了。但是，年轻的小哈利很快赌红了眼。在"反败为胜"强烈的欲望诱惑下，把钱输得精光。小哈利打工挣了700美元，再上赌桌，决定留一半，但又输光了所有。小哈利非常沮丧。老哈利说："你以为进赌场为了赢谁？是要赢你自己！控制住自己，你才是真正的赢家。"终于有一次，小哈利在输到一半时，坚定地站起来，输了钱的他，带着赢家的心情离开赌桌。最终，小哈利没有被赢诱惑，始终在输赢10%之内，坚决离场。老哈利终于放心地把公司交给小哈利，并告诉他："能在赢时退场的人，才是真正的赢家。"这就是通过训练，减少诱惑对自己的吸引力。如果你真的做不到怎么办呢？那就远离诱惑。有时，把棉花糖拿开，拒绝毒品，也就是远离诱惑，而不是挑战自己的"自控能力"，也是一种有效的方法。

习惯和目标之间存在区别，它们需要不同的行动方式。比如说，想学习一门新的语言。你可以设定目标：在6个月内流利使用新的语言对话；也可以培养习惯：每天可以承诺投入30分钟练习新的语言。再比如，我们想花更多的时间和家人在一起。我们可以设定目标：每周花7个小时与家人相处；也可以培养习惯：每天晚上和他们一起吃晚饭。我们认为，目标有以下3个特点或局限。第一，目标有终点。这就是为什么很多人一旦实现目标，就会恢复到以前的状态。比如，有人跑完马拉松就停止了锻炼，有人减肥成功却用暴饮暴食来庆祝。第二，目标实现过程不可控。实现目标的过程总会遇到各种不可控的事。比如意外受伤可能会阻碍你的健身目标，意外支出可能会影响你的财务目标，家庭事务可能会影响你创意产出的目标。第三，目标容易使人自满或冲动。其实人们的大脑会混淆目标和成就，尤其是当人们向别人宣布自己的目标时，他们会以为自己已达成目标，把它变成了自己的成就。而且，一些不现实的目标，还有可能让人做出危险或不道德的行为。

相对于目标，习惯更能让事情变得简单。《高效能人士的7个习惯》的作者史蒂芬·柯维曾说，习惯是知识（做什么）、技能（如何做）和愿望（想做）的交叉点。习惯一旦培养成功并且自动运行起来，攻克艰难的任务会变得容易很多。精心设计的习惯，能确保我们循序渐进达成目标。而且，习惯有两个明显的好处。首先，习惯可以让你不知不觉地超越目标。假设你的目标是写小说。你养成每天写200字的习惯，就算写完一部小说需要250天，每天的量也不会有太大压力。甚至有时灵感一来，可以写1000字或更多，有可能提早完成任务。如果你设置一个目标——4个月内写完一本书，这个目标可能会造成心理压力。其次，习惯带来的改变远超过我们的想象。习惯会让大脑不顾一切，甚至违背常识，跟随其行事。形成习惯之后，大脑也会改变。而养成习惯目的，是让行动变得简单，从而最终实现目标。举个例子：你家里有瓶牛奶，保质期是到2016年6月8日，那么如果你在6月8日23点59分，打开冰箱发现了这瓶牛奶，你会不会喝呢？如果是9日的0点1分呢？你看，这里不太严谨的地方，就在于量变到质变是一个过程，而不是定时炸弹，不可能用一个具体的天数来衡量。

那么21天养成一个习惯的"传说"又是怎么来的呢？原来，曾经有一个外科医生，发现那些截肢的患者平均需要21天才能习惯自己失去的肢体，于是就提出了人们平均需要21天来适应人生中的重大变故的说法。所以，这个21天的说法只适用于"缺胳膊断腿"的情况，对于生活中的习惯并没有普遍意义。你可能会问，养成一个习惯，到底需要多少天呢？对此，心理学家进行了一项研究，观察了96名志愿者养成一个习惯所需要的时间。这些习惯包括：午餐后吃水果、每天坚持跑步15分钟等。结果显示，这些志愿者养成一个习惯平均需要66天。但是，不同习惯的养成时间也不一样，从18天到254天不等。比如，每天早上喝杯水的习惯的养成最快，但是每天坚持做50个仰卧起坐就很难。研究人员还发现，即使我们中途偷懒了一两天，对于习惯的养成也没有很大的影响。而且，同样的习惯对于不同的人来说，需要的时间也不一样。所以，养成一个习惯的平均天数，对我们来说没什么参考价值。既然这样的话，我们为什么总是认为几十天就一定能养成一个习惯呢？因为我们在养成习惯的过程中，经常会犯3个错误。第一个错误是过度自信。但凡做过计划的人都知道，一个计划真正实施起来，永远要比想象中花的时间更长。比如说，著名的悉尼歌剧院，就比预期多花了10年的时间才完工。我们也一样，总是觉得自己应该几十天就能养成一个好习惯。但是只有实践起来才会发现，时间好像不太够。但即使这样，很多人也会认为是自己执行得不够严格，下次再对自己狠一点，就一定能成功。第二个错误是统一标准。我们已经知道了，养成不同的习惯需要的时间不一样，有些快，有些慢。但是我们总是习惯性地以为，早起吃水果的习惯如果一个月能养成，那每天坚持做俯卧撑应该也可以，但事实并不是这样。其实，顺其自然地把事情做下去，才是形成良好习惯的最好方法。比如，健身的时候，不要总想着做计划，我要每天都来健身一个小时，坚持3个月之类的。就单纯地每天到时间了，就背着包去健身房，去了就锻炼，练完就回来就好了。这种放松的心态要比统一的标准更有效。第三个错误是成长路径。很多时候，我们以为习惯的养成路径是线性的，虽然我们相信只要多坚持一天，就离目标近了一步，但实际上习惯的养成并不是一帆风顺的。

比如说，我们经常有这种感觉，就是做一件事情，坚持一段时间后就不再进步了，甚至反而退步了。这是因为"折回"的路径在起作用。也就是说，学习的过程中存在一个"折回"的阶段，目的是巩固前一段的知识。习惯的养成也是一样，你不能按每天都离成功近一步来计算，因为温习也需要时间。习惯的养成就像水电站蓄水一样，蓄水量越大，发电量才越大。所以，如果你想养成一个良好的生活习惯，而且这个习惯意义很重大的话，那就多给它分配一点"蓄水量"，多给点耐心和时间，这样成功的概率就高一些。

要想养成一个好习惯，一开始的30天是最困难的，但只要撑过去，就代表你已经完成了养成这个习惯的95%以上的工作。如何撑过养成好习惯的前30天？这里总结了3种技巧：

第一，写下计划，做出承诺。斯科特·扬认为，一个月最好只改变一个习惯，因为意志力有限，如果同时进行两到三个，大多都会失败。当你习惯遵守对自己的承诺后，改变习惯就成为你的一个技能，之后要养成其他习惯就会变得非常容易。他建议，养成新习惯前最好写一份声明书，里面要列出计划的内容、实施时间段以及为保证计划成功你需要遵守的规定（通常不超过3条）。

第二，把30天分成5个阶段，并提醒在各个阶段可能会遭遇到的困难。首先是全速起跑期（前3天），这个时候要注意不要一下子就把干劲用光；然后是疲惫放缓期（4~10天），这是大部分人最常放弃的时间点，原因很可能是在第一阶段就把干劲花光了，或是制定的目标太大，可以考虑将大的目标分解为几个30天计划；接着是过渡期（第二、三周），这个时候你有点习惯新的习惯了，容易误以为自己已经养成了新习惯而放弃，这时你需要建立一些提醒机制；之后是颠簸期（第二、三周里的某段时间），这时出乎你意料之外的安排会出现，比如朋友约你玩，或者临时加班，你可能就会中断习惯；最后是稳定期（第四周），这时要注意，如果一不小心失败，你还是得从头开始做起。

第三，好计划有3个特点。斯科特·扬提醒人们在制订计划时要特别注意这3点：①简洁性，"制定计划的黄金准则就是极简，规则愈少，遵守起来愈简单"；②灵活性，"过于僵化、太苛刻的计划通常很难完成；过于灵活，习惯就很难坚持。需要找出平衡点"；③提前筹划，突发事件是养成好习惯过程中最令人头疼的，唯一的解决方法就是提前进行筹划。

第四节　自省的重要意义

有自知之明对一个人来说非常重要。研究表明，那些自我认知水平比较高的人知道如何观照自我，清楚别人如何看待自己，做出的决策更明智，在学业和工作上也会更出色，和别人的关系也更健康。那如何才能正确地了解自己呢？

人一般的自我认知有两个方面：向内探索和向外探索。向内探索的自我认知是指内省，也就是了解自己，而向外探索的自我认知是指正确了解别人对自己的看法。这两种自我认知，你可能只擅长一种。尤里克说，向外探索的自我认知可能更难实现。但是别人参与进来，可以让我们对自己有一个更为客观的态度。

那么，如何知道别人对我们的看法呢？我们可以从以下4个方面来察觉自己。

第一，找个合适的人，问问他的看法。这个人不一定要和你关系很近，因为和你关系很近的人，不太会说你不喜欢的话。所以你可以找个和你关系不那么近的人，这个人的评价更客观。如果从视频上观察一个人差不多5分钟的时间，无须见面，人们就可以给出对此人的评价，准确度几乎和亲友的看法相近。另外，你还应该找一个能对你具体情况具体分析的人。比如，你要是想知道异性对你的看法，那你可以去找个异性问问。

第二，对自己想知道的事情尽量具体化。不要让人随便说说对你的看法，一定要具体。比如，如果你希望自己在别人眼中是一个有魅力的人，你可以找个昨晚一起和你参加派对的人，问问他对你的印象。你做了哪些事帮自己树立了那个形象？又做了哪些事不利于那个形象？

第三，多注意别人的反应。先想想自己想成为怎样的人，再把这个目标和实际结果进行对比。比如，如果你希望自己是个幽默的人，那你讲了笑话之后，看看别人是笑了还是听了之后没什么反应。

第四，观察别人对待你是否有所不同。只观察对方的身体语言还不够，还要注意他们对别人的态度，想想他们对你有同样的态度吗？你说话时他们听得更多还是更少？笑得多还是少？另外，观察一个人的反应是否会随着时间的推移而变化也很重要，如果别人对你的态度有任何变化，可能是因为你有了变化。

这个世界可能会变得混乱，人心会更加迷茫，我们时常会觉得困惑。想要在这个空空落落的世界里找到一点踏实感，或许只能尽可能地去靠近自己的文化的根。这是滔滔洪流中让我们自救的一根柱子。林中有两条路，你是否会选择人迹更少的那一条？你知道，这条路走起来会更艰难、更孤独，但你也知道，这条路会让你更加心安。孔子说："知者不惑，仁者不忧，勇者不惧。""造次必于是，颠沛必于是。"无非求其心安而已。反省可以让人心安，心安是我们能够追求到的最高境界。

对于当代人来说，学习能力已经成为越来越重要的能力。如何正确拥有学习力，可以从4个方面来了解，分别是志向、自省能力、好奇心和容错能力。

第一是志向。当人们遇到新学习机会时，第一个路障是总会想到坏的一面，这无形中挫败了志向。如果我们想学习某些东西，就要多关注积极面。比如可以想想学会了它，自己能收获什么，设想未来获得丰富成果时的喜悦心情，这样做能鼓励我们开始行动。研究者发现，把关注重点从挑战转移到收获，能让你立志于从事那些并无吸引力的活动。

第二是自省能力。对于愿景导师来说，他们认为自己的"工作水平高于一般"。显然，几乎半数的人都评价有误。只有6%的参与者认为自己在成为优秀教练的路上还有很多学习空间。而那些对自己评价更准的人的思维过程是：他们承认自己的观点经常有偏差或错误，然后尽可能保持客观，因此他们更能虚心听取他人的建议，并拿出实际行动。你也可以进行自我评价，然后估算这些评价的可靠性。

第三是好奇心。优秀的学习者保持着童年的好奇心，或是在内心独白时重新获得好奇心。他们不会对某个新主题缺乏兴趣，因为他们会问自己一些关于这个主题的"好奇问题"，然后以实际行动跟进。通过思考如何采用不同方法让工作更有趣，会使人们增强对某些工作的兴趣。换句话说，他们把内心独白从"这很无聊"改成："我好奇如果我能这么做，会如何？"下次有人让你学新东西，或者有同事在学所以你也要学习时，不妨问自己几个好奇问题：为什么其他人如此兴奋？这怎样能让我的工作更轻松？然后再寻找答案。你可能只要找到一个兴奋点，就足以化"无聊"为有趣。

第四是容错能力。当我们尝试新事物，又不太擅长时，会产生糟糕的想法："我讨厌这个。""我是个笨蛋。""我永远也不可能做好这个。""这太让人挫败了！"这些状态占据了大量的学习空间。一个初学者的理想心态应该是对错误宽容且平衡："开始我可能做不好，因为我以前从未做过；而且我知道，时间一长我就能掌握它。"如果人们被鼓励犯错和从错误中学习，就会增进他们的兴趣、耐性和表现。

懂得自我反省，才能及时发现自己的问题并加以改进。每当需要反省的时候,我会在自我反省清单上详细记录事件的经过以及自己的感觉,以提醒自己,在这件事情中有什么新发现,以后要如何吸取经验。在我的自我反省清单上,通常包含以下 4 个部分:第一,当天想做的事。写出 3 个今天想做或应该做的事,提前写下来可以提高你的执行动力。第二,当天的反省。写出当天让你印象深刻的 3 件事,然后从中选出一件需要深入思考或反省的事。要详细写下这件事的具体经过和你当时的感觉。如果写的是一件顺利的事情,那么要写出顺利的原因;如果是不顺利的事,就要写下自己从中注意到了什么、学到了什么、得到了什么,这是因为:"人一旦开始思考'为什么会不顺利',往往会越想越负面,所以要写下自己注意到和学习到的事。"第三,对于自己注意到和学习到的事,还要写自己对这些所得的感觉和想法,想象在以后的行动中如何运用它们。想象时可以写出一个具体例子,写清楚某项行动是如何展开的、可能的过程和结果是什么,想象得越具体,你吸取到的经验在之后就越容易被执行。第四,反省清单的最后一部分是感谢。不论事情是否顺利,只要能让你得到新发现与收获,就要心存感激。青木毅认为,如果你能心怀感激,那么所有的事对你来说没有好坏之分,对于未来也会更多地进行正面思考。

第五节　做好自己

如何成为最优秀的自己?我有个学员,是举办个人画展最年轻的艺术家,作品在拍卖行被拍出 50 万甚至更高的价格。当年,他在音乐和绘画上都极有天赋,他也面临着很多人都曾有过的人生两难:怎么选?最后,他选择了绘画方向继续精进。他跟我说:音乐是个金字塔,能到达塔尖的就那一两个人;但绘画是梯形台,你的画可能卖 5 万一平方尺,也可能卖 50 万一平方尺,每一层都能养活一批画家,成功概率明显高很多。

这背后,其实就是一个自我管理的结果。在我们领导力商学院里有一组常见概念:头部市场和分散市场。有些行业注定是分散的,谁都不可能占据很大的市场份额,但做得好也能很优秀,比如画画、开饭店。

但头部市场完全不同，一旦成功就容易垄断、一家通吃，比如音乐、今天的很多互联网业态。如果每个人都是一家"公司"，那作为CEO，我这学员无疑做出了最正确的市场选择。如今，不管你愿不愿意，你都被卷入了一个"一切皆可经营""一个人就是一家公司"的时代。只不过，工商局注册的那些公司都是"有限责任"，而你自己这家公司是"无限责任"。

作为企业老板，要把自我管理融入企业文化中，需要你用一生的时间和信用来为它担保。还记得那4个因"作弊抢月饼"被开除的阿里程序员吗？前一秒还守着一份人人羡慕的工作，后一秒就因为贪小便宜出了局。这就是不能做好自我管理所付出的代价。谁敢说自己能稳稳当当地捧着饭碗？组织就一定可靠？你必须像经营公司一样经营自己：构建自己的协作关系、塑造自己的产品和服务、维护自己的名声、把注意力投入到产出更高的地方。

所以，人人都需要领导力自我管理的知识。商业逻辑、商学概念、管理方法和实用工具，都是被反复验证过的套路和模式。过去，用于经营公司。未来，用于经营自己。

假设你的公司已经成立，你给自己的战略目标是什么？你是否达到了预期目标？这是你自己的期望而非他人施加的吗？你的时间安排是否合理？你是否善用了周围的资源？

世界永恒不变的规律就是它永远在变，所以人在洪流之中不进则退，最好的选择就是"主动生活"。主动生活不是心存侥幸，而是要预见到可能发生的问题，并且做出及时防范，要主动去做自己真正想做的事。主动生活就是所有的事情及时去做而不拖延，同时竭尽全力做好自己真正想要的东西，不被外界控制。主动生活还是一个向内看自己的过程，因此，最重要的一点是不被外界控制、不被欲望控制，不被别人的思维控制，也不被自己的懈怠控制。一旦确定了自己的目标，那就不要轻易放弃或改变。

在生活中，对那些不主动的人，上帝也没有办法。很多人在单位里总想着自己只要努力工作，领导就会提拔自己，可是有了一次、两次提拔的机会，领导都给了别人，这些人就会心想："领导啊，我这么努力地工作，你为什么不提拔我呢？"这种人的缺陷在于缺乏一种主动性。

我们在工作中的主动性不仅仅体现在像老黄牛一样把本职工作做好，还在于能够主动和领导沟通，承担更多、更重要的任务。虽然每一个领导都有责任了解每一个下属的工作情况，但是如果一个经理手下管了20个人，即便每周找每个人聊半小时，他四分之一的工作时间就没有了。更何况，聊了这半小时，他也未必记得住每个人都做了些什么事情。因此，一个主动工作的人，不仅要做好自己的本职工作，善于管理自己的下属，还要善于管理自己的上级。

　　当然，听到"管理你的上级"这句话，有些人可能觉得比较陌生，因为这和我们理解的"管理总是上级对下级"的想法相矛盾。管理上级不是给你的上级分配任务，而是让他了解你的工作，并且在必要时及时寻求他的帮助。对于这样主动的员工，老板们都喜欢。

　　从一个人做事情的主动性，可以看出他将来的发展。主动性体现在生活的各个方面。有一次，我和我的合伙人李强聊起这个话题，我举了一个我自己的例子。在我出国时，美国签证没有预约一说，大家是一大早在美国大使馆前排队，先来先服务。通常6点钟天还没亮就有人在那里等着了，而使馆八九点钟才开门，这两三个小时只好在队伍里站着，连厕所都不敢去，因为人一旦离开，后面的人就不认账了。我去面签的那天起了个大早，到那里6点多钟，已经有几十个人了。大家前后排队，没事就聊起天来，一会儿就彼此熟悉了，聊的是自己现在在哪里读书或者工作，要去美国哪所学校或哪家公司。但是，这样站着聊天也确实很累，于是我就说，"我们来发号吧"。大家都赞同，于是我就做了号，按照先来后到的次序发给大家，然后又找了两三个人来帮我维持秩序。这样一来，大家就不必都站在那里了，可以到旁边歇息一下。等到大使馆开门后，我就和前后几个人一直维持着秩序，让大家挨个进去面签，等快到我时，我就把这件事交给后面几个人继续来做。大家都不希望混乱影响自己面签，这样，每当前一波人进去之后，后面的就会接上。等我签完证，从大使馆出来时，发现后面的人依然井井有条地在维持着队伍秩序。

　　我的学员听了我的经历后，告诉我他也有类似的经历。那时托福报名也要排很长的队，常常要排四五个小时。这么长的时间中间难免会有混乱。我的这位学员就和几个人开始给大家发号。由于排队时间很长，有的人拿了号就跑了，因此他们几个人每过一个小时就会重新发一次。就靠着自己的自觉，大家维持着排队的秩序。很多时候，大家习惯什么事情都被安排好，当遇到麻烦时，容易抱怨，容易消极等待。其实很多事情只要有一点主动性，就能做得很好。

十几年前，阿里巴巴开始做电商时，前面已经倒下一批电商公司，其中最著名的就是8848公司，它是以珠穆朗玛峰的高度来命名的。这家公司在倒闭后，人们认为中国不具有做电商的可能性。当时没有网上支付，没有信用体系，没有方便的物流，交易各方缺乏诚信和相互的信任，供货方因为不规范的手工操作导致管理成本很高。其结果是几乎每一笔交易要么有纠纷，要么因为效率低下非常艰难地才得以完成。

不过，马云的想法和8848公司的创始人不同。没有支付手段，他就做一个，没有信用体系就建立一个，没有好的物流就由公司出面谈一个消费者能够接受的条件。当然，马云也有失败的地方，比如试图帮助供货方提高管理水平的阿里软件就做失败了。

但是，总的来讲，马云和他的公司花了几年时间主动解决了电子商务会遇到的大部分问题，于是才有了后来的成功。有了主动性，一切才会有希望！

第六节　小我的自我价值

自我要求——坚定人生信念

我有一个学员是做企业的，他告诉我他每天早上起床，感觉自己欠了员工几十万工资。好不容易一天结束，躺下。第二天起床，觉得自己又欠了几十万。100多位员工为他而来，100多个家庭靠他吃饭。他感觉每天都如临深渊、如履薄冰，创业的热情在压力下逐渐消失，而巨大的责任感让他不敢失败。同时，投资人不断施压，要求下一轮融资前，大幅度提高业绩；高管对公司发展方向争得面红耳赤；竞争对手正在迅速崛起；新的颠覆式技术感觉就在眼皮底下，却不知道是什么；而某些猪队友员工，又使用了一些受知识产权保护的软件代码，引发专利官司缠身。

　　这位学员心力交瘁，他突然意识到，自己每天都在想着如何激励别人，可是，谁又来激励自己呢？答案是企业的愿景、使命、价值观。意识到了这位学员的这种"没有退路的焦虑感"。我对他说，如果员工觉得，他们是为了你而工作，或者你觉得，你是为了员工而工作，大家都会非常累，整个公司被"责任感"绑架，而不是被"使命"激励。你是时候认真思考一下公司的"使命"了。只有找到公司的愿景、使命、价值观，所有人才会从"我为你付出"，变成"我们并肩，为共同的愿景而奋斗"。

　　我让那位学员找个山清水秀的地方，好好想想当初，他为什么而出发。作为CEO，你要想想，因为你的存在，10年、20年后的世界是什么样子；你的企业为什么而存在，到底在做什么；在实现改变世界的愿景路上，扮演什么角色。弄清自己的价值观，如果说规章制度，是企业的法律，那么价值观，就是企业的道德。

　　用愿景、使命、价值观网聚志同道合的战友，才能让大家被梦想而不仅是金钱激励，同时在无数大决策、小选择面前，不会失去方向和原则。这位学员回想自己在创业时，非常鄙视"愿景、使命、价值观"。他认为，这都是大公司搞出来自欺欺人的。哪家公司不是因为正好擅长什么就干了？或者看到赚钱机会就跳下来了？谁真会傻乎乎地因为"愿景、使命、价值观"而创业？真有这种"情怀创业者"，也早被淘汰了吧。但今天，也只有到今天，在这种"没有退路的焦虑感"面前，这位学员才突然明白"愿景、使命、价值观"的意义。一定要有比创始人自己更强大的东西，来指引、激励创始人和整个团队，否则公司真的会四分五裂，走不下去。于是，我这位学员不断追问自己到底想要什么。他在白纸上写了三十多条愿景，当他写下"人工智能，让商业更高效"之后，突然有种被击中的感觉。这个愿景，不是"创造"出来的，它一直就藏在那，是被"挖掘"出来的。根据愿景，这位学员写出了自己的使命——"用科技赋能每一家企业"和价值观——"诚信，专注，效率第一"。一周后，这位学员神清气爽地回到公司。

　　首先，他否决了"给商家贷款"的提案。这不是我们的强项，我们要专注，让别人去做吧。然后，他召开了员工大会，公布了公司的愿景、使命，以及因为公司一百人的努力，未来商业世界的美好前景。很多员工，包括这位学员自己，都被深深感染和激励了。再次坐回到自己的办公椅上，看着桌上那张创业时的合影，回想自己从几年前曾以为"没有管理，就是最好的管理"，一路走来，先慢慢变成自己憎恨的样子，最终内心充满了真正的热爱。他终于知道，为什么前辈总是说，创业没有白走的路。

　　人生要想实现自我的价值，就要有自我要求，要有自己的人生信条。一天、一年完成任务并且增加价值，合格的员工会完成好自己的任务，优秀的员工则会在此基础上协助上级把项目往下一步推动。当你接到一个新任务时，可以想想与其相关的环节中哪些工作需要继续完善。多展示自己额外的努力，能够增加以后独立运作项目的可能性。其次向上级更新自己的工作进度。无论上级有没有要求，你都应该让他主动掌握你的工作状况，这样遇到问题后就可以尽早解决，补足上级的不足之处。比如，你的上级经常有一些好主意，但是完成度却不高，如果你的执行力很强，就可以主动担下工作。这条建议的重点在于，你要做的不是去承担上级不想做的事情，而是优先去做自己擅长并能从中学到东西的任务。同时，要具备进取的态度。碰到难题时，员工的第一反应可能是认为自己做不到。面对困境时，就算你做不到100%，也要尽力去完成90%，而不是一开始就放弃。展现出自己会尽力达成目标的进取态度，上级会更愿意把困难的项目交给你。

自我价值——重新认识自己

　　很少人能做到真正了解自己，因为我们并没有花时间去问自己喜欢什么，也很少系统地梳理自己的价值观、生活方式等。想要了解自己，可以先问问自己这几个问题：你树立的是一种什么样的形象？这种形象受你的控制吗？你会为生活中的失败负责吗？遇到好事的时候，你觉得是因为运气还是因为努力？除了这几个问题以外，你还可以通过下面的方法进一步审视自己的想法和感觉：回忆童年时光、父母以及他人对你的影响；思考生活中什么是重要的，什么是不重要的；探索生活的真谛；确定你过去在哪里，现在在做什么，以及将来要怎样。这些练习的目的是提高你的自我意识，是做出积极改变的第一步。

第二步，呵护自尊心。一般来说，自我价值高的人比较自信，而自尊感比较低的人更消极、顺从，他们对负面批评比较敏感，并且认为被批评是因为自己能力不足，即使被表扬了，他们也会不太自然。研究发现，害羞严重时，人往往自尊感很低；自尊感很高时，人就不会感到害羞。提高自尊感，可以进行以下自我肯定的练习。比如，把自己的优缺点写下来，并且以此设定目标。再比如，回顾过去，找到是什么让你一直坚持走到今天，试着理解和宽容曾经伤害过你的人，同时也原谅自己的错误、失败和困窘。此外，永远不要说自己不好，尤其不要把一些负面评价强加给自己。

第三步，提高社交技能。人害羞更可能是因为缺乏一些社交技能。而在所有的训练方法中，让人变得更自信的基本原则是采取行动。不愿意采取行动是害羞者最常见的人格特质。比如，害羞的人可以试着主动和别人打招呼，或者通过改变自己的形象获得更多的自信。另外，还可以多赞美别人，并且对别人的赞美予以回应。那么，还能怎么用"自我实现"激励员工呢？比如，可以把客户的表扬信定期精选发给全体员工，甚至贴在茶水间墙上，让大家感受到，我们的工作不是把用户满意度从75.4%提高到81.3%，而是改善了成百上千人的生活。

又比如，可以把公司每个流程效率的改进，都用员工的名字命名。客服人员提炼了一套非常有效的话术，可以让客户迅速平静下来，然后帮他解决问题。比如，你可以让专业水平高的同事带一些徒弟。徒弟们整天"师父、师父"地叫，这位师父会充满成就感和责任感，帮助新员工成长。

第七章

蜕变——突破自我

第一节　正果的价值体现

只要我们醒着，无论是在哪里，在做什么，就会一直沉浸在声音之中。很多时候，我们的注意力都专注于其他事情上，大脑就会让声音退到觉知的背景中。而保持正念聆听能让我们有意识地把注意力放到声音上，让声音从觉知的背景中走向前景。不管你在做什么，当你能够把注意力安放在正在进行的活动中，就能体会到更大的收益。长期坚持下去，你就会发现一些滴水穿石般的变化，看到今天的自己跟上个月有些什么不同，今年的自己跟上一年会有什么不同。

正念练习的 4 个基础

正念的 4 个基础，也就是对身、受、心、法的正念。

身，就是对身体的正念，就是觉察身体，譬如觉察呼吸带来的身体感觉，还有身体的姿势等。

受，就是对感受的正念，是对各种体验的感受加以觉察，通常分为愉悦、不愉悦，既非愉悦也非不愉悦，也就是中性的。

心，就是对念头和情绪加以觉察。

法，就是规律，是事物的真相。对法的正念，就是对各种现象的本质加以觉察。

培育对身体的敏感度和亲密感，即对身体的正念，是正念的第一个基础。如果你想系统地、循序渐进地开始正念练习，首先要从身体入手。现在，大家对身体的关注通常停留在对外貌和身材的关注上，这可能跟我们看多了各种媒体所宣传的俊男美女的广告有关系。这种情况下，我们常常跟自己的身体失去深层的接触和联结。平时，如果我们的身体没有病痛的话，我们是很少会去关注它的。如果我们没有胃疼，我们就不会知道胃在干什么。如果我们的手指没有被什么夹痛，我们就不会留意到我们的手指在做什么。这本身当然也是身体的智慧，它没有疾病的时候不须要我们额外耗能。虽然这是身体的一种智慧，但是也会带来一些问题，那就是我们可能更多地活在头脑里，在高度专注于一些大脑活动的时候，我们往往忽略了身体的状态。

比如说我们长时间在电脑前工作，我们的肩可能是微耸着的，我们的背可能是弓着的，如果对身体没有足够的觉察，长期下去，我们的肩颈很有可能会出现一些问题。如果能够对身体的状态有更多觉察的话，我们就可以随时做一些事情来让我们的身体更加舒适、更加放松。把身体当作正念练习的对象，能够帮助我们培育对身体的敏感度和亲密感，更好地了解身体的状态。这类练习的代表是呼吸练习和身体扫描。

正念呼吸。呼吸就是生命。中国话说"人活一口气"，算是把这个道理说得透彻得不能再透彻了。从生命开始到结束，呼吸就像一根线，联结着每一个瞬间，联结着生活中所有的事件。通常，你并不会留意到呼吸，除非有呼吸系统的不适、疾病，或者空气质量特别差，你对呼吸有了某种焦虑，呼吸只是自然地在那里。做这个练习的时候，你可以寻找到呼吸最明显的身体部位，然后去觉察呼吸给那个部位带来的感觉。

如果鼻端是呼吸最明显的部位，那么你就去觉察气息进出时鼻端的感觉；如果是胸部或者腹部，就去感觉气息进出的时候胸部或者腹部的起伏。当练习深入的时候，你会对吸气的整个过程，呼气的整个过程，以及呼和吸之间的停顿都有觉察。我们的呼吸会受情绪、念头和身体运动的影响。譬如当我们感到兴奋或身体在运动的时候呼吸会加快，紧张焦虑的时候呼吸会变得短促而浅。心念平稳，情绪安定的时候呼吸会变得深长、平静。其实，在正念练习中，你不需要去数呼吸的次数，或者以任何方式去调节、掌控呼吸，只是去跟随呼吸自然的节律，带着一种好奇、放松、友善的态度去观察它，它自然就会调节，并平稳下来。

再来说说身体扫描。当你听到"扫描"这个词时，是不是会联想到医院里的CT？CT是借助外在工具来检测我们的身体，而正念练习中的身体扫描不需借助外力或外在的工具，它所借助的是我们的注意力，这是我们自身就具备的能力，用注意力去觉察身体各个部位在每一个当下的感觉。在练习的时候，你只需要寻找到一个合适的条件，也就是在相对安静的环境下，有规律地练习。并且，怀着一份友善的态度，面对一些不适感，可以对自己说："OK，事情现在就是这样子。这份感觉已经在这里了，就让我去体验它吧！"身体扫描中，会有念头和情绪的涌现，譬如，如果身体某个器官生过病，或者只是腹部脂肪比较多，都会引发一些心智活动。你也要同样友善地去观察这些念头和情绪，怀着友善、接纳的态度说一句："好吧，我接纳此刻的状态。"

觉察各种"感受"，培育平衡心态，正念的第二个基础是受，也就是我们的感受。这是我们对我们所感知、体验到的现象的愉悦、不愉悦或者既非愉悦也非不愉悦的感受。面对不同的感受，我们的心会有不同的倾向。对于让我们感觉愉悦的体验，我们常常会希望有更多，希望这种愉悦感持续更久，不愿意让当下的体验溜走。对于让我们感觉不愉悦的，我们就会希望它早点结束、消失，我们会感觉恐惧、生气，或者主动回避。对于既非愉悦也非不愉悦的当下体验，我们又常常会觉得无聊，根本就不会去关注，我们的注意力就会从当下逃脱，去到别处。这3种对待体验的方式都会带来问题。正念练习可以帮助我们更好地觉察各种感受，以及心的倾向。面对不同的感受，要培养一种平衡的心态，也就是不执着于愉悦的感受，不抗拒不愉悦的感受，对中性的感受也保持觉察和好奇。

当你从念头和情绪的暴力下解脱之后，再来看正念的第三个基础，心的正念。心的意思就是我们头脑里面的心智的活动。对心的正念，就是对念头、情绪的觉察和温和的回应。我们的念头可以非常强有力地影响到我们的情绪和行为。通常那些念头来得比较自由，并会很快占据我们的头脑。

对念头的正念练习可以让你开始认识到，所有的念头都只是精神现象，念头不等同于事实，我们不等同于我们的念头，习惯性的思维通常导致习惯性的行动，强烈的念头通常伴随着强烈的情绪。我们内心的痛苦，比起躯体上的痛苦甚至更加广泛，而且同样会让我们憔悴、疲惫。跟躯体疼痛一样，你可以对情感痛苦保持正念。关键是你是否愿意为这份痛苦留出空间，去欢迎它、观察它。不要强求改变，或者逃避它，也不要用酒精或食物去麻痹它，而要有意识地确认它，允许它的存在，善意地欢迎它，温和地去体验它给你带来的感受。

对情绪的正念练习可以让你认识到，所有情绪都只是精神现象，情绪不等同于事实，我们不等同于我们的情绪。习惯性的思维通常与习惯性的情绪彼此影响。

对现象变化的觉察，正念的第四个基础是"法"。这听上去有点抽象。简单来说就是"一切身心现象的真相"。其中一个真相就是变化——万事万物都在变化。譬如说身体的感觉会变化，声音会变化，念头和情绪也一直在变化。正念练习，就是去觉察各种现象的变化。对变化的觉察通常被融入各种不同的正念练习中。譬如，在身体扫描中，观察身体感受的变化；对念头的正念练习中，观察念头的变化；对情绪的正念练习中，观察情绪的变化。

我们的现实就是一部永不落幕的戏剧，随时随地都有新鲜事发生。唯一不同的是，走近它，感受它，其实这是一种近的思维方式。这是什么意思呢？近的思维方式，就是关注真实的、正在发生的、近的事情。这些事情是流动的、不断发生着变化的。那相对应的，另一种思维方式就是远的思维方式，指的是关注想象中的、抽象的、远的事情。这些事情常常是静止的，甚至是僵固的，是我们头脑中已有的东西。近的思维会不断跟现实接触，让现实改变自己的思维方式，是一条不断有源头活水的河流。

而远的思维，是只注重头脑中已有的规则，这些规则让你只能看到你想看到的东西，这是一种拒绝改变的思维方式。从某种意义上说，我们前面所说的僵固思维、应该思维和绝对化思维，是同一种思维方式——远的思维方式。为什么这么说呢？僵固思维不是看重你现在正在做的事情，不是看你付出的努力，而是评价你这个人怎么样，聪明不聪明，这是远的思维；应该思维只执着于头脑中已有的规则，而不关注现在正在发生的事情，这也是远的思维；绝对化的思维方式呢？把一件现在发生的坏事，用永久的、普遍的和人格化的方式进行概括、推演，这就是远的思维。其实，远的思维的存在，也是有道理的。你面对的信息无穷无尽，所以你必须要把这些信息封装起来装到我们的头脑里，让它们变成我们头脑中的概念、观点、评价，变成一些刻板印象。远的思维能够帮助我们省略加工需要的认知资源，同时，因为抽象和规则化，它让我们面对的世界有了更多的确定性。

但是，远的思维限制了我们的成长。如果固守这些远的思维方式，你就看不到正在发生的事情，新的东西就不会进来，你的思维也不会有什么变化。打个比方：远的思维像是看电视，你觉得自己能看得很清楚，但你看到的，都是电视导演想让你看的；而近的思维呢？像是在现场，也许细节太多，你会被淹没，但是你会看到更多、更真实的东西，因为你就在那里。在学习正念的时候，我的老师曾跟我说，很多时候，我们的心都是浮的，有很多念头产生，这些念头把我们带离此时此地。为了让心安顿下来，你就需要有一个焦点。如果你在这个焦点上保持足够长的时间，你就会变得专注。

而自己一旦专注，你就沉浸在这件事里面了，就像在现场一样。正念强调专注当下，强调此时此刻。这跟近的思维强调的东西是一样的。所以我也把近的思维方式，叫作正念思维。

正念思维的 3 条原则

那么，我们要如何学习近的正念思维呢？其实，思维是以语言为载体的。学习一种新的思维方式，就是学习一种新的语言。经常会有焦虑的来访者跟我说："这一切有什么用呢？""我为什么总是这么糟糕？""我根本做不到！""一切""总是""根本"，这些关键词，就是远的语言的特征。它们是非常概括和抽象化的，当我们用这种方式思考的时候，基本上没有我们能够控制的事情，除了自我厌恶和自我谴责以外，我们对此也无能为力。相反，近的思维却是生动的、丰富的，充满了变化的、可能性的。怎么学习近的思维呢？有以下 3 条原则。

第一条原则：用描述性语言，而不用评价性的语言。所谓的描述性语言，就是不加自己的评价，少用形容词，而尽量用动词来描述正发生的事情。这有点像镜头语言，在电影里，一个导演是不会告诉你他是怎么想的，或者主角怎么想的，它只会如实呈现演员的表情、动作和对话，让你自己去感受。而你感受到的，都是很近的、很鲜活的东西。为什么要用描述性语言而不用评价性的语言呢？因为评价性的语言已经用我们头脑中的观点、概念对信息进行了加工和封装，会阻碍变化的发生。在心理咨询里，用描述性语言描述咨询室里发生的事情，是一个心理咨询师的基本功。假如一个人说"这个妈妈很有控制欲""这个女儿乖乖的，很听话"，那么他在想法里，就已经不自觉地把她们放到一个很难改变的位置。所以，咨询师只会说："这个妈妈在咨询室里指着女儿说：'我不允许你这样做。'女儿则低着头一言不发。"注意一下这两种语言的区别。在后一种语言里，你会好奇发生了什么，接下来会发生什么，好奇她们心里是怎么想的，可是如果你只是说"这个妈妈很有控制欲"，那就很难有进一步探索的空间了。

第二条原则：问具体的问题，而不是抽象的问题。作为一个心理咨询师，经常有人问我他们在生活中遇到的困惑。这些问题经常是这样的，"老师，我很内向怎么办""老师，我容易紧张怎么办""老师，我有拖延症该怎么办"他们在用很抽象的语言描述自己的问题，他们的提问方式正反映了他们思维的方式。他们就是在用抽象的、概括的思维方式思考问题，这让他们的问题很难找到答案。而这也正是他们的问题。如果在咨询室里，有人问我类似"我很内向，每次遇到人都很紧张"这样的问题，我就会问他们："遇到哪些人你容易紧张，遇到哪些人不会呢？在什么场合你容易紧张，什么场合不会呢？在与人相识的哪个阶段你容易紧张，哪些阶段不会呢？最近你在跟谁交往呢？感觉怎么样呢？"我这么问的目的，是希望他们用具体的语言去描述他们的生活，以及他们在生活中的各种关系。我想告诉他们，紧张不是因为他们内向——不是说这不对，而是说这太远了。你只有真正看到相处的过程中发生了什么，你才能看到你能够控制的部分，才能找到可能的出路。

第三条原则：关注现在能做的事，而不是总先关注事情的结果。在用抽象的语言思考时，我们总是先去判断一个事情的结果，评价一件事有没有用，再来决定要不要做。在时间上，先有做事，然后才会有"有用没用"。很多时候，"有用没用"只有等做完一件事才会知道。可是，正是我们头脑中预想的"有用没用"的结果，让我们失去了行动的能力。我有一个来访者，正为未来的事情忧虑，总觉得自己做什么都没有用。我说，不如我们现在用很具体的语言来想想。现在你只要问自己两个问题：第一个问题，你现在能做什么？第二个问题，你愿不愿意去做？我希望通过这样的问题，把他的注意力引到此时此地。可是他说:"我现在就在想,这有什么用呢?"于是我说:"你已经熟悉了远的语言,稍不注意,这种语言就会挤进来。现在,不如让我们来试试另一种语言。你能回答一下,你现在能做什么吗?就算你没有那么大的力气去做。"来访者愣了一会之后说:"我可以去散步、找朋友聊天、品尝美食……"每说完一件事,我就跟他确认一下,这是你能做的,他点头称是。等他说完,我问他:"哪一件是你愿意的呢?"他说:"我都不愿意。"他想跟我解释为什么不愿意。我说:"没关系,你不愿意,就停在这里。"相比于一个人的不愿意,"为什么不愿意"又是远的思维了。我希望来访者把注意力放到近的地方,而且我也想给他这样的暗示:你能控制自己的行为,也愿意对自己的行为负责。他想了一下说:"我并不是不想试。可是我担心,我会不会真的去做。"我说:"那么,为了真的去做,你现在能做的是什么呢?"他想了想,说:"我可以做一个笔记,把那两个问题浓缩成一两句话背下来。当我焦虑的时候,我可以翻出来提醒自己。""好的。那你愿意做吗?"我问他。他说:"我愿意试试。"于是,这段咨询被浓缩成了两个问题:我现在能做什么?我愿意做吗?在接下来的一个星期,他不断用这两个问题来提醒自己,不要想太远的东西。这帮助他减轻了焦虑。如果你在为一些远的事情焦虑,也可以用这两个问题把自己的思维拉回到现在来:我现在能做什么?我愿意做吗?其实,心理咨询是很注重沟通的语言的。

有什么样的语言,就有什么样的思维方式。僵固的思维有僵固的语言,而成长的思维方式背后也有能够容纳变化的语言。如果用静态的语言去捕捉变动的现实,会造成许多困扰。近的思维就是发展一种能够容纳变化的语言。相信如果你多练习这种变化的语言,你的思维也会有很多的变化产生。

第二节 "天下没有免费的午餐"

如果问中国最赚钱的行业有哪些,有的人会说互联网产业,有的会说房地产。就拿房地产来说,房地产这个行业有一个特性,就是虽然一手房市场有准入门槛,不是谁都能买地盖房子,但二手房市场没有,交易活跃,市场发达,不但个人可以买房,企业也可以。这些年,房地产不断调控,但是房价还是高。于是,我们开始听说很多令人咋舌的事情。比如,中国大批的企业家,在苦苦经营多年之后,发现每年赚的钱,相对于炒房来说,真是少得可怜,于是纷纷遣散员工,关厂买房。

机会主义与机会成本好还是不好?我听到过的最让人潸然泪下的创业故事是,10年前,一位创业者以80万元的总价卖掉自己深圳的房子去创业。白手起家的几年努力后,公司开始走上正轨。辛苦打拼到去年,终于赚到了400多万元的利润。他非常高兴。最近他用这些钱做首付,把自己当初卖掉的那套房子又买回来了。很多人说,房地产已经成为中国经济的负担。为什么这么说?大家都能赚点钱,不是挺好的吗?要理解这句话,你首先要理解经济学中的一个重要概念:机会成本。

比如我把1万元存余额宝,一年收益大概是300元。如果你选择拿这钱去投资,就不得不失去把钱放在余额宝的一年300元的比较确定的收益。这300元,就是你去投资的"机会成本"。如果一年结束,你赚了200元,也许你觉得自己赚了,但相对于300元的机会成本,其实,你是亏的。如果今天国家发行了一个风险极小,年收益有6%的债券,也就是说,如果你用1万元买债券,能赚600元。那么,你的投资收益就算是500元一年,都是亏的。

你到底是赚还是赔,不能仅仅看账面收益,还要看机会成本。机会成本是指你做了某项选择,而不得不因此失去的其他利益。比如,如果做出选择A,就必须放弃B的话,B就是A的机会成本。对企业来说,最优方案的机会成本,就是次优方案可能带来的收益。

机会成本是一个听上去很简单,但是在商业决策中极其重要的概念。经济学大师弗里德曼说过,你去吃饭,就算餐厅不收你的饭钱,你还是要付出代价的。比如你可以用这个时间,谈了一笔生意,去图书馆获得新知,甚至偶遇未来的女朋友。这些"可能性",都是你吃这顿饭的"机会成本"。所以他说,天下没有免费的午餐。

再回到房地产的案例上来。为什么很多人说房地产是中国经济的负担?是因为如果在房市里赚钱太容易了,两年居然可以投资翻倍,那每年50%的投资收益率,就是所有其他行业的"机会成本"。但如果整个中国经济都躺在床上吸食房地产,没有人办厂、创业,经济最终会崩溃。房地产有不少好处，但其很大的一个罪状，就是提高了整个中国经济发展的"机会成本"。

如果你卖的是比较贵的东西，你可以通过强调便宜的东西隐藏的"机会成本"，以此获得客户。比如你卖昂贵的西装，你可以告诉客户，如果你贪图便宜，买过于便宜的西装，你可能是因为穿着不讲究，无法赢得客户尊重，而丧失生意的机会。丧失生意机会，是买过于便宜的西装的机会成本。对个人来说，时间是最大的机会成本。建议你用自己的年收入，除以一年的工作时间，大约 2000 小时，看看自己一小时的"机会成本"是多少。比如，你年薪 20 万，那你一小时的机会成本就是 100 元。然后，你做每一件事情的时候，都问问自己，做一小时这件事情，值不值 100 元。如果不值，大方地花钱请别人来做。在这个意义上，付费，就是赚钱。

但是，对于"机会成本"的计算，也不能盲目放大。比如，有的女孩子觉得自己可以嫁给王思聪。当她把嫁给王思聪作为自己结婚的机会成本时，就可能会专业相亲 30 年，却无法把自己投资出去。

那么，我们应该如何善用机会成本？第一，要知道你的每一项选择，都有机会成本，天下没有免费的午餐。第二，你要懂得计算机会成本，比如你的时间成本、替代方案的投资收益等，然后通过权衡收益和包括机会成本在内的各项成本，做出理性的决策。

经济学的第一个智慧是：国家是陌生社会。过去，我们生活在熟人社会，谁家要买一个大件商品，比如买电视机，首先想到的是找熟人、托关系。其实，熟人的商店，质量也未必好，价格也未必低，但是如果你不找熟人，直接拿钱到商店买，你会感觉吃亏上当。直到今天，很多人心里还存在这种心态，还觉得"人生地不熟"是一种很可怕的局面。其实，越是现代化的国家，越应该是陌生社会，也就是说，不排斥和陌生人的分工协作。比如说，下班打个 Uber，在淘宝上买件衣服，午餐点个外卖，其实都是陌生社会的协作方式。

第二个智慧是：没有免费的午餐。普通人应该不遗余力地保护空气和水资源，可在经济学家眼里，做任何事情都要先问一句值不值得，哪怕这件事情再好，如果付出的代价太高，那我们就不应该做。比如说环保问题，环保主义者坚持保留青山绿水的本来面目，可经济学家要先算江水可以承受多少污染，产生多大效益，最优解决方案可能不是关闭工程，而是找到对社会贡献最大的企业。

第三个智慧是：合理设计激励。如果想让别人按照自己意愿做一件事，普通人的做法通常是动之以情、晓之以理地去说服他们。而经济学家会合理地设计激励。比如说，有个经济学家的儿子，特别喜欢看动画片和打游戏，所以他一天到晚捧着电视、电脑屏幕，怎么劝也不听话。这个经济学家就给他儿子设了一个激励制度，儿子占用屏幕的时间必须是挣来的。怎么挣呢？比如写完作业就奖励15分钟屏幕时间，好好吃饭就奖励10分钟，做家务就奖励20分钟，等等。挣了屏幕时间，你打游戏、看电视都行，但不挣就没时间。设了这个激励，孩子果然听话了。

第四个智慧是：凡事看价格。在经济学家眼里，价格不仅是钱，还是一个激励信号，在市场上进行着传递。比如说，中国足球一直不怎么给力，在经济学家眼中，这是因为在中国足球市场上，价格没有成为一种激励信号，这就没法激励青年后备力量都来踢足球。欧洲为什么足球氛围好？梅西、C罗这些顶级球星，一年赚多少钱，到处都在报道，到处都有人谈论，可你能说出中国国家队的足球队员，一年能赚多少钱吗？大部分球迷脑子里没有这个概念。学习足球的门槛是很高的，青少年要在体校进行很多年的专业训练，这段时间可是光交钱不赚钱的，本来就这么艰苦，青少年们又看不到成为球星后的价格激励，所以就没有多少家长愿意小孩学足球了。2013年有一次国家青少年足球队选拔，只有50几个孩子参加，大部分体校对这次选拔无动于衷。但是，同一年的全运会，所有体校都抢着参加，为什么？因为在全运会踢出的成绩，直接决定了体校的经费和奖金。你看，当价格信号明确的时候，人们的态度截然不同。再比如，为什么这么多年来教育和医疗两个领域的市场化一直不太成功？因为这两个领域的价格信号是混乱的。学费越贵不代表学校就更好，学校的声望才是好的评判标准。医院也是这样，私立医院更贵，但这不代表它水平高，人们宁可相信公立医院，也不愿意去私立医院看病。

第五个智慧是：结果可能出乎意料。这是什么意思呢？普通人看待这个世界可能是简单的因果关系，比如看到富人捐款，大家就觉得这是好事。富人做公益，贫困的人生活就能得到改善。但经济学家却不这么看问题，在他们眼里，因果关系很多情况下是失效的。因为世界是一个复杂系统，复杂系统的行为往往没法预料。所以，经济学家认为，想知道效果，预测是没用的，做一下实验就知道了。比如，为了研究捐款能不能帮助穷人改善生活，经济学家做过一个实验，他们选择一些贫困的家庭，以政府的名义给这些家庭按月发钱。几个月之后，再比较这些幸运家庭和正常家庭的各项经济指数，结果发现拿了这笔钱的家庭就业率没什么上升，离婚率反而大增，生活质量根本没提高。这是因为，人们往往不会好好利用轻松得来的财富，贫困家庭也没有足够的理财观念。

用经济学的5个智慧看待世界，眼光立马不一样了，这也是为什么经济学家说，这个世界没有免费的午餐。

第三节 做自己的诚信领袖

何为诚信

如何做自己的诚信领袖？首先，要清楚什么是诚信？诚信是一种心态，一种选择与这个世界重复博弈的心态。那我们该怎么用这种"重复博弈"的方法获得商业成功呢？当博弈双方做的是"一锤子买卖"时，大家很可能会选择"损人未必利己"的"坏的纳什均衡"。但如果博弈双方都知道，同样的博弈会无限次重复下去，他们就会把重复博弈的总体利益作为更重要的衡量标准，克制短期损人未必利己的诱惑。文明的商业社会，就是建立在"无限次重复博弈"的假设前提上的。一旦末日论盛行，就意味着所有的重复博弈马上都要变回一次博弈。有些人立刻会撕下文明的面孔，社会立刻会恢复野蛮。这也是为什么官场上有一种"59岁现象"。明年就要退休了，"无限重复博弈"就变成了"一次博弈"，那不如赶紧捞完这一把，反正也没有以后了。诚信，就是把一次博弈变成重复博弈。文明的商业社会就是把有限次重复博弈，变成无限次重复博弈；而重复博弈，是治疗"坏的纳什均衡"的终极解药。

我们都知道空口无凭，尽管古人有"一言九鼎""一言既出，驷马难追"这样的成语，但这都是伟大人物的高风亮节，没法让整个社会开口说话就是诚信，这样的社会从来就没有存在过。那怎么解释这个开口即诚信的字呢？不能把它当成人的嘴巴来解释，而应该是表示用于向神祷告的祝咒之器，也就是巫师使用的碗、盆之类的器皿。"器皿"只是其中一解，还有表示"嘴巴"的，还有些表示"城郭"。"信"是在巫师的神圣器皿面前发誓，达成与他人的承诺、合作。也就是说，空口无凭，神鬼作证；如若违约，神鬼惩罚、天打五雷轰。

商朝是一个笃信鬼神的朝代，什么事都要占卜，问问鬼神。所以在那个时期，盟誓的时候有鬼神作证，人还是有畏惧之心的。春秋战国时期，国与国的盟约，仍然要求助鬼神作证，这就是盟约仪式。这种仪式叫血盟。人血盟，是刺破自己的身体，把双方的血共同喝下去。歃血之盟是用动物的血结盟，双方将牛、猪、鸡、羊等动物的血涂在嘴唇上，以示永不反悔。古话说："与大国盟，口血未干而背之，可乎？"嘴上的血还没干就违背誓言，能这么干吗？春秋时期盟誓所用的血多为牛血，主盟者执牛耳，盟主先歃血，即谁先歃血就意味着谁是盟主，这就是"执牛耳者"的由来。结盟以后还要书写盟书，刻在玉板上，埋起来。

其实盟誓的前提是双方缺乏诚信，所以盟书末尾多有诅辞，如果违背盟约，将会受到祖先或神灵的惩罚。但是，在礼崩乐坏的春秋战国时期，大家已经不信神灵了，盟书上的诅咒没人害怕，因此盟誓也就没什么约束力了。

那怎么保证谈判的结果能够被遵守呢？《说文解字》用"诚"解释"信"，我们今天也把二者连起来用——"诚信"。但"诚"和"信"是不一样的。金文的"诚"，是言字旁加上"成"。而"成"的原意是一把大斧子下面有一个点，意思是在武力威胁下完成了目标；"成"加上"言论"表示停战讲和。"诚"的原意告诉我们，条约是靠武力达成的。

这时候结盟双方因为实力有差距，地位并不平等。为了表达诚意，实力弱的一方通常会把自己的王子送到对方国家当人质。秦始皇的父亲就是秦国送到赵国的人质，后来被吕不韦发掘，回国后成了秦王。燕国太子丹是燕国送到秦国的人质，在秦国备受凌辱，所以他侥幸回国之后，到处招揽门客，发誓报仇，历史上才有了"荆轲刺秦"这一慷慨悲壮的故事。送人质的行为说明，"信"这种契约，失去了神鬼的惩罚，无论是血盟还是交换人质，都无法建立信任。

领导力是责任

你可能会想，如果我不想当领导，还需不需要学领导力？

有一次我在香港一所大学的商学院做演讲，演讲的题目就是领导力。有一个MBA学员站起来提问，他说："我对当领导不感兴趣，我该怎么办？"当时我用了一个问题来回答他，反问道："你对责任感不感兴趣？"他好像领悟到了什么，说"有"。我说："如果你对责任有兴趣，如果你想承担更重要的责任，你就需要发挥领导力。"

关于领导力，你需要知道的第一个要点就是，领导力即责任。这不是我一个人强调的要点，很多人都强调这个要点。管理大师彼得·德鲁克就说过这样一句话，他说："领导力不是头衔、特权、职位或者金钱，领导力是责任。"领导力就是解决问题，领导力的责任就是承担解决问题的责任。不过，不是任何问题都是领导力的责任，那些你一个人解决不了的问题，以及你一个人要带着一群人才能去解决的问题，这是领导力所要面对的问题。

如果你去问世界上那些研究领导力的著名学者这样一个问题：20世纪最伟大的领导者是谁？举出3个名字。这3个名字当中，我猜一定会有甘地。甘地是公认的20世纪最伟大的领导者之一，他在印度发起了非暴力不合作运动，带领印度人民取得了独立。但是你要注意，这个问题不是甘地一个人解决的，是他带领许多人一起解决的。国家有问题，组织有问题，家庭有问题，公司有问题，每个团体都有问题需要解决。它可能是要推进一项新的绩效政策，打开一个新的产品市场这样的问题，这些问题都是一个人解决不了的问题。领导力的本质就是承担解决这些问题的责任。

我们刚才说到的那个MBA学员，他的误解就是把领导力跟职位画上等号，这个误解很多人都有，包括公司的总裁同样可能有对这个问题的误解。我在一个总裁班讲课，有一个学员就说："我们今天坐在这里,就是我们有领导力的证明。"你不难理解他的逻辑是什么。他是这样想的:我们今天坐在这里,因为我们是总裁,而我们能够当上总裁,就证明我们有领导力。我当时告诉他说:"你们今天坐在这里,不证明你们有领导力,只证明你们有领导职位。"

美国有一位领导力大师叫约翰·马克斯韦尔,他本来是个牧师,后来成为非常有影响的领导力大师。马克斯韦尔说过这样一句话,他说:"如果我必须界定人们对领导力的头号误解的话,那就是认为领导力只是来自拥有一个职位,或者头衔。"这个误解不仅美国有,我想在中国可能更严重。在中国我们说到"领导"这个词,一般指的是担任领导职位的人。如果我问你:"你们公司的领导是谁?"你说的一定是那个担任领导职位的人。

领导力和领导职位的联系

担任领导职位并不等于有领导力,领导职位不能等同于领导力。那两者之间有没有关系呢?我经常使用这样一个比喻,既讲它们的区别,也讲它们的关系,叫作"领导力像爱情,领导职位像婚姻"。爱情不等于婚姻,领导力不等于领导职位。但是,爱情和婚姻之间有很密切的联系,领导力和领导职位之间也有很密切的联系,它们之间的密切联系是什么呢?我用这样一句话来概括:领导力是领导职位的责任,领导职位是领导力的资源。

首先,领导力是领导职位的责任。比如说你是公司的人力资源总监,你担任了一个职位。那为什么要给你这个职位呢?就是要你解决公司在人力资源上的问题。同样如果你是销售总监,就是要你解决把产品销售出去的问题。给你这个职位就是要你解决相应的问题,承担相应的责任。其次,领导职位是领导力的资源。组织为你提供了一个职位,这个职位就会带来相应的权力,带来相应的资源,可以帮助你更好地解决问题。但其实你有没有发现,即使你没有领导职位,你同样也可以承担领导力的责任呢?领导力的责任是什么?就是解决问题。你没有领导职位,但是如果你去解决问题,那么你就是在发挥领导力。

我们一般把担任管理职位的人叫领导。那么真正发挥领导力的人,我们中文里其实有另外一个词,叫领袖。领袖是真正带领大家解决问题的人。有时候会出现这样的情况：这个人是你们团队的领导，但是另一个人才是你们团队的领袖，甘地就是这样一个典型的例子。他不是领导，但是他是领袖。笔者有个大学同学，他本科毕业之后去了一家报社工作，当时我留在学校里读研究生。过了一段时间我给他打电话，我跟他开玩笑，我问："你有没有当上领导？"他的回答让我当时非常地佩服。他说："要当领袖，而不是当领导。"当然了，他后来也成了单位的领导。但更重要的不是他成为报社领导，而是他成为传媒行业一个非常有名的领袖。

所以说，领导力更准确的说法其实是领袖力。不过，我们对"领袖"这个词也有误解，我们把它高大化、神话化了。我们要记住，真正承担责任，带领大家解决问题的人就是领袖。

第四节　奉献和勇气

奉献与领导力

你有没有过这样的感觉，一旦有人对你好，你就会觉得不自在，甚至有负罪感，就好像别人给你一个红包，你恨不得要给两个回去才会安心？为什么得到一样东西之后，我们会感到不安和焦虑呢？因为在我们的集体文化里，提倡的是一种奉献精神，满足别人是高尚的，满足自己就是自私的。这种观念进入集体潜意识，让我们在接受他人好意的时候，觉得自己不该这么做。

另外，我们会产生一种低自尊的状态。比如，我们接受了别人的好，不知道怎么回报，就会担心不回报会影响关系。再比如，别人对我好，是对我有要求，但当我无法达到的时候，就会产生压力。还有人觉得，自己的需求会给别人带来麻烦，别人觉得麻烦，就会抛弃我。甚至，他会认为如果我对别人有需要，就会招来别人的羞辱和责备。在理查德·班德勒看来，为了避免这种恐惧，我们一般不想让别人感觉到我们是有需求的。他还认为，恐惧可以划分为两大类：害怕和焦虑。害怕性恐惧是当你看到某物时，你立马会通身紧张不安。焦虑性恐惧则是当人们沉浸在自己的想法里，创造出可怕的图像，是较为缓慢的、逐步形成的恐惧症。

其实，相互帮助、礼尚往来，本来就是正常的社交规则，你需要的只是合适的沟通方式。所以，下次你对别人的好意感到不安的时候，不妨告诉自己：我是值得被人对我好的，我是值得被尊重和被爱的，因为很多时候我也能给别人提供友善和好意。

领导力的无私是一种自信

如今的领导力，重点在于重新学习人性，而不是学习管理。如何能拥有更人性化的领导力？领导力就是管理者的个人性格塑造力，以及与下属建立有益纽带的能力。如今千禧一代已成为多数公司的主力，除了薪水、奖金和福利，他们也想要生活的意义、幸福以及与他人的社会联系。人性化的领导力会给公司带来好处，根据咨询公司麦肯锡的数据，如果员工有内在的动力，那么32%的人会更加投入工作，46%的人会对工作更满意，16%的人会表现得更好。

那么，如何拥有更人性化的领导力呢？

第一，换位思考。某制造公司的领导者在做出影响员工的决定前，都会问自己一个问题：如果我的孩子、父母或好朋友在这里工作，他们会欢迎这个决定吗？通过这种方式，他把每个管理决策都转化成个人问题，确保不会被自己的地位和权力蒙蔽。第二，要有自我意识。例如，一位银行CEO通过加强自我意识，更好地理解自己后，也提高了团队的参与度和业绩。"当你理解自己的时候，你就能更好地理解和同情你所领导的人，反过来也会激发他们内在的动力。"第三，要大公无私。麦肯锡公司全球总经理多米尼克·巴顿认为，无私奉献是良好领导的基础。无私并不意味着你会成为别人的受气包，无私其实来自自信和自我关怀。当你准备做出一个决定时，问问自己是为了个人利益还是他人的利益。第四，要有同情心。同情心就是想给别人带来快乐，它是一种任何地方、任何人都可以理解的通用语。

团队有3种模式。第一种是明星制，把最厉害的人招进来，以明星为中心开展工作；第二种是专业制，招人的首要标准是看他的专业技能符不符合公司的要求；第三种是讲奉献，招人首先看这个人是不是赞同公司的价值观，能不能和团队建立强烈的感情联系。哪种模式的团队会胜出？结果是讲奉献的企业文化最成功。

讲奉献的团队最后成功上市的概率比其他两种模式的团队要高出两倍之多，他们在2000年互联网泡沫破裂之后的存活率也大大领先。创业公司要经历各种艰难困苦，如果没有凝聚力和认同感，人人都准备跳槽，很难干成大事。也就是说，高水平的合作，必须要有认同感。那怎么增加团队的认同感呢？首先要给人安全感，安全感又会带来认同感，自然就能促进合作。所以，领导的首要作用，就是给团队提供安全感。这里有一些具体的建议，包括：要鼓励团队每个人说话，让人发挥；要认真倾听，让人知道自己的意见是有价值；领导要先向员工说明自己也会犯错，并且鼓励员工随时指出自己的错误。其他的建议还包括，尽量选拔对团队有认同感、有责任感的人，坚决开除团队中捣乱的人，以及多说感谢的话。

成功转型需要高瞻远瞩的远见与勇气

科技进步，带来商业模式创新；商业模式创新，带来组织结构巨变；组织结构巨变，导致很多企业失血、断腕，倒在通往成功的路上。这就是所谓"不转型等死，转型找死"。那怎么办？如何用组织变革，支持战略创新？答案是我们要改变或切换战略。例如昔日巨头IBM连续三年亏损高达168亿美元，当所有人都认为这头"大象"即将倒下时，原来卖烟草和饼干的、完全没有科技背景的郭士纳，出任了IBM的CEO。很多人都觉得，郭士纳是来替这个"蓝色巨人"办理后事的。

然而，郭士纳仅用了8个月就让IBM扭亏为盈，业绩不断增长。2002年郭士纳离开时，IBM股价涨了12倍，年收入达870亿美元，跃升财富500强前10名。那么，郭士纳到底是如何让这头"大象"起死回生的呢？我们先看看他做了哪些事情。

一是快速止血，活下来是第一步。上任半年，郭士纳裁员4.5万人，同时大幅削减成本，出售不赚钱的业务，减少给股东的分红。这些举措，让郭士纳背上了"铁血宰相"的外号。

二是全身"手术"。郭士纳决定对组织动"手术"。他把董事会从18人减到12人，废除了管理委员会，创立了执行委员会，把全球128

个首席信息官（CIO）减为1个，并取消了大量固定的奖金和津贴，改为严格依照绩效的浮动奖金。

三是更换心脏。郭士纳开始为这个全新的身体装入全新的心脏。IBM原来的心脏是卖大型机。大型机非常贵，但个人电脑时代的来临，导致其超额利润不可持续。郭士纳决定给蓝色巨人换一颗叫"服务"的心脏。从卖大型机到卖服务，一定对吗？站在今天回看，这显然是对的，今天IBM的服务收入已经超过总营收的40%。但是，站在1993年看未来，我相信连郭士纳自己都没有把握。显然，犹豫不决比原地不动危害更大。

快速止血、全身手术、更换心脏，郭士纳在切换战略时展现出来的，不仅是审时度势的远见，更是壮士断腕的勇气。那我们怎样才能拥有像郭士纳那样的勇气呢？

第一，勇气，来自远见。从你眼中看到的未来，到底有多确定？当你深知所有既得利益终将失去，并发自内心相信新的战略，你就会充满变革的勇气。我们都说历史没有"如果"。但是如果能"如果"的话，"如果"郭士纳更换错了心脏，服务不是IBM的未来，那么"蓝色巨人"可能真的如很多人预测，已经"暴毙而亡"。这份远见和对远见的坚定信心，是郭士纳勇气的来源。而鼓不起勇气，则是因为幻想曾经的好日子永远不会结束。

第二，勇气，来自执行力。没有一致的方向、共同的价值观和严谨的纪律，在切换战略的道路上会不断有人掉队，溃不成军。这样的团队缺乏执行力，所以无法到达新的目的地。然而，有了远见，有了新的心脏，IBM就一定能活过来吗？不一定。"如果"没有快速止血和全身手术这些重建团队执行力的手段，就算换再好的心脏，IBM也多半会在大量的内耗中衰竭而死。快速止血、全身手术，就是重建执行力，重建整个团队的勇气。切换战略，是一件血淋淋的事。见不了血的人，就无法快速止血；心不够静的人，就很难进行全身手术。没有这种强大的战略执行力，郭士纳的"从大型机到服务"的战略就无法实现。

第五节 谈谈"你就是一颗螺丝钉"
——学海尔"精益原则"的螺丝精神

海尔是国内著名的家电企业,海尔集团创业于 1984 年,是全球大型家电品牌,目前已从传统制造家电产品的企业转型为面向全社会孵化创客的平台。在互联网时代,海尔致力于成为互联网企业,颠覆传统企业自成体系的封闭系统,变成网络互联中的节点,互联互通各种资源,打造共创共赢新平台,实现攸关各方的共赢增值。

2017 年天猫双十一"亿元俱乐部"榜单显示,海尔位列第三名。2018 年 6 月 20 日,世界品牌实验室(World Brand Lab)在北京发布了 2018 年《中国 500 最具价值品牌》分析报告,海尔的品牌价值高达 3502.78 亿元,居第三位。2018 年 7 月,青岛海尔在"2018 年《财富》世界 500 强"中排行第 499 位。海尔集团董事局主席张瑞敏提出的"人单合一",已经在海尔实施了 12 年。这里的"人"是指员工,"单"是用户价值,"人单合一"的意思是要把员工和用户结合到一起,员工为用户创造价值的同时也实现自身价值。"人单合一"的主要目的是把每个人的自主作用充分发挥出来,为此,张瑞敏裁掉了一万多名中层管理者,把海尔从大企业变为一个员工可以自助创业的平台。

我们研究一下张瑞敏如何让组织网络化、如何实现海尔变革,以及"人单合一"是如何推行的。曾有企业去海尔学习,学习完后说"原来就是让组织扁平化",张瑞敏说不对,表面上是扁平化了,但其实是网络化,变成一个创业平台。网络化是指,从企业开始到企业的每一个人,都要变成网络的一个节点,这样符合梅特卡夫定律——网络的价值等于网络节点数的平方。都变成了节点,就能一下子联结很多资源。

张瑞敏以研发为例,海尔研发出第一个不用压缩机的冰箱,走在了 2016 年被海尔收购的通用电气家电部门(GEA)的前面。张瑞敏原以为 GEA 是最厉害的,因为他们积累了几十年了,"(走在他们前面是因为)我们把全世界最好的资源连接起来了。过去还要专利,现在没有关系,专利可以是你的,我要的是帮你创造出最后的成果,然后分享。

如果还靠自己研发，肯定不行。网络化最大特点就是一下子把各种资源都连接过来了"。在海尔，研发不等于自己做研究，而是要联结人，每个人都去联结研发产品的最优资源。

张瑞敏认为，全世界都在探索大企业转型，都在"摸着石头过河"，但现在都没摸着这个石头。海尔虽然还没能完全解决问题，但是"我摸到了石头，这个石头就是让每个人自主……每个人都希望得到别人的尊重，每个人都希望体现自身的价值。这是最重要的"。

2005年的海尔已经是领导型企业，同年9月，张瑞敏提出了"人单合一"，开始了长期的变革。秦朔问他："为什么你要进行这么大的变革，并且一直折腾到现在？"张瑞敏认为，自己当时有两个考虑：第一，从海尔自身考虑，如果继续往前发展，冰箱、洗衣机等品类还可以再扩展一下，"但在世界上都占到第一的份额，又能怎么样？有多大呢？到头了"。张瑞敏同时发现，企业内部的很多问题都在重复发生，好像采取任何办法都很难激励人，像是进入哲学家叔本华的"钟摆理论"里——欲望的满足总是暂时的、有限的，有欲望没有满足的时候非常痛苦；一动，摆到另一边，就满足了；得到了，就懈怠了。从产品可能遇到的瓶颈，再想到人的瓶颈，触发了他进行变革的想法。

张瑞敏的第二个考虑是，所有的企业都是扩大到一定程度就开始走下坡，创始人的精神也无法传承下去。张瑞敏访遍了全球知名的企业，也研究了日本企业，很多日本企业创业时非常有干劲，但传到二代、三代手里时，他们只知道企业部门如何运转，却不知道企业的精神是什么，于是最后都不行了。张瑞敏认为大企业找接班人的办法是行不通的，于是，他的办法是"让每一个人都成为张瑞敏"。要做到这点，首先要相信公司里的人都会比你好。其次，把所有权力都给他们，包括决策权、分配权、用人权。在张瑞敏看来，大企业的问题是没有解放人性，把人看成一个个执行者，一个个"螺丝钉"，"过去说把人看成一部非常精密的机器，现在我觉得这是贬义：无非是这个人执行能力强，是个齿轮；那个人执行能力小，是个螺丝钉。但是，你怎么知道他一定当螺丝钉呢？他怎么不可以自己去成为一台机器呢"。

张瑞敏一开始在海尔推行"人单合一"时，把组织结构从"正三角"变成"倒三角"，这样会让企业一下子暴露很多问题，然后再使用很多具体的手段去中心化、去中介化（去中心化，就是每个人不要听自己领导的，每个人都是领导；去中介化，就是把一万多名中层管理者去掉）。当时这样的做法，受到很多质疑，张瑞敏喜欢"活在当下"这句话，"一个人一生中有一个确定和一个不确定，确定的是死亡，不确定的是什么时候死亡。企业是不是也一样？一样。企业确定的就是死亡，不确定是不知道什么时候死亡，所以，只有这4个字——活在当下。活在当下并不是说活一天算一天，得过且过，而是要抓住今天的机遇。

在笔者看来，所有的生产过程、业务流程都可能存在效率和成本上的浪费。海尔的工作，就是用系统的、有章法的方式，帮助企业把这些浪费降到最低，不断改善和优化流程。

在笔者看来，精益原则不仅适用于制造业，生活中的一切都可以精益。我们专访了缪振东，请他分享自己在精益生产领域中的心得，以及怎样利用精益原则，更好地指导自己的工作和生活。精益生产的概念来自日本丰田制造体系，精益的英文是lean，也就是瘦肉。精益就是不断地改善现有的流程，让它不产生"赘肉"，没有多余，没有浪费。现在流行的精益创业、精益服务、精益设计等概念，都来自精益生产。把丰田生产方式体系化的大野耐一说过："我要拧干毛巾上最后一滴水。"也就是说，他要把最后一点价值榨取出去。无论做任何事情，毛巾最干燥的状态就是最理想的状态。遇到一个问题的时候，首先要去想，最理想的状态是什么样的，而现状是什么样的，然后再采取行动。

精益不是极简，精益的原则是，消除浪费，增加价值。很多人会对精益原则产生误解，认为精益会导致企业不够人性化，就像卓别林的电影《摩登时代》一样，每个人都成了流水线上的螺丝钉。而笔者认为，精益最终追求的恰恰是人性化。精益最理想的生产线，叫作柔性生产体系。比方说，你去了一家创业公司，拿到一个订单，要求三个月之内交出一款新的产品。很可能你之前没有经验，那样的话，对你的产品线、对你整个人的柔性要求会非常高。柔性指的就是保持充分的柔软度，能够不断地在任何环境下调整自己。在笔者看来，这是这个时代最需要的品质之一。

例如，一家照明企业的新任CEO做的第一件事，就是把原有的自动化生产线，全部变成了单元化的工序。实现了这一工序之后，工厂能够随时根据新产品来调整产业线。原先的生产线都是一环套一环，从第一步开始到最后一步，而且设备都是固定的，连接在一起的。单元化的生产，可以做到拧螺丝的是单独的一台机器，而且这台机器还有轮子，可以随时推去和其他机器拼接在一起，这就是非常柔性的东西，把工序切分到最小单元。这样做之后，就可以根据周边区域大小和组装搭配的工序，任意组合，就像乐高玩具一样。把工序的单元最小化，就能够迅速把柔性放大到最大化。精益也不仅仅限制在流水线工序上，对于员工也是一样。很多人会误解，企业会希望工人成为一枚螺丝钉，事实上，企业更希望工人都能成为多能工，能够胜任多个岗位。

　　现在是一个多变的时代，价格越高、利润越大的产品往往也都是定制化的产品，因此，企业更希望员工能满足不同岗位的生产需求。无论是工人、工程师还是经理，企业都会希望他们可以互换。多能工的培养其实对公司而言是耗费成本的，但是如果一家企业想要事业长青、长远发展，这是必须要做的事情。从个人发展的角度，精益原则同样可以用在职业规划上。对此，笔者认为有两个方法。第一，专家缪振东有一个习惯，每三个月更新一下自己的简历。每三个月检视一下自己，有没有取得一定的成果，有没有一定的进步，对公司有没有一定的贡献，如果这三点都没有做到，那么必须审视一下自己最近的状态，迅速进行调整。第二，向标高自己两头的人学习。缪振东的另一个习惯，是在网上找自己行业中做得最好的人，尤其是比自己高出两头的人，向他们学习取经。他解释说，首先，如果对方只比自己高一头，那么你追上他很快，容易失去目标；其次，如果只是找一个比自己高一头的人，你就很容易走偏，因为你不知道他的方法是不是完全正确的。比方说，找到高自己一头的人，你可能会学他去考行业资格证书，但是这个证书未必是你需要的。找比自己高出两头的人，对方给你指明的是一个方向，而不是一个具体的行动。想要达到他现在的地步，你可能需要懂财务、懂工业大数据，他会帮你找到一个方向，你就能充分根据自己的现状进行规划。

第六节　领导力的意义所在

关于领导力，人力资源领域不同流派有不同定义。笔者有一个简单的评价标准，那就是，这个员工提升周围业务伙伴业绩的能力。注意，我这里讲的业务伙伴，包括你的部门同事、下属、客户，甚至包括你的上级。因此，这里讲的领导力，不是单指能够管理更多员工的能力，而是能提升周围业务伙伴业绩的一种能力。

团队中有一个具备这种"领导力"的人，可以给周围的伙伴带来"方向感""能量感""信任感"，进而提升团队整体的业绩。那么，你也许会问，领导力是天赋吗？当然不是，它是可以培养的。而且，在你还没有成为"领导"的时候，你依然可以养成这种领导力。接下来，我会告诉你一些具体的工作方法，帮你在"方向感""能量感""信任感"这3个方面给你的工作伙伴赋能。

如何获得方向感

首先，笔者分析一下如何在团队合作中体现"方向感"，它可以通过锻炼自己的大局观来实现。"大局观"是这样的一种思维方式：先了解目的后采取措施、先进行分类后逐个解决、先考虑整体后处理细节。例如，有小李、小张、小王、小周和小红，5个同事一起设计一次促销，他们讨论应该给顾客送什么礼物。

小李说："我觉得应该这样，顾客购买满1000元，送价值100元的钢笔。我们重点讨论一下送什么牌子的钢笔吧。"小张说："现在谁还用钢笔啊，我觉得送个鼠标不错。"小李为自己的主张辩解：虽然现在用钢笔写字的人少了，但100元的钢笔比100元的鼠标更有价值感啊。这时候小王说："满1000元，这个门槛太高了吧，我觉得800元就差不多了，至于送啥，我觉得送张100元的券就行了。"小周好不容易插上了话，他说："太浪费了啊，100元钱就这么送给顾客，大家有没有想过成本？"小周的发言立刻受到了其他3个人的反击，大家纷纷给他普及"羊毛出在羊身上"的道理。你是不是觉得这个场景似曾相识？职场上 80% 的扯皮都源于没有大局观的指导。大家一开始就被各种细节分散了注意力。

而这时，小红发言了，她说："各位，我们现在先停止一下争吵，先一起来看一下这几个问题吧：这次促销的目的是什么？这次活动的预算有多少？这次活动预期的销售提升是多少？赠品选择的原则是什么？"对这 4 个问题，很快大家就一一取得共识；个别达不成共识的部分，可以交给更高一级决策。大家干净利索解决了争议。在这个过程中，小红正是运用了"大局观"：先探讨和明确目的，再讨论具体措施；先把问题按照目的、预算、目标和原则进行分类，再一个个解决；先整体地定义赠品选择的原则，再进入具体选哪种赠品的细节。希望你在未来处理问题没有头绪的时候，也和小红一样，跳到这样一个高度。

一旦你具备了这种思维方式，哪怕你在会场上不是职务最高的人，其他的同事也会不知不觉地进入你的思维轨道，听从你的安排。你也许已经意识到了，在和老板们工作时，他们常常喜欢给你抛出一句："你是怎么看这个问题的？"他们想知道的，其实不仅仅是一个细节的答案，而是你看问题的思路。这时候，展现你"大局观"的机会就来了。团队里有一个始终有大局观的人，对于提升整个团队的工作效率、带来"方向感"，有巨大的帮助。

培养大局观的思维工具，简单说就是三步：先目的后措施、先分类后解决、先整体后细节。须要做的是把它套用到每一项具体的工作上，给团队带来"方向感"。关于培养大局观，还有一个思维工具，那就是，"比你目前的级别高一级地去思考问题"。一般而言，企业基层员工主要考虑的是"完成当前执行细节"，中层考虑的是"完成某个任务或项目"，高层考虑的是"企业业务模式"。如果你是基层，那么，一方面，你得从整个项目的高度，来看你目前的执行细节；另一方面，也没有必要拔高到"企业业务模式"的高度去想问题。如果你是中层，那么，就不能满足于仅仅考虑"项目的进度"，而应该从"企业业务模式"的高度，去安排你的资源和进度。

如何进行"赞美"和"驱动"

在职场上，我们总能发现两种人。一种人，和他在一起，总是感觉使不上劲，充满沮丧，所以其他同事尽可能地疏远他。另一种人，和他在一起，如沐春风，干劲十足，也就是我们俗话说的"充满正能量"；他能够鼓舞周围的同事，提升整个团队士气，带来"能量感"。在这里我教给你两个最能提升"能量感"的方法："赞美"和"驱动"。

先来说赞美。这里说的"赞美"，不是传统意义上的"老板你好厉害啊""小明你怎么这么勤奋"这种"奉承"或"拍马屁"。"拍马屁"是"发明"对方的优点，找到个褒义词，就往对方身上安；而"赞美"，是"发现"对方的优点，是通过仔细了解对方的工作和事迹之后，得出的一个发自内心的评价。一个典型的"赞美公式"，应该包括"你做得很好""你为什么做得很好""我内心的感受"。比如，你和同事小牛一起去拜访客户，客户在会议上提了非常多角度刁钻的反对意见，但由于出发前，小牛拉着你做了很多准备工作，这些反对意见被你们——化解。

结束之后，大家都很疲惫，这时候，你可以对他这么说："小牛，你今天可是立了大功了，多亏你准备细致，客户有疑问的那几个问题基本上都在咱们之前准备的材料里，和你合作真是开心。"看，这种把话说到心坎里的赞美方式，是不是比"小牛你很努力"这种敷衍的反馈更能带给别人"能量感"？不要吝啬你的赞美，而且赞美尽量要及时，等到事情过去七八天了，你再去给别人一个"赞美"，会让人觉得莫名其妙。如果当时来不及当面说，事后尽快用微信或邮件书面表达，也是可以的。当然，给同事"能量感"，并不意味着只能一味地赞美、表扬，不能批评。批评与赞美遵循同样的"公式"："今天哪里做得不好""为什么我认为做得不好""我的内心感受"。

在职场上，要学会"正面的感受表现出来，负面的感受表达出来"。你很开心、很愉快，这种表情把它们放在脸上，表现在语言或者肢体语言上；而如果你很生气、很失望，那就要清晰地表达给别人，但是，点到为止就可以了，而不是让你真的去"摔杯子""砸电脑"。给同事提升能量感，除了"赞美"，还有"驱动"。

从企业管理者的角度来说，最怕遇到的团队是这样的：我作为领导，把任务布置了，然后就没下文了。接着我的工作，是挨家挨户去催作业、催进度。

管理者希望的是这样的：我作为领导，给出了明确的方向，我的下属不断地主动来找我，告诉我目前进展如何，还需要什么帮助。当然，如果我的下属不仅超出预期完成我交给他的任务，还会不断地提醒我，在方向上有什么可以注意的、在细节上有哪些我没有注意到的，等等，那简直就是高潜力的晋升候选人。"驱动力"就是这样一种推着老板、同事、客户、项目前进的主动力量。

在职场上，人们会收到各种信息，来自不同部门，或者是上级、下级、平级，如果不去驱动，很可能你的项目就被压在同事们待办清单的最后一个。

所以，我建议你养成这么一个习惯：手头上的工作，每到一个节点，主动跟同事和上下级沟通，说清需要什么样的配合和协助，并及时分享好消息。提升驱动力还有一个很管用的技巧，那就是要让别人觉得，你要他做的这件事，就是他自己的重要事情。

我在工作中常用的办法是，如果是重要的项目，那么可以通过发起一个头脑风暴的讨论，让每一个项目组成员充分发表自己的观点，同时，引导大家往我希望的方向展开讨论，避免过于发散而没有结论。这样做的好处是，团队会感觉这个方案是他们自己提出来的，特别有成就感，进而提升他们的责任感和主人翁精神。而且，集思广益，也能避免思维死角。在头脑风暴会上，还可以请来更高级别的领导为你站台，或者干脆把你的项目变成他领导的项目中的子项目。总而言之，调动各方力量，让你的项目始终在大家的注意力之中，这样，驱动组织前进要更容易一些。

第八章

未来商业——领导力思维

第一节 谈谈合作

在工作中,大家都非常强调合作、协作。但是,过度的合作也会造成不必要的压力和过多的工作量。本来想帮助别人,希望找出最高效、浪费时间最少的合作方式,结果自己却变成了团队前进的绊脚石。许多过去只需要跟少数同事合作的办公室白领,如今要把85%的时间用在各种各样的"合作"上,比如现场会议、邮件、电话会议、即时通信等。而且,对合作的过度重视,已经让原本是职场优势的一些素质,变成了缺点,帮助他人的欲望、对职场掌控力的需求,甚至是让同事看到自己擅长特定事项的愿望,都可能导致人们承担一些不必要的工作。造成过度合作的原因主要有以下两个。

第一个是"认同感驱动力"。当同事来寻求帮助时,人往往会产生类似于膝跳反射的反应,倾向于一口答应。因为这往往能提升个人的自我认同,以及同事对你的认同。但是,如果把握不好度,要么会成为被人赖上的老好人,要么就会导致工作过于繁重。研究中访问的一位职场人士,就是因为太沉醉于帮助同事之后获得的满足感,结果不能平衡好工作强度,让自己精疲力竭,甚至健康出现问题,最终辞职。

第二个是"错失恐惧症"。错失恐惧症会促使人们答应参加原本可以轻松推掉的会议;也会导致人渴望树立难不倒的形象,不错过任何一个展示能力的机会。其实只需要调整几种行为,就可以重新获得在合作上多用掉的18%~24%的机会。其一是提醒自己专注于最优先的事项。福特公司的一位高管,每天早上都会预留几分钟时间进行冥想,帮助自己专注于当天的优先事项。其二是调整自己回复邮件的习惯,允许自己忽略掉一些邮件，避开不必要的需求。其三是每隔一段时间看下自己的日程安排，确定哪些会议可以略过，哪些会议真正需要自己参加。例如让一群人玩某个线上游戏，每人刚开始的时候有 1000 个单位的钱币。如果一个玩家愿意给另一个玩家 50 个钱币，那么在他失去 50 个钱币的情况下，另一位玩家会获得 100 个钱币。在分组的时候，也进行了特别的设置。一些游戏团队是随机组成的，另一些游戏团队的成员是相互认识的。在这样安排之后，研究者让一些团队的人数保持不变，也就是他们不能增加或者减少自己的队员。而另一些团队成员的人数是可以改变的，他们可以灵活地增减团队成员。

其中一些人是愿意分享钱币的，而另一些人是不愿意分享的。但是研究人员发现，那些愿意分享钱币的人并不抢手。换句话说，人们并不像想象中那样，更愿意和这些有着好名声的人组队。实验中，表现最好的团队是那些和熟悉的人一起合作的、并且有权更换成员的团队。真正和合作效果有关的是，人们是否有能力去调整团队的网络结构。此外，人际关系也会起作用，那些和熟悉的人一起合作、有着丰富人际关系网络的人，合作效果更好。总之，给相互关系融洽的人一个选择自己队友的机会，或许能够给整个团队带来更多的成果。

卡亨说，谈到合作，很多人往往会觉得应该在不争吵的情况下和谐共事，但实际上，合作有时会是一个非常复杂、涉及很多人利益的过程。卡亨认为，这时候既要吵，也要将事情谈妥。因此，他建议，会议负责人要引导每个参会者表达看法，这样也许会导致激烈的争吵，但只要不是单纯的情绪宣泄，每个人都能提出纠结的地方，针对自己在意的部分进行沟通，就会对后续的共事有所帮助。此外，计划需要多次修正和调整才会愈加完善。人们对合作的另一个想象是，共同协商、拟订计划并去执行就好了。但实际上，计划要通过无数次的修正和调整，才能越来越完善。

人们找到可行的解决方案，不一定是因为一开始就有好的计划，而是因为他们开始行动，并从中学习，最终得到具体有效的成果。卡亨建议，合作时，与其要把计划的细节讨论到尽善尽美才行动，不如在制定出目标后，通过多次行动来验证各自的想法是否行得通。在所有在地球上生存过的生物中，人类是最成功的生物，紧接着就是蚂蚁、白蚁和蜜蜂。它们的共同点是，懂得协同合作。而人类之所以优于白蚁和蚂蚁，是因为人类有意识和伦理观，这些意识和伦理观也只有在合作过程中才能发挥作用，是合作让人类生存到了现在。

第二节　团队的构成元素

"人"和"事"的两条线管理

想要团队高效运转，重点是要掌握"两条线"管理：一条线是"通过事管人"，另一条线是"通过人管事"。先说"通过事去管人"。作为团队领导，你首先要非常清楚整个团队的关键目标和关键任务。有句话说："有目标的一群人才叫团队，没目标的一群人那叫团伙。"你要结合公司的战略和整体激励机制，给你的团队设定出一个个阶段性的总体目标。有了总体目标后，你就要把任务合理拆分到每个人身上。一个大原则是，你要派你的精兵强将，也就是能力强、态度积极的下属，去负责你的关键任务、关键区域、关键客户。好地种好粮，讲的就是这个道理。

未来升职加薪的机会，也要相应地向他们倾斜。这里不需要所谓的一碗水端平，如果下属能力有差别，工作内容却差不多，这才是不公平。虽然作为团队领导，你对每个下属的工作能力，心里大概有数，但在分派任务之前应和每一位下属进行谈话，谈话的内容：一是告诉他们，团队的阶段性目标是什么；二是询问他们，在这个大目标下，他们希望承担哪一类的、多大的任务。得到反馈后，再给出你的建议。这样的谈话既能让对方感到自己被重视，也把指派工作变成了一起商量，帮助你的下属建立起全局意识和责任感。

作为上级，你要做的是绩效跟踪、业务辅导、必要的时候提供资源支持。在这个过程里，你一定要让下属明白，要你提供帮助可以，但他自己才是主要责任人。一家独角兽公司中国区负责人，曾经给我看过一张她的团队任务拆解表。她把经营目标转化成了 50 多个过程指标：从 App 获取新客，到唤醒老顾客的再次使用，每个数字背后都有指定的下属或者是项目为这个目标的达成负责。整个团队目标清晰、分工明确。

通过这种任务表，管理者可以非常清楚地看到，目标和现状之间的差距。在她的团队里想"打酱油"，基本是不可能的。通过事去管人，可以帮助你在团队建立起一种"结果导向"的绩效文化，但是如果只有任务没有人情味，这种团队也是走不远的。这就需要"通过人来管事"，因为具体的任务，都是由一个个的人去完成的。下属情绪、状态的好坏，会直接影响到工作结果。所以，"通过人来管事"更像是一种"以人为本"的管理思路。怎么以人为本呢？那就是从下属自身出发，抓两个主要问题：下属做的事情是不是让他有成就感？下属对这个组织有没有归属感？

什么是成就感？成就感最核心的含义，是指个人优势的发挥带来的价值实现。一项对职场长达25年的研究表明，每个人做自己优势所在的事情，更容易获得成就感。所以，作为上级，你要善于发现下属的优势，也要帮助下属找到能够发挥自己优势的空间。当然，职业优势定位是一个很大的话题，你至少要知道，当你的下属工作状态出了问题，你需要往这方面去想：他目前的工作是不是让他感兴趣的、有成就感的工作？很多时候，不是说公司设计的岗位是什么，下属就只能做这个事。比如，在财务部，出纳只能管现金、费用会计只负责记账。其实，部门里会有很多的公共事务，聪明的上级会把这些公共事务变成一个个小项目，让合适的员工承担起某个角色，比如对外协调人、审计项目对接人。这也能帮助下属更好地进行自我探索，发现适合他的任务和项目机会。

说到归属感，团队建设必不可少，没错，也就是通常大家讲的团建。你不要觉得团队建设听起来老土，它绝对是必要的。团队建设这件事，你做得好是90分，做得不好是60分，但不做的话一定是零分。不要指望你什么都不做，团队会自动形成有凝聚力的氛围。你可能会发现，同一个公司，不同部门员工的精气神会不一样，这体现的就是不同团队领导的团队建设能力。

不管你是什么领导风格，我建议你把"团队建设"放进你的必办事项里。比如，每周找一次机会当众赞美或者奖励某个下属，每个月创造一次让大家"玩在一起"的机会，每个季度庆祝一次团队的成果。

"玩在一起"很重要。我非常建议找一个大部分团队成员感兴趣的项目，每个月玩一次。我曾经带着我的创业团队踢足球，3年坚持下来，参加球队的员工的离职率，比起平均水平低了一半。你也可以考虑把你的团队打造成一个学习交流平台。你可以建立学习社群，分享学习资源；也可以固定一个学习时间，比如周会结束后的半小时，安排组员们轮流来做主题分享。

根据我自己这么多年的经验，想让团队高效运转的同时，还有自我迭代的能力，一个非常好的办法就是建立起一种"人人都是组织发展者"的文化，把组织发展的责任分配到每一个人头上。例如：让下属参加公司招聘会、宣讲会，鼓励他们为公司内部推荐人选；让下属开发培训课程、去带新人。让下属参与这些事，能够提升他们的忠诚度。他们会觉得，有机会参加这类事情，是因为公司没有把自己当外人。而且，让一些相对资深的下属做帮手，他们会觉得自己被栽培，自然动力十足，你也不会孤掌难鸣。

很多管理者是空降到一家公司，或者一个新部门，面临的是"新人"带老团队，这种情况下树立威信很重要。面对这种情况，我会建议你精心准备一场"施政演讲"。所谓"施政演讲"，就是你在这个新公司、新团队，首次比较正式的自我介绍和分享。这次演讲需要你花时间准备，不需要刚到新岗位就急着做，你可以先花两周甚至更长的时间，和每一个利益相关人，包括你的上级、重要下属、兄弟部门、关键客户，进行充分接触、摸清情况，然后有的放矢地准备演讲内容。

一般来说，这个演讲包括3个部分的核心内容。第一部分，是关于你个人的职场经历和生活介绍。目的是通过了解建立信任，这个部分不需要太严肃，你可以分享自己职业生涯里有意思的故事，也可以多放一些生活中的照片，拉近你和下属的距离。第二部分，是你的管理风格。我建议你开诚布公地告诉下属们，你最希望的工作方式、最欣赏的下属品质，还有你绝对不能容忍的价值观底线，也就是规矩，相当于把丑话说在前面。说这些，都是为了降低你和下属的沟通成本，不要让他们把时间、精力花在揣测你的心思上。第三部分，是你的工作方向。你准备怎么带领团队开展工作？尤其要告诉大家，你和前任有哪些相同和不同的做法。需要注意的是，定了规矩，就要执行。我们知道，每个团队都是有惯性的。如果想比你的前任做得更好，你肯定要对原有工作方式进行调整。当然，我不建议你一上来就"新官上任三把火"，这样容易引起下属的反弹。不过，我也特别提醒性格比较温和的管理者，如果下属的行为触犯了你的规矩，你就有必要"杀鸡给猴看"，批评教育，或者在你的职权范围里进行处罚，尤其是一开始的时候，需要让团队看到你的决心。

这种能力强的人，他不但能把业务做好，而且能带动一片的下属；就算他不在业务一线，照样能做好业务；而且下属能不断成长起来，公司当然放心大胆地晋升他。但是我也观察到很多管理者在带团队的时候容易陷入两种情况：一种是任务分配不下去，不知道怎么把人用起来，这种管理者的特点通常是对人很好，不喜欢得罪人，团队看起来一团和气，但业务发展不起来；另一种情况，管理者往往很强势，知道怎么给下属施压，但团队的离职率也很高。公司业务发展越快，对团队的管理能力要求就越高，有个比方叫团队发展就像"高速路上换轮胎"，是说团队自身的更新迭代，不能够影响业务的发展，因为没有太多的时间和空间留给你。

建立高效的团队，需要具备以下5个要素。

第一是心理安全。在团队里，每个成员都能够承担一定的个人风险，并且这种风险不会对自己不利。每个人都可以全身心地投入工作，并且团队会承认他的付出。在建设团队心理安全这方面，首先要有包容性，要考虑团队的人背景都是不一样的，要理解他们；其次是帮团队成员在工作和生活之间找到平衡，要做一些让自己满足的事情。

第二是可靠性。如果是在一个项目上合作，你需要依靠你的队友共同完成任务，否则你就要自己做所有的事情。如果团队成员之间没办法相互依赖，就会是一个大问题。

第三是团队的结构和清晰度。不一定要特别明确，但一定要有。谷歌的研究人员发现，当你帮助低效团队完善结构和清晰度时，团队成员就会更清楚地理解规则和责任，同时也可以帮他们提高效率。但对一个高效团队来说，增加更多的结构和清晰度实际上会阻碍效率。如果团队一切正常，就不要轻易做出改变。

第四是意义。这项工作要对个人或者公司有意义，团队成员要在工作中有收获。

第五是影响力。人们希望了解他们正在做的事情会有哪些影响。比如，如果是一个销售团队中，人们希望知道自己的 KPI（关键绩效指标）和劳动成果。

以上就是高效团队必须具备的 5 个要素，希望对你有启发。

大企业的团队建设

提到阿里巴巴、奈飞、爱彼迎这些公司，可能很多人都不陌生，它们都是各自领域的独角兽企业。这些公司的共同点，不仅是都有很高的商业知名度，还包括它们在打造团队上的类似主张。那么，这些公司是怎样打造团队的？

第一，团队成员能一起为工作而"痴迷"。极限团队往往吸引的都是愿意为工作全力以赴的员工，这些员工的最大特点是"痴迷"，有高度的使命感和热情。"痴迷"的特征有 3 点。首先，是对工作成果的痴迷，能在工作中找到自我认同。对"痴迷"工作的人来说，工作首先是为了满足自己的需求，而不是为了消费者或股东，更不是为了领导。他们努力做出自己认为有价值的东西，这些东西能够达到他们内心对于优秀的定义。其次，是公司领导者要花时间帮助员工专注于公司文化，重视公司文化也是所有创新型企业的共同特征。最后，是有强烈的社会责任感。员工不只把工作当成谋生手段，而是一种使命，他们希望通过自己的产品或服务，让世界变得更好。对于管理者来说，越是给员工强调工作中深层次的意义，员工对公司的认可度就可能越高，跳槽的频率也可能会越低。

第二，找到合适的人比找到"牛人"更重要。奈飞、爱彼迎等公司在选择员工的时候，更看重这个人是否适合自己的企业文化，只挑那些对它的产品和未来充满信心和热情的人。布莱恩说，他看重的不是技术非常出众的人，而是在未来能对公司百分百投入的人。尤其对公司的前 100 名员工来说，要尽可能找到那些最有才华、努力工作，而且信任公司的人，最后一点比前面两点更重要。

第三，花更多时间，做更少的事情。大部分企业发展壮大之后，都会面临选择问题。爱彼迎很强调专注于少数优先事项，并且要求员工也要把精力放在优先要做的事情上。每位员工都要了解公司"势在必行"的战略，同时在具体的策略和执行上享有充分的决策权。

要让所有人都对公司的优先事项达成一致，就要进行"情境设置"，让大家了解公司经营所处的环境，以及公司想要取得成功需要采取的策略。奈飞还帮员工设定了清单，比如：我们是如何盈利的？谁是我们最重要的客户？我们的客户最看重什么产品和服务？我们的竞争对手是谁？通过回答这些问题，管理层和员工能更好地了解公司的处境。

第四，打造温情却又苛刻的企业文化。一般来说，企业文化要么相对温情，要么相对严苛，能做到既有温情又能严苛的公司非常少。难点在于，如何在矛盾中寻求和谐的最佳平衡点。奈飞的做法是，给员工更多的自主权，让员工可以实现目标，尽可能减少控制性的流程和政策。奈飞不仅简化了工作流程，还取消了休假限制和绩效考核。但同时，奈飞强调员工必须对自己的工作结果负责，如果员工的表现无法匹配公司赋予的自主权，就会被解雇。

第五，习惯于团队中的冲突和不安。发展和安逸不可兼得，很多优秀的公司都意识到，团队的冲突和不安对公司发展很重要。比如，阿里巴巴的文化就是鼓励员工激烈辩论，阿里巴巴认为这种冲突不可避免，而且富有成效。这样的团队在面对冲突时，首先是团队成员都清楚，要发挥集体智慧。因为每个人都有盲区，在解决冲突的过程中可以取得共识。其次，这样的团队清楚，如果员工之间过于安稳，说明团队不再有创新和活力。再次，这种团队能营造出一种让成员们愿意表达内心真实想法的环境和氛围，让大家安心地去冒险、尝试新事物，能坦诚地承认自己的错误，并从错误中反省。实际上，富有挑战和冲突性的讨论，对团队和公司来说是非常重要的。加深团队信任的最好方法，就是在刚刚开始合作时，让大家花大量时间在一起。比如，在新团队成立后，可以安排一天的时间，让团队从上班开始就一起行动，不管工作、午餐、休息、晚餐都在一起。

笔者在研究"信任"时，还有一些有趣的发现：人们在判断对方是否可信时，通常会从两个角度去评估。首先是能力，即一个人是否能够胜任他被交付的任务。其次是人格，即一个人是否有原则，会不会口是心非。当人们去判断对方的能力时，会更在乎正面的事实。比如，看到某个人顺利完成任务时，我们就会认为他的能力足够，即使当中发生了一些小失误。当人们判断对方的人格时，会偏重于看负面的事实。因此，不管某个人做了多少好事，只要做了一次坏事，我们就会觉得他的人格有问题。以后看到某个人犯错时，我们不应该觉得是他能力不足，而要观察他表现最好的时候以及他是否能够经常这样表现。

"集体心流"与团队建设

什么叫集体心流？前文提到过"心流"，意思是一个人在做一件事的时候非常专注，进入了一种全神贯注的状态。集体心流，顾名思义就是整个团队都聚焦在同一件事、同一个项目上，每个人都全神贯注，默契得像共享同一个大脑。集体心流，也是我们即兴表演演员们在舞台上追求的最高境界。在舞台上，有经验的表演团队虽然没有剧本，但是可以异口同声地说出同一句台词，也可以不经排练地摆出同样的动作造型，还可以瞬间接住队友发明的新剧情，一切都像经过了严丝合缝的彩排。所以常常有观众在看完即兴之后，跑过来问我们说，你们是真的即兴的吗？因为他们总觉得我们按照剧本彩排过无数次。那么，这种集体心流是怎么做到的呢？在即兴的舞台上，演员们需要特别注意倾听彼此，记得所有的细节，尊重别人给出的所有假设。当大家都这样做的时候，集体心流就开始成形了。当然这个集体心流的目标并不是让所有的人都有同样的想法，而是要把团队成员的想法都联结在一起。当这种联结发生的时候，所有人不需要语言交流，都知道现在处在什么状态，缺什么东西，以及下一步的行动应该是什么。当整个团队心流形成的时候，大家会有一种强烈的整体感，所有的情感都被联结起来了，所有的需求也都彼此清楚，这个心流要求所有的人服务于团队的需要。出现集体心流是相当震撼的，因为演员们的表演就像事先排练好的一样默契，而且台下的观众也能意识到有些不平凡的事情正在舞台上发生，从而变得兴奋起来。

如果你恰好在这样的一个团队当中，你会感觉到一种强烈的被接纳的感觉，因为你们所有人是同一个心、一个团队、一个整体的方块在行动。如果你对即兴喜剧的舞台比较陌生，那么我举个球场上的例子你就明白了：队友们明白自己的职责是什么，另外一方面又能够在意外发生的时候快速地补位和互助。当这样的集体心流出现在一个企业团队的时候，那就太厉害了，因为这是一支可以打硬仗的团队。就连美国最好的特种部队海豹突击队，平时也会花非常多的时间来训练集体心流。

那么集体心流到底怎么样训练呢？

假设你是一个公司的HR，或者是一个团队的小领导，或者现在你只想召集三五个朋友举办一个聚会，跟你的小伙伴们训练一下集体心流，我有几个简单的原则和步骤可以教给你。在这之前我会建议你，尽量把团队的成员控制在2～6个人，因为你毕竟是个新手，人太多了就会把事情搞得太复杂，其实是不利于你们建立集体心流的。

这里有3个训练原则：第一，注意随时倾听；第二，随时切换身份；第三，随时照料你的队友。

随时倾听就是你要全神贯注地去关注当下，去倾听和观察。集体心流要做到的第一点，是所有人密切关注和倾听场上所有发生的信息，这样才能做到同频和同步。在海豹突击队的关键训练中，有一项就是听清命令。他们有一个训练是，在队员们因为过度训练、缺乏睡眠而昏昏沉沉的时候，教官会故意遗漏某个命令的一项指令，用来测试哪些学员在真正聆听。即兴喜剧里不需要这么极端的体能训练，但对倾听的敏锐度要求是一样的。有一个经典的游戏可以训练你的倾听意识，这个游戏叫作"多头专家"。打个比方，我们现在有6个人，想象一下我们六个人是有着六个脑袋的同一个人，所以我们是"六头专家"。现在我们围成一个圈，从任意一个人开始说一个字，每个人都不知道上一个人和下一个人他们都要说什么，但是你们要想办法连成一句话。现在我们开始，比如我说"我"，你说"爱"，他说"北"，下一个人说"京"，再下一个人说"天"，最后一个人说"安"，然后我再说"门"，这样我们就连成了一句话，"我爱北京天安门"。当我们形成这一句话的时候，要大家一起鼓掌说，"好的，好的"，庆祝一下这个小小的胜利，同时也开启下一轮的游戏。这个游戏训练的是你的倾听能力，同时它训练的是完全放弃控制权，因为你只能说一个字，控制不了句子的走向。很快你可以体会到你们团队的集体心流在什么样的程度。可能一开始你们会磕磕巴巴，但是很快就会组成一句句奇怪的句子，最后会越来越好的。

集体心流的第二个训练原则：身份切换。这个身份指的是，你要在领导者和追随者两者的身份之间不断切换。即兴喜剧本质上是一个大型的领导与追随的游戏,在即兴的舞台上是没有主角的,但所有人也都是主角。

这句话是什么意思呢?就是在每一个节目开始的时候,我们都不会宣布这个节目的主演是谁,但是会有两个演员随机地自动站在舞台的中间,我们把他们称为前线的演员。而其他的演员会松散地在舞台的后面,形成一条线,我们把他们称为 back line,直译就是后线。那么前线的演员和后线的演员是什么样的关系呢?

前线的演员,他们会负责搭建这个场景,完成这个故事。但是一旦在他们的搭建过程中有任何的需要,后线的演员都可以切进场景,充当其中的一个新的角色或者是帮他们补位,给出一个他们所需要的信息,然后又自己切出场景。所以前线和后线是一种灵活的补位关系。

在任何时候,已经在前线的这两位演员也是处于这样的一种领导与追随的状态。这两个人中,如果你有想法,那么在这一段时间就可以以你为主,我跟着你的故事走。但是如果我有想法,你要放掉你的想法,跟随我的这个想法,这样我们彼此就完成了一个故事。

所以整个即兴演出就是在前线和后线演员之间相互切换、相互领导与追随,以及在场上的这两位演员、两位队友之间的灵活切换来完成的。有一个即兴喜剧里面领导与追随的经典游戏,叫"异口同声"。这个游戏需要一个搭档跟你一起来完成,请你们试一试异口同声地讲一遍"龟兔赛跑"这个经典故事。你们两位不能够提前沟通,但你们可以看着对方的眼睛,保证完全一致地讲完这个故事。

在这个过程中你可能会发现,你可能没有什么想法,在等着对方说,但对方也有可能在等你,所以你们就僵住了。在这个时候你要适度地去开始,去引导他,当然你发现他也可能有引导的冲动,那么在这个时候你就跟随他。总之这个游戏可以帮你领会领导与追随这两种状态,并且学习怎样灵活地在它们两者之间切换。

集体心流的第三个训练原则:照料你的队友。你在即兴的场景里面,要主动地给别人添加信息。比如我一上场可以说:"老公,你终于出狱了,这 20 年我都在卖早餐,好不容易还清了你挪用的公款。"这就是赠予技巧:我一上来就给他信息,让对方知道他是谁,他和我的关系是什么,之前他发生了什么。

你不要一上来就说:"哎呀,我好孤独啊,这个夜晚非常寒冷啊。"这样的台词需要你帮助对方添加他的信息。这样做的好处是,首先你会让你的队友感觉到非常安全。因为他可能会有想不出来的时候,你给他提供了很多灵感的来源,他就很容易添加东西。当他很容易添加东西的时候,也就是等于帮你自己铺平了道路,所以我们说与人方便,自己方便。

人的本性都是先照顾自己,但是即兴喜剧可以训练你改变这种本能,让你学习照顾别人、照顾队友。当然反过来,你的队友也会以同样的原则来照顾你。这其实是在训练我们克服自我保护的本能,当你和你的队友永远在保护对方的时候,你们的团队就会始终处在一种非常正向的氛围当中。

还一个游戏可以帮你练习这种互相照顾,这个游戏叫"热点区"。现在你可以和你的小伙伴们围成一个圈,在这个圈子中站一个人,他可以开始唱歌,唱什么歌都没有关系。但是重要的是在他快记不住歌词或者变得尴尬之前,必须要有其他人冲到圈子当中把他替掉,帮他把这首歌唱完或者开始一首新的歌曲都可以。这个游戏的关键并不在于歌曲接龙,而是在于圈子外的人能不能感觉到圈子中间的人在向你们求救,是不是有人能够在中间的人快词穷或者尴尬之前站出来。

你可能会说,我唱歌很难听或者我会的歌曲很有限,这都不重要。这个游戏不是要看你唱得有多好听,而是要看你是否能够感觉到别人需要支持,是不是能够在你的队友需要支持的时候,第一时间站出来,即使连你自己都没有准备好。如果你可以,那么你的小伙伴是不是也可以以同样的方法来对待你。在海豹突击队中也有类似的"照顾队友"的训练,你可以想象,战友情为什么非常牢固,就是因为相互关照、相互支持。

第三节　社会分工趋势及走向

社会分工与垃圾分类

我们知道，垃圾分类最早起源于欧洲，后来传播到日本，和日本人的严谨精神结合起来，很快成为日本社会的标志性现象。日本全国各县，都有不同的垃圾分类政策，大部分都非常严格。比如，日本横滨地方的垃圾分类手册，多达27页、518项条款，规定得非常细致。金属垃圾归到金属，塑料垃圾归到塑料，这就不用说了。但是往往一件垃圾的不同部分，由于成分不同，也要拆开分类。比如，饮料瓶盖和包装纸，它们虽然都是塑料，但化学成分和硬度不一样，也要拆开分类。饮料塑料瓶本身，则要单独归到另一类。再比如说，一包香烟抽完，它的香烟盒外包膜是塑料的，盒子本身是硬纸片，而里面的铝箔则是金属，这些也要区别分类，投到指定的垃圾袋里。至于厨房产生的生活垃圾，米饭、汤汁是一类，骨头则要单独分出来，装到不同袋子里。

日本人都是在家收拾好垃圾，分门别类放好，等垃圾车来收。而且每个区域，垃圾回收的时间不一样，当天没收走的垃圾只能等过两天再扔。在日本，垃圾不分类、乱扔垃圾，是非常丢脸的事情，上升到道德的高度：轻则被批评、指责；重则垃圾会被拒绝收走、退回，甚至加收垃圾处理费。

因此，日本国内也有人在反思，说日本社会越来越细致的垃圾分类，其实不是好事。很多家庭主妇，包括普通年轻人，每天花十多分钟整理垃圾，很没有必要；很多垃圾不能及时收走，占用家里太多空间。而更重要的是，垃圾分类并没有让垃圾回收的效率提高。这个结论不是我下的，而是垃圾工业的资深人士说的。

日本东京有一家规模很大的垃圾回收企业，叫白井株式会社，他们的社长叫白井彻。白井彻站在行业角度说，垃圾分类太详细，不但没有降低企业成本，反而提高了成本。也就是说，人们辛辛苦苦把垃圾分好类，其实是在帮倒忙。很奇怪，垃圾分类明明提高了分拣效率，怎么还说提高了成本？白井彻说，你们不了解垃圾行业的成本比重。垃圾回收，主要分两大块流程——运输和分拣。垃圾分类确实降低了分拣成本，但是提高了运输成本。回收过程中的运输成本，要占70%左右。垃圾分类太仔细，企业就要增加垃圾桶、运输车辆、人力成本。一辆车过来，只能收走其中一类垃圾，其他类别只能等下一趟来收。这样一来，无形之中效率降低了，成本也大大提高了。那么问题来了，既然细致的垃圾分类没有提高效率，为什么日本人还在坚持呢？一个很重要的原因是：垃圾分类成了仪式性的事情。它相当于一个全民的教育过程，提醒日本人不要乱扔垃圾，要爱护环境。这些成本不是企业自己付，而是由政策推动，由政府和居民通过税收来承担。至于垃圾回收企业，他们反正是从政府那里获得补贴，弥补分类带来的成本增加。所以，企业是没有动力去推动改变这件事的。

这相当于政府征税补贴企业，维持这个环保教育体系。普通民众确实获得了干净整洁的环境，但背后也有代价，就是交税来补贴低效产业和生活不便利。那中国的情况怎么样呢？我们的垃圾分类工作，做得并不好。但是，我们必须明白，中国的垃圾分类问题其实没有那么严重，为什么？因为中国有一个特殊的分工，或者说社会群体——"拾荒者"，俗称"捡破烂的"。我们平常扔完垃圾就走，看不到之后发生的事情。实际上，从小区里的保洁工人，到垃圾填埋场里的驻场拾荒者，再到废品收购站，这背后有一个庞大的产业链。可能你也见过，有人不断沿街去翻捡垃圾箱，里面的塑料袋、塑料盒会被他分类叠好，卖给废品站。

至于纸箱、铁盒、塑料瓶之类的，这是比较"值钱"的东西，甚至会引发拾荒者之间激烈的竞争。公共场所的垃圾箱，通常不超过几分钟，这些"值钱"的东西就会被捡走。我在网上查到一份资料，2015年仅仅广西南宁一个市，每年回收的废纸、塑料、旧金属等就有100万吨。全国回收品加起来的规模有多大，可想而知。那么拥有拾荒者的中国，垃圾回收效率怎么样呢？西方国家的垃圾分类，有的是分成两三种；像日本那么极端的情况，也顶多分成十几种。但是中国的专业拾荒者，可以把垃圾分类成几百种，回收利用效率其实高得多。可见，解决一个社会问题，有两种手段：一是呼吁、教育，让人人动手；二是通过社会分工，把全社会的问题，变成一部分人的生计和专业。前者往往变成社会的精神性的仪式，后者往往才是真实有效的解决途径。当然，也有人批评这个现象，说拾荒者的生活环境极其恶劣，危害健康，肯定不是解决这个问题的长久之计。这个我也同意。那怎么办呢？答案是，仍然相信社会分工的力量，相信分工带来效能。随着生活水平的提高，拾荒者总有一天会退出历史舞台。替代他们的，不是我们人人动手分类垃圾，而是另一种更广泛、更深入的社会分工的结果，那就是机器人和人工智能。这方面的技术突飞猛进，与社会分工的相互协作已经密不可分，人们唯有相互协作才能更好地提高运营的效果。

来自真社会性动物的启示

荒野上的狼群集体捕猎，可以杀死比自己个头大很多的猎物。反过来，食草动物，比如斑马和羚羊，也会通过集体行动来吓跑一部分捕食者。毫无疑问，这些行为能够帮助动物们活得更安全、更有效率。所谓团结就是力量。其中，最能体现这种团结的力量，最能展示精妙的分工合作的，就是所谓的真社会性生物。世界上有什么真社会性动物呢？最容易想到的就是蜜蜂和蚂蚁。

地球上已经发现了超过17000种真社会性的动物，除了一种是哺乳类动物，其他的大多是蚂蚁和蜜蜂一类的昆虫。这一类生物除了存在分工和合作之外，还有一个特别重要的特征，就是它们当中会有一部分个体，彻底放弃繁殖。你看，这一点是不是很像微观层面上，我们身体细胞之间的分工？红细胞也好，皮肤细胞也好，神经细胞也好，为了执行它们的功能，确实都放弃了自己的繁殖。你不要小瞧了这种动物。

在自然界，真社会性昆虫只占到所有昆虫物种种类的区区2%，但是它们的生存和繁殖能力非常强，以至于它们全部个体的重量加在一起，超过了所有昆虫的一半。这么强的竞争力是怎么做到的呢？用一句话总结：它们的竞争力，全靠复杂的社会协作。如果你见过蜜蜂的蜂巢，哪怕是仅仅见过它的照片，你肯定会惊叹这种建筑结构是多么精巧细密。我们几乎无法想象，这些体型那么小的虫子，是如何在没有设计师，也没有统一指挥的情况下，修建出严格的六角柱形结构蜂窝的。特别是，蜂巢的原材料要靠每一只工蜂身体一点一滴地分泌，而且整个过程显然没有任何现代科技和机械的帮助。这个工程的难度应该比古埃及人修建金字塔还要大得多。而在严格的建筑结构背后，支撑它的是更加严谨的社会结构。

我们还是以蜜蜂为例。一窝蜜蜂可能有上万只，但是它们当中只有一只蜂后，专门负责生育后代，每天吃饱了以后能生出上千个卵。蜂后的后宫里有几百只雄蜂，专门负责和它交配，提供精子。在外围，有成千上万只工蜂，负责所有的日常工作。这里面包括修建和清理蜂窝、照顾蜂后、采花粉喂养后代、抗击入侵者等。而负责干活的工蜂内部，也会继续出现更精细的分工。比如，刚刚发育成熟的工蜂还不会飞，因此主要做内勤工作，像清理蜂巢、给幼虫喂吃的。而过一两个月之后，等它们逐渐长了翅膀，学会了飞行，它们才开始做外勤工作，比如采蜜和保卫家园。你可以想象，这个更细致的分工，当然是很有意义的，让工蜂做到了各司其职。说到这里，你应该也能看出来，这一窝蜜蜂很像一个多形态的复杂生物个体：蜂后和雄蜂就是它的生殖细胞，所有的工蜂都是它的体细胞，而且是具备精细分工的、不同类型的体细胞。从蜂窝里单独抓任何一只蜜蜂，它们的生存能力和行为都是非常有限的；但是上万只蜜蜂在一起，依靠这个复杂的社会组织，竟然就可以完成蜂巢这样让人叹为观止的工程。那么，这种严谨的社会结构和分工合作，在生物学上是怎么实现的呢？你可能不知道，蜂后和工蜂，实际上在遗传物质的层面，是高度相似的亲生姐妹，而且天生都具备生殖能力。它们的差别是在出生之后，被环境塑造的。

简单来说，蜂后和工蜂在幼虫阶段，吃到的食物非常不一样。在成千上万的卵里面，负责抚育后代的工蜂会随机挑其中的一个，用营养更加丰富的蜂王浆来喂养。这样一来，它长大之后体型就会更大，长出非常多的卵巢，可以生育非常多的后代，它就是独一无二的蜂后了。我们经常说谁特别擅长干什么事情，是天之骄子，the chosen one。你看蜂后才是真正字面意思上的 the chosen one。相反，其他没有被挑中的幼虫，只能吃相对来说不那么营养丰富的花蜜，所以体型比较小，生殖器官也退化了，变成了勤勤恳恳干活的工蜂。更有意思的是，那只被挑选出来的蜂后长大以后，还会专门分泌一些化学物质，保证其他的蜜蜂后代都只能变成工蜂，确保它独一无二的地位。讨论到这里，你有没有发现出现了一个新问题？之前我们说过，在多细胞生物体内，生殖细胞和体细胞也出现了类似的分工，前者负责繁殖，后者放弃了繁殖负责干活，共同保证了这个生物个体可以更好地生存和繁殖下去。

但是蜂后和工蜂是完全不同的生物个体，工蜂为什么要做这样的自我牺牲，一辈子勤勤恳恳干活，帮助别人繁殖后代呢？这种现象，在生物学上有个专有名词，叫作利他主义。在历史上，这种现象曾经对达尔文的进化论构成重大挑战，而且争论一直到今天都还没有完全平息。从历史脉络中，我们可以来逐步揭晓利他主义的生物学原理。想到进化论，你肯定知道这样的说法，"物竞天择，适者生存"。谁能在环境中生存、能繁殖后代，谁就会被选中成为自然选择的宠儿。换句话说，在达尔文提出进化论的时候，自然选择的对象很明确：是一个一个的生物个体，是"个体选择"。很明显，根据我们刚才的讨论，这一点和真社会性生物的存在是矛盾的。

按照经典的进化论，不能繁殖的生物是要被淘汰掉的。所以，针对这种真社会性生物，后来陆陆续续出现了很多解释。首先登场的是"群体选择"学说。这种学说的逻辑是，自然选择的对象，其实不是生物个体，而是群体，甚至是整个物种。一个特性只要能帮助这个群体生存得更好，就会被自然选择所青睐，从而被保留下来。这种学说的出发点，其实是一个简单朴素的思想，套用我们中国人常说的一句话，就是"舍小家，为大家"。但是这个学说的局限在于没办法解释，为什么工蜂里没有出现自私自利的叛徒。连多细胞生命，都因为分工付出了永恒的代价，比如癌细胞，为什么真社会性动物就那么和谐呢？自然选择的对象是一群生物，但又不是随随便便的一群，而是发生在亲戚之间，朋友可不能算。怎么理解这种理论呢？汉密尔顿说，自然选择的胜利者，是能把自己的基因尽可能地传递下去的生物。至于这些基因是自己亲自携带和传递，还是通过自己的亲属间接传递，都无所谓。甚至在极端的情况下，如果牺牲自己，能帮助自己的亲戚更好地传递基因，那就会出现利他主义。比如，之前我们提到，蜂后和工蜂实际上是亲姐妹，它们之间基因的相似性可以高达75%。这样一来，更好地照顾蜂后，让它源源不断地产生后代，对于工蜂来说是有利可图的。所以归根结底，自我牺牲和利他主义的背后，仍然是生物学的精密计算，不需要动用人类世界里更崇高、更抽象的集体主义感情。

在这个意义上，自然选择的对象，其实根本连个体都不是，而是生物体内部的基因。只要基因能传下去，能发扬光大，自然选择才不在乎你一个生物过得好不好。总之，我们讨论了蜜蜂这种真社会性生物极致的社会分工。我们先是了解了它们怎么通过个体之间的分工和合作，让基因得到更大程度的传递和扩散，然后思考了工蜂自我牺牲、利他主义的生物学原理。本质上，这种利他主义行为背后的目的，是让自己的基因传递下去。你会不会好奇，既然真社会性生物这么厉害，那么，人类和大部分哺乳动物，为什么没有出现像蜜蜂一样的真社会性分工呢？这确实是个有意思的问题。但必须承认，生物演化并没有什么规划好的路径可寻，有太多的偶然因素影响了生物进化的走向。

认清社会趋势

第一，经济趋势。观察一下，市场上是否有一些事情正在发生，并且改变了你面临的客户群体。比如，现在买你产品的人，他们的思考方式，可能跟 10 年前买你产品的人的思考方式完全不同。10 年前买你产品的人可能是更有钱的富人阶层，现在普通阶层也有钱买你的东西。洛克说，这不是对用户的不尊重，而是说现在有了新客户，并且这些人的思考方式跟传统的客户不一样，他们想要的东西也不一样。你要了解他们的背景、期望，否则他们就不会对你的产品感兴趣。所以，第一个趋势就是，你能不能意识到市场上的新趋势，以及这个趋势会不会影响你的客户群体。第二，社会文化的趋势。也就是人们的习惯有没有发生变化。随着年龄的变化，人们的习惯、期望和需求也会发生变化。今天很酷的东西，可能在 20 年前是不酷的。洛克认为尤其要了解年轻一代要的是什么，他们要的东西和企业家年轻时要的东西完全不一样。第三，技术趋势。虽然不是所有创新都与技术有关，但把握技术趋势对创新来说非常重要。第四，竞争动态化。要注意你面临的竞争对手，是否还是过去的竞争对手，因为新的竞争对手可能已经出现。你还要知道新的竞争对手是谁，以及为什么这些竞争对手做得比你好，如果你知道他们的竞争优势在哪里，你就知道自己应该从哪方面着手改善。洛克认为，以上 4 个方面彼此独立，又相互交互。技术变化很可能会改变社会期望，接下来会出现新的竞争对手,从而导致整个竞争态势发生极大的变化。如果你能把握这些变化,就有可能发现未来的趋势。

我有个学员是做速冻水饺生意的。当一些公司使用自动化设备生产水饺时,他觉得他们都是用大炮打蚊子。找一些最便宜的熟练工人不就完了吗?他的公司不用机器,只用廉价人工,在他"优化交易结构"后,成本果然大大下降,他很高兴。可是,这两年他突然发现,"廉价人工"开始越来越贵,甚至贵也招不到人了。怎么办?要解决这个问题,首先要理解它的本质和概念:模式与趋势短期来看,我这个朋友"新增成本(人力成本)小于节省成本(机器成本)",构建了一个"更有效的商业模式";但随着时间推移,人力成本不可逆转地迅速增加,于是他的模式就瞬间显得很低效。这个问题的本质是,考虑商业模式的有效性时,他没有把"时间轴"作为必不可少的维度,加入思考系统。这个"时间轴"的维度,就叫作"趋势"。什么叫作趋势?商业模式和趋势之间是什么关系?我举个例子。2017年,中国某银行的一名柜台员工上中央电视台,表演了她神奇的"劳动技能"——数钱。一般人数钱,是用手。她数钱,是用耳朵。蒙上眼睛后,她只要听着"哗哗哗"的数钱声,就能准确报出钱的张数,简直令人叹为观止。但就在2017年,各大银行陆续裁掉了近6万名柜台员工。为什么?因为趋势是,未来银行都要无现金化,甚至无人化了,不需要那么多人数钱了。这位听声音数钱的手艺人,曾自豪地说:"点钞是我们银行的基本技能,我愿作一个前行者,多带徒弟,带好徒弟,提高银行点钞整体水平,促进工匠精神,薪火相传。"她这个愿望,在趋势面前,可能不一定能实现。网点,是银行获客的商业模式;练习点钞,是把这种商业模式的效率发挥到极致。但如果拉长"时间轴"来看,不远处就是"无人化、无现金"的趋势,可以预见,再怎么提高数钱效率,都救不了这6万名员工。商业模式,就是利益相关者的交易结构。利益相关者,比如劳动力价格、可替代技术、社会协作网络,随着时间一直在变,所以交易结构也要有对趋势的前瞻性。

回到速冻饺子的案例。我这位朋友应该怎么做呢?他可以用"千百十个思考法",来检验他的商业模式是否"顺势而为"。

资本与管理团队之间,合伙人与合伙人之间,管理团队与员工之间的"交易结构",叫作"治理"。治理是十位。结构不对,什么都不对。你有没有找对人?有没有梳理好流程?有没有设计好员工的激励计划?有没有做文化建设、团队建设?有没有做好充分沟通?管理是个位。虽在个位,但依然非常重要。在同一个时代,同一个战略,同一个治理,就看管理能力了。我常说人生就是一种商业模式,但这种商业模式从来不是只要努力就能成功。只要努力就能成功,是种"忽视外部变化,只看内部愿望"的美好错觉。用千百十个思考法,你才会知道,有时选择比努力更重要,你有一个永远打不败的对手,就是趋势。

共享经济目前不论从技术层面还是从宏观环境的层面来看,都具备了爆发的可能性。未来,人们会越来越习惯于拥有一项物品的使用权,而不是拥有一个物品。而共享经济得以实施离不开三大条件:产能过剩、共享平台、人人参与。共享经济得以实现,离不开技术的支持。就像 Uber 和滴滴出行成功的背后是手机地图与移动支付的普及。在未来,共享经济企业依然离不开技术的支持,甚至随着细分市场的出现,技术的门槛会越来越高。创业者要"杀入"共享经济,一定要建立自己的壁垒。要么建立足够高的技术壁垒,要么充分借助资本的力量迅速积累用户形成规模优势。

第四节 朋友圈里面的商机

如何利用社交网络帮自己解决问题

很多人抱怨社交网络占用了我们太多的时间,带来了负面影响,那我们能不能换个角度,让社交网络帮我们解决问题呢?给大家介绍一本书,叫《群体的思维》,讲的就是如何利用社交网络中的群体智慧来帮自己解决问题。

首先,建立一个"足够大"和"足够多元"的群体。"足够大"是指每个群体至少要 250 个朋友。为什么是 250 个朋友呢?香港城市大学的两位研究员做过一项研究,对比了 30 人的群体、999 人组成的群体还有专家群体,发现 30 人的小组在预测盒子里糖果数量的时候表现很好。Facebook还有一项调查表明，一条状态会被12%的朋友看到。那如果想要让30人看到，除以12%，就要有250个好友才行，这就是这个数字的来历。同时，这些朋友还要包罗万象，涵盖不同的年龄、性别、职业、地域等。总之，如果"足够大"和"足够多元"这两个条件你的群体都能满足，你就跨进了利用群体思维的大门。

其次，和群体保持紧密的互动，让群体在乎你。对此，左雷夫的建议是展现自己的真诚，并为群体提供价值。所谓真诚，就是展现真实的自我，比如分享个人的奋斗、成长、失败等这些个人内在的东西，特别是公开自己的脆弱，更容易引起大家的共鸣。那怎么提供价值呢？左雷夫认为，价值就是让别人欢笑、思考或感受，意味着你分享的内容能够教育、启发或帮助别人把工作做得更好。比如，你分享吃了什么不会给人任何启发，但分享菜谱对别人可能就有价值。而且价值是一种双向沟通，通过看他们是不是转发，是不是参与了话题讨论，是不是把自己网络里的人也带到对话里来了，就能判断自己分享的内容是不是有价值。总之，按左雷夫所说，当你不断为群体提供价值时，群体就会记得你、在乎你。群体一旦关心你，群体的力量就会为你所用了。

最后，在需要大家提建议的时候，要把握好提问的技巧。怎么提问最有效？左雷夫的经验是：第一，不要问太多问题，大家会觉得你烦，所以在家待着无聊想问的问题就不要问了。第二，问开放式的问题。很多人觉得给选项让大家选比较好，因为方便，所以参与的人会多一些。但是，只有开放性的问题才能激发群体思考，我们要相信群体独立思考的能力。第三，问题要简洁、直接、清楚、具体。当然，有时候是须要讲故事来调动群体积极性的，但即使是这样，在最后也要把问题、提问的背景和理由说清楚，避免反复沟通。比如，你想买一辆车，如果只问"我想买辆车，大家有什么建议"，那建议可能就五花八门。可是你的需求是家庭用的，要能放婴儿椅的，那么大部分建议就都不符合，所以要提前说清楚。

朋友圈管理

（1）朋友圈减法

朋友圈管理，有的是做减法，有的是做加法，最重要的是核心人群的维护。需要做减法的，是那些对你的生活目标构成干扰的人，现阶段重点维护的是你社交圈的核心人群；而加法的配额，用来丰满自己的人生体验，增加新的可能性的。同时，有意识地增减之后，对于进入自己社交圈的人，就要付诸行动维护。

先来说做加减法。不管你密切交往的人是不是超过150个，有3类人，你一定要果断远离。第一类，伤害你的人。一个人在精神上不断凌辱你，肉体上不断伤害你，亲人也好，伴侣也好，闺蜜也好，离开他；实在不能离开的，也要尽可能减少接触的机会。第二类，不断抱怨的人。如果一个人连续3次跟你抱怨同样的问题，你也给他答案了，他仍然不去解决，到了第四次，你就该远离他。因为他永远不会改变，他的快感不在于解决问题，而在于抱怨本身。第三类，麻烦型的人。我们当然经常麻烦别人，也会被别人麻烦。但一个成年人，如果不能为自己的行为负全责，持续不断地给别人惹来大麻烦，比如巨大的经济损失，这样的人就是人际交往黑洞，请远离他。这3类基本都是人生负能量，别让他们拖累你。还有一类人，女性比较难意识到，应该放入减法名单。也就是说，如果你们的思想轨迹、生活方式已经相去甚远，那么该淡出的人就淡出，没有必要成天活跃在小学同学群、中学同学群、前同事群里。这一点对女性尤其难，女性似乎更长情。但事情的另一面，其实是懒惰和停滞，是待在甜蜜的舒适区止步不前。你必须不停奔跑，才不会留在原地。

（2）朋友圈运转方法

稳定的核心朋友圈，如何付诸行动使其高效运转？笔者有5个方法。

第一，始终和你的人生目标在一致。确定了自己的人生目标，社交活动也应该跟人生目标绑定。你想成为一个优秀的职业女性，就要跟敬业、好学、终生奋斗的人在一起，每天闲云野鹤、动不动就说要辞职满世界去看看的人，不是你的同类。如果你想成功减肥，你就要减少跟美食团混在一起，而是加入减肥者的行列。你们会交流信息，互相鼓励，甚至暗自妒忌，这都是你达成目标的动力。还有的人生目标是阶段性的。大考时，进考友群、打卡、交换笔记，能降低孤独感和考试的难度。怀孕时，和同是怀孕的人交流，能稀释恐慌，放大惊喜。我们都是第一次做人，重大事件会引起我们生理、心理的变化，和同样境遇的人在一起，沟通、排解、借鉴，比全靠自己要容易熬过去。但要记住，目标变了，社交行动的方向也得跟着变。

第二，固定的目标和固定的人去做。有些女性，自己的诸多要求，都指望在老公或者男朋友身上实现，如果得不到满足，就会觉得感情或婚内孤单。但其实有谁能符合你所有的想象、你所有的要求？将你的诉求分开，各取所需，就各得其所。经过一段时间的磨合和摸索，你应该非常清楚，身边的朋友，谁和你有共同的兴趣或者共同的事。每一类事、每一样兴趣，找到真正合适一起做的人，并且固定跟他们做。看电影、看展览的是一拨，运动健身的是一拨，专门逛街的是一拨，品尝全城美食的是另一拨，当然他们也可能重合。真正有意思、有意义的交往一定是平等的、撞击式的、都能享受到乐趣的，而不是被迫的、将就的。

第三，关键时刻出现。重要的人，不在于相聚的时间多少，而在于你们的有效相处。除了朝夕相处的家人和同事，其他的人际关系，其实可以用定期见面和特殊纪念日问候来维护。这类关系，建议你标注在日历上，最好还设置个手机提醒。平常你只管忙，只管奔向你的人生目标，只要在关键时刻，问候了关键的人，你在他们心里就仍然是重情义的好朋友、好亲戚、好孩子。除此之外，有些关键时刻，不一定全在计划之内。比如，一个人和你常年不见，但对你有恩，他结婚了、生孩子了，或者忽然病了、打官司了，特地来通知你，只要交情够，一定要去帮忙，这也是关键时刻。对于不得不维护的关系，建议你用朋友圈点赞的方式去管理。这不是让你时时刷朋友圈，而是一周专门抽几分钟时间，集中在微信朋友圈点个赞。这种动作只需花很少时间，但能提醒对方你的存在、你的温度，就达到了社交目标，可以说是四两拨千斤。

第四，关键动作投放。关键动作就是跟别人交往的时候，投其所好的"好"的动作。例如：你妈爱拍照，她爱的是被拍；你爸也爱拍照，他是想主动拍，是按快门的那个。你隔一段时间给你爸更新一下镜头，为他报个老年大学的摄影班，把他拉进一些摄影群，甚至帮他在手机上多关注几个摄影类的微信公号，这就是投其所好。你投了他的"好"，也等于投了你母亲的"好"。当你预算一年陪他们旅游一次，选择了拍摄外景的好地方，其实你在角落歇着，他们在一旁拍个不停，心里也美着呢，觉得你孝顺、会办事。又例如，你的好朋友爱打游戏，那么，你和他聊什么？送他最新款的游戏机，或谈谈游戏装备，这就是他的"好"。

第五，引导黄金谈话方向。找到每个人的痴迷点，是打开话匣子的方式。它和投其所好的"好"有交集，又不完全一致。有一些事，我们不精通，但一旦被触动，就停不下来想表达，在表达过程中，会自然而然拉近与交谈对象的距离，这就是黄金谈话方向。怎样找到对方的黄金谈话方向，并获知对方的禁忌？对于重点交往对象，你应该做资料搜集，通过网络，通过中间人，通过察言观色，留心留意，甚至把对方的微信朋友圈先翻一遍。此外，你可以看对方的年龄，用口音判断籍贯，询问经历，以及用公共话题试探。和老人谈养生，一定是好话题。想深入，就谈他这个年龄必经的几大重大历史节点他在干什么。不只是和陌生人攀谈，你试试和家里的亲人，逢年过节，没话说时，随便提一个过去的年份，比如"1983年，你们在哪里，那年发生过什么"。你会发现，这将变成一个极为温馨的时段，是故事会，有意想不到的情感交流。同理，同龄人聚会、每两个认识的人之间，"你们是怎么认识的"都是一个好问题，每两个人的故事都不一样。再有，一个人最明显的特征，就是他总是强调什么，这就可能是他最想谈的事。一个工作狂的黄金谈话方向，就是他的工作。如果想跟这样的人谈恋爱，想吸引他的注意，那就先从工作谈起，才有可能拉近距离。

总之，人际圈管理有3个绝招。一是该淡出你生活的人就该淡出，做好减法，没有必要天天活跃在小学、中学和前同事群里。二是除了朝夕相处的家人、同事，其他的关系其实可以用定期见面和特殊纪念日问候来维护。这类关系建议你标注在日历上，最好还设置手机提醒。三是想要高质量的谈话，就要研究社交对象的黄金谈话方向，也就是让他打开话匣子的方式。

（3）朋友圈更新

健康的黄金朋友圈是赋能型的。也就是说，这155人能给你带来活力和能量，他们不断创造出美好的事物和体验。也许你刚刚还在为某个问题烦恼、紧张，他一出现，说了某句关键的话，让你深受启发，或者如释重负。与之相反，如果你发现这 155 人中，有人总是过多地叹息、吐槽。你每次都不由自主地跟随他们一起，只关注到生活的灰暗面，于是你也不停地叹息，就像气体从气球中漏出来。这样的朋友不仅没有给你赋能，反而在耗尽你的能量，那么，请把他们放在 155 人黄金圈之外。

有人曾经做过这样的比喻：想象一下，你带了一台只有一张内存卡的相机去旅游，但你没有带电脑，拍好的照片没有办法导出来，也就是说，所有照片都要储存在这一张内存卡上。一开始，你可能随意地照，但随着空间变小，你每照一张新的，就需要删除一张旧照片，很残酷。也就是说，每当你将纳入一个新朋友，你就要挤出一个老朋友。是的，很无奈地挤出老朋友。你每次换工作、搬家、毕业，就是不得不挤出老朋友、迎来新朋友的时刻。其实，你的老朋友们也会随着自己工作生活的不断变化，同样有更新朋友圈的需要。当你从一个人脉圈中退出，加入新的人脉圈的时候，该给一个怎样的背影呢？我的建议是，要给一个体面而华丽的背影。

我第一次换工作时很年轻，只顾着奔赴更好的前程，忽略了老领导，至今追悔莫及。要知道，他当初给了我充分的信任、特殊的资源，在他给我搭建的平台上，我才成长如此快，才会获得更好的机会。那个时候，我应该向他表达感激。哪怕你觉得老领导待你不公，但是，你也在他这里获得了难得的成长。表达感激之后，这样的话要记得说："领导，我会一直在这个行业的，相信咱们未来还会有交集，我很期待啊！如果我能在任何方面为您尽些微薄之力，不管是职业上，还是生活上，请一定让我第一时间知道。"这是一个小世界，眼光放长远些。你们真的会有交集，别的不说，麻烦他写推荐信的时候总会有吧。搬家时，对邻居也要有从容而友好的道别，千万不要一声不吭就消失了。

人和人的缘分很奇妙。有时，你比普通人多做一个小举动，就那么一个小举动，可能会让对方记忆深刻，那你和他的缘分就没有尽。不断流动的人脉圈才是健康的。所谓战略性管理人脉，不是积累联系名单，而是不断更新那些最适合你当下状态的 155 人。

那么，遇到损友怎么办？损友比"耗能型"朋友更糟糕，他们做出了一些对不起你的事情，比如诽谤你、取笑你。面对这样的损友，你该怎么办呢？第一步，问问自己，是不是已经对他们表达了你的友善。如果你之前一直忽略了他们，那么，在他们的世界里，你就不是朋友，他们做些不道德的事情，也更容易被宽恕。第二步，如果你之前确实从未对他们表达过友善，我建议你补上这个动作，因为你想让别人怎样对待你，你就应该怎样对待他人。你后补上的这个友善，给了双方一个机会不去树敌，而是交朋友。人生不易，能少一个敌人就尽量少一个。那话说回来，如果你之前已经对他们表达过友善了，他们却没领情，对你不友善，那么，直接忽略他们。如果他们实实在在伤害到了你的利益，你就反击。第三步，如果一段时间之后，他们转变了态度，想过来和你交朋友，那就冰释前嫌。所谓不打不相识，面对未来永远比纠结于过去更有格局。这就是遇到损友该如何处理的3个步骤。

还有就是用两个标准甄选新朋友，勇于开启人脉拓展的新篇章。我们需要定期接触新朋友，在和不同的人聊过之后，怎样甄选新朋友纳入人脉归档表里呢？有两个标准：第一，有温度；第二，有见识。先来看第一点，有温度。有温度的人，能让周围的人很自在，很开心。第一标准之所以是这样，是因为这能帮我厘清交朋友时某种功利的想法。我经常提醒自己，不能和自己根本不喜欢的人打交道。如果仅仅追逐那些所谓的地位、权力和金钱，我就已经被生活愚弄了，我将错过真正的人生财富，例如内心的和睦，与朋友互动的幸福。再说了，按照心理学的相悦定律：想让你喜欢我，我得先喜欢上你。那些值得一生一起走的朋友，一定是我喜欢的人。甄选出新朋友的第二个条件是有见识。我的经验是，有"跨越"经历的人，往往有见识。比如跨学科做过研究，跨地域生活过，跨行业工作过，或者跨越不同时代的人。有见识的人，他的认知在不断更新。这种更新，你能从和他的聊天中感知。尤其是我们面对的用户，你的成长速度会比周围的朋友更快。随着你的认知更新，你自然会更新朋友圈。如果一个人既有温度，又有见识，我会立刻把他纳入我的人脉归档表里，并且紧紧抓住他不放，不求回报地帮助他。还记得第三章里人脉归档表的最后那两栏吗？"他和你的亲密度"以及"他在自己领域内的影响力"。你会发现，有温度的人就像磁铁，你想靠近他，那么你们的亲密度会逐渐成为"密"。并且，有见识的人通常在自己领域里的影响力，也会逐渐变"强"。也就是说，这样的人一旦纳入你的人脉归档表里,他们很容易在日后成为你的"155人黄金人脉圈"。你看,人际关系其实并不需要那么多时间和精力,它需要的是系统规划和重心切换。

我们当前正处在重要的社会变革和企业变革的时代,其中的一个大趋势是,责任从组织层面向个人层面转移。这个趋势在告诉你,你必须为自己的职场生涯、人生规划负起责任。不断更新你的黄金人脉圈,就是在有效地管理自己职业和生活。在这一小节里,我们认识到健康的黄金人脉圈需要"除旧迎新",有3个原则:首先,体面地离开老朋友。保证黄金圈里的155人是赋能型的,耗能型朋友要清除出黄金人脉朋友圈。在和老朋友告别时,记住给一个体面而华丽的背影。其次,遇到损友三步走。最后,用两个标准来甄选出新朋友,那就是有温度、有见识。

第五节 为他人赋能

过去我们说赋能的经典定义,就是帮别人成功。管理者要做到赋能以激活员工,首先要改变以管控为主的管理方式。如今管理者不能只是给员工提供一个岗位,而是要给他平台和机会。只有这样,员工才能创造价值。

所以,今天的管理或者管理体系,其核心是要做5件事情:一是高管一定要给员工上课,而且必须通过上课来使上下达成共识,员工一定要有机会去分享;二是打造一个让信息透明和授权成为可能的系统;三是设置更多的岗位激发大家;四是建立有效的沟通机制;五是做到上下同欲。如果一个组织做到这几点,那这个组织的管理就不再是命令和管控式的了,而是转变为授权和赋能。

除了从管控转为赋能以外,还有一个要考虑的问题:怎么让员工从胜任到创造?这也是人力资源最大的挑战。从胜任到创造很重要的一点,就是给员工设计很多角色。互联网企业跟传统企业有一个很不同的地方,就是互联网企业愿意给员工很多新的头衔,而传统企业不舍得给。人是在角色之中成长的,当你给了一个员工具体的头衔和责任时,他就会想办法扮演好他的角色，就有机会成长。

无人机的故事

有一家做无人机的公司，叫大疆。大疆找到的场景，是农业，是从做农业无人机这个角度切入，帮助了农民，也帮助了和农业有关的人共同发动一场农业革命。在这个过程中，大疆自己也实现了进化。我找到大疆其实是一个偶然。我一开始以为，高科技公司都是在深圳这样的地方，没想到大疆一下子把我带到了新疆的农田。而大疆找到农业这个场景，说起来也是个偶然。

他们有一次发现，新疆有一个客户只采购他们的飞行控制系统，不买他们的飞机。他们很好奇，就去新疆实地考察，这才发现这个客户买来他们的飞行控制系统后，再重新组装做了农业无人机，就是给农作物撒药的那种飞机。大疆就想，这样还不如我自己去做呢。于是大疆一下子就跑到了新疆。

现在回头一看，不得了，这一番误打误撞，闯进了一个极具潜力的市场。这是因为大疆在这里找到了让无人机给人赋能的机会。大疆呢，最早也想做航拍，但是航拍的问题就是没法跟用户形成赋能关系。买一架航拍无人机很容易，但是要成为专业航拍无人机的操作员，也就是他们所说的"飞手"，训练成本就太高了，企业是不可能大规模提供这个培训服务的。这就导致企业跟用户的联结只停留在购买这个环节，你的产品成了他的财产，但是他的使用行为不能成为你的资产。

经过反复尝试，大疆最后意识到，无人机的舞台不在城里，而应该在农村；不在人烟稠密的东部，而应该是在地广人稀的西部；不在工业，而应该在农业。大疆无人机在作业空间为什么那么大？就是因为农业的赋能空间大。中国是个农业大国，那么多农业人口，但是农用无人机作业的比例低。这是一个规模极其大、可以赋能的人口极其多，但相对落后和粗糙的市场。

这是为什么呢？因为所有的人都在最热闹的地方找场景，这些地方用户多、用户连接密集、各种支持资源丰富。但是，把这种策略反过来，也未尝不是一种好策略。如果你深入无人地带，未必就找不到机会；正是因为无人地带荒凉，所以开发的空间大，人们也更渴望被开发。我们可以把这种方法叫作"寻找边缘"。

在美剧《生活大爆炸》里面，有一位男主角——加州理工学院的科学怪才谢尔顿，他在玩拼图游戏的时候告诉我们："你得先从边缘开始。"这是因为，边缘的部分是直的，更容易识别出来，你把这些部分找出来，那拼图的轮廓就能大致看清楚了。在寻找新技术应用场景的时候，可能也是一样的。看起来距离新科技最遥远的地方，其实应用场景可能最明确。那么，技术赋能的问题就来了：无人机这么新潮的技术，也不便宜，你怎么把它卖给新疆的农民呢？最早，大疆是想把无人机直接卖给农民，但是发现很多农民不会操作。大疆后来就自己组织专业的农用无人机飞手团队，提供用无人机喷药的外包服务，发现也不行。因为农民过去相信的都是熟人社会，他怎么肯把自己的庄稼交给你们这群"90后"的毛头小伙子呢？最后，是改成提供培训和服务，帮助农民自己变成"飞手"，帮助"飞手"自己组织队伍，三三两两地到田间地头作业。

这招终于灵了。大疆无人机为什么能在新疆发展起来？因为一开始很多接受极飞培训的"飞手"，是从城里回乡的农村孩子。他们在城里上过学、当过兵、打过工，最后想回家，又担心回去被别人说这是在城里混不下去了。但是如果他们拿着极飞的无人机回去，别人就会说："你看，这家的孩子真有出息，现在都当飞行员了。"没错啊，开无人机的也是飞行员啊。大疆的无人机就这么打入了农村的熟人社会。这些农民出身的飞行员，还在抖音和快手上刷自己飞无人机的视频，一半是为了炫耀，还有一半是为了同行之间交流"攻略"。如此，一个基于无人机和培训服务的小型发烧友社群，很快就培育出来了。

但是在这个过程里面，被改变的不光是买无人机的这些农村孩子，更重要的是，大疆本身也被改变了、进化了。它本来就是一个卖无人机的公司，算是一个制造商，跟客户的联系也就是到购买为止。但现在转型成了一个综合的服务商，既提供硬件，又提供服务，还输出农业的生产模式，帮助农民致富，甚至还孵化社群。这个时候你就会发现，怎么把无人机卖给农民，其实是个假问题。正确的方式应该是，所有跟我合作的人，我都让他得到更多的机会，这就是正式走上了赋能的道路。

所以自从大疆进驻之后，在新疆出现了一群不一样的农民，当地的人们管他们叫"老板"。他们下地开的是SUV，家门口停的是奔驰、宝马，一种就是几千亩地，还会做期货交易。这些人怎么这么厉害呢？因为他们是大疆无人机最早的一批用户，会驾驶无人机，不仅会给自己的田地洒药，还帮别人的田洒药。无人机其实是催生了一种新型的"农业企业家"。但是，从一家卖无人机的制造商，到一家用无人机给农民赋能的服务商，这还不是大疆的止步之处。你想，农业无人机它不是一个孤立的业务，它是一个复杂网络的冰山的一角。

农业无人机的背后是整个农机和农药市场，这就是一个至少万亿级的庞大市场。但是跟农业无人机市场一样，规模庞大，人口众多，可是相对落后。一旦大疆从农业无人机这个入口切入这个巨大的市场，就可能会倒逼整个行业提高服务水平。那时候无人机就不是简单地帮农民撒药了。如果无人机跟感应器结合起来，就会产生大数据，那么它就能够画出一张完整的"农业地图"，把土壤信息、作物信息、人的信息、气候信息、病虫草害等信息全部数据化，构建一个多层次、全方位的农业信息系统。

有了这些数据，一方面能提高农业生产的效率，另一方面还能变成真实的数据链条，为农产品提供支持。所以，未来的想象空间，中心不是无人机这个产品，而是农业这个行业。比如，未来有一个菜农，我们就管他叫老张吧。老张可能在田里装了一个电子稻草人，这个电子稻草人会实时监测天气、光照、病虫害，还能随时跟老张同步菜场上的价格行情。老张可能也买了一架无人机，但这个时候无人机已经变成整个农业生态里面的一个环节了。需要撒药作业的时候，老张可以用手机设定参数，无人机就会自己完成工作，然后自己飞回充电桩充电。消费者在网上能看到老张的菜洒了多少剂量的农药，哪个厂家生产的农药；还可以直接在网上下订单，扫一个二维码，称好、洗好、择好的菜就被锁进了菜篮，一路送到家。所以你看，农业其实可以变成一件很酷的事情。中国的农民其实一点也不保守，他们可能比西方的农民还相信科技，他们只是需要一个更友好的界面，需要科技公司做出赋能的姿态。对于企业来说，从无人机进入农业，并不意味着要止步于无人机。它最终影响的，可能是农业全行业的链条。那个时候再去问大疆：你们是一家什么公司？它就不会说自己是个卖无人机的公司，它会说自己是一家农业公司。估计大疆在早期想做航拍的时候，怎么也想不到会有这一天。对，企业走一条给更多的人赋能的路线，不光是改变了自己的产品和用户这么简单。这个被赋能的生态，会反过来影响整个企业的定位和战略。

在中国做应用技术，要有赋能的姿态。一个有赋能机会的场景，很可能在边缘的无人地带，这个场景可能很广阔。赋能就是帮助更多的人成功，而且并不只是帮助用户成功，也教会企业怎样成长，把企业带到一条更宽阔的赛道上去。

未来人工智能可能的改变

腾讯开发的智能人工机器人，不仅能写作，而且可以做一些简单的法律工作，这样既解放了律师的劳动力，又能降低法律咨询的费用。而越来越多的创业公司，也瞄准了人工智能的潜力，正在研发机器人律师来为人们提供法律服务。很可能在不久以后，我们要是需要写个租房合同，或是遇到一些不太大的法律纠纷，只需要跟机器人律师聊一聊，提供证据和相关信息，机器人律师就能为我们准备好所有需要的法律文书。不仅如此，机器人律师还能告诉你，要是打官司的话，你的胜算是多少，有哪些类似的案例可以作为参考和依据。

所以，不论你是否从事法律工作，这些都值得你关注，因为它与我们的生活息息相关。通过下文，你将知道，它到底能为我们提供哪些法律服务，它又会如何影响整个法律行业的未来。

未来人工智能机器人在法律服务上的四大用途，分别是法律检索、文件审核、案件结果预测和机器人律师服务。从法律信息的收集、分析、相关法律文书的准备，到对案件结果的预测，再到诉讼策略的选择——全套法律服务，都能提供。

对于如何提升法律检索的效率，以往律师在打官司前，要做大量的准备工作，如检索相关法律条文、整理案件相关资料、收集不同的法官对类似案件的判决结果，等等。这些工作以前都交给初级律师或者律师助理来做，既费时又费力。现在，这些事都可以交给人工智能来做，而且做得又快又好。

毕竟，对于人类来说，要想在卷帙浩繁的法律卷宗里找出相关材料，就像大海捞针，是一个艰巨的任务，但对智能机器人来说，不过是几秒钟的信息检索就能完成。此外，智能机器人还能大幅提高文件审核的效率和准确度。以前，律师们在大型并购案件的准备阶段，可能要雇几百个律师来做文件审核工作，但现在，面对同样的工作，智能机器人只需要花费原来20%的时间就能做好。更重要的是，智能机器人还能从条款里找出律师们不易发现的疏漏。

美国法律智能机器人平台举办过一个比赛，让智能机器人和20个顶尖律师比赛，比赛内容是在4个小时内审查4项保密协议（NDA），找出协议里的30个法律问题。比赛的结果是，人类律师的平均准确率是85%，而智能机器人可以达到95%；时间上，人类律师需要92分钟才能完成任务，而智能机器人只需要26秒。由于智能机器人在法律服务中的优势非常明显，纽约和伦敦的顶尖律所已经开始计划引入智能机器人来优化律所的工作流程和提高工作效率。除此以外，智能机器人还能对案件的结果做出预测。如果说前两种应用都是智能机器人为法律行业提供的"基础服务"的话，那么这就相当于是智能机器人的"进阶服务"了。

中国广州有一家叫诚联律师事务所的创业公司，就提供这样的服务。这家公司利用机器学习、收集同类案件的法庭记录，然后进行大量的统计学计算与分析，用来对案件的走向和结果进行预测。比如，法院会在什么时候开庭审判，同一个案件在不同的法庭上胜算分别是多少，原告能获得多少赔偿金额，等等。诚联律师事务所提供的专业分析，是传统法律分析工具做不到的，这让律所为客户提供了更大的价值。

智能机器人在法律行业的最后一个主要应用，就是机器人律师服务。一些科技公司目前正在研发的机器人律师，已经相对成熟，可以完成某些特定类型的法律工作了。比如，英国有一款叫作Lisa的机器人律师，它可以帮助人们起草保密协议，既省去了高额的律师费用，还大大增加了保密性，原因很简单，因为牵扯的人更少了。还有一家创业公司叫DONOTPAY，翻译成中文就是"不要付钱"。顾名思义，这家公司主要是为老百姓的日常生活提供便捷、经济的法律服务。比如，司机收到罚单，觉得不合理，只要登录这家公司的网站，和机器人律师聊一聊，按要求提供相关信息，机器人律师就能为用户生成一份文件，用来进行法律申诉。还有航班延误补偿金请求、政府保障性住房申请等，像这些"找律师太麻烦""不找律师还不知道怎么办"的问题,以后都可以直接向机器人律师咨询。

智能机器人是不是就要取代人类律师了呢?人工智能会给整个法律行业带来哪些颠覆性的改变?又如何影响法律行业的未来?未来智能机器人会把法律行业引向两个截然不同的方向:一方面,那些从事简单性、重复性工作的律师岗位,会被智能机器人取代;另一方面,那些极具创造性的法律工作,不但不会被取代,反而会被智能机器人赋能。而这种赋能也有两大趋势:一个是智能机器人用来提升法律服务的效率,另一个是用智能机器人来取代一部分法庭裁决,或者我们也可以叫它"智慧法庭"。

第一个趋势很好理解。以前,法律服务是律所专属的业务,而且收费很高,普通人通常负担不起。虽然很多国家会提供免费的法律援助,但毕竟资源有限,经常会发生人手不足的情况。而随着大量智能机器人法律服务软件、机器人律师进入法律服务市场,法律服务的行业壁垒和成本都将大大减少,这些问题基本都能迎刃而解。第二个趋势叫"智慧法庭",其实就是用智能机器人来取代传统的法庭裁决。以后,法律纠纷的双方可以先通过法律服务 App 或者机器人律师进行咨询,完成案件信息调查、提交证据,然后由智能机器人法官做出判决。这样做的好处是,智能机器人法官的裁决速度更快,而且不会受到主观因素的影响,可以保证更高的公平性和公正性。其实中国的淘宝,就提供了类似的在线争议解决机制,由系统根据买家卖家双方提供的信息,自动进行纠纷裁决。

虽然目前智能机器人能解决的都是智能合同管理、离婚案、遗嘱争端这样相对比较小的纠纷,但还是能看出来,智能机器人在解决更大型、更复杂的法律问题上拥有无穷的潜力。对于智能机器人到底会不会取代人类律师这个问题,智能机器人在法律服务方面可以说是潜力无穷:不仅可以替律师完成大量重复耗时的工作,而且可以帮律师选择诉讼策略,甚至连案件结果都能预测,提高了整个法律行业的效率。大量智能机器人创业公司进入法律服务业,为我们提供价格更低廉、信息更准确、使用更便捷的法律服务,对普通人来说,这是好事。也许在未来,我们再遇到法律相关的问题时,就不需要问别人有没有律师朋友了，你直接上网一搜，就能享受人工智能律师的专业服务。甚至，即使遇到了法律纠纷，你还可以跟对方说一句，我们智慧法庭见，找人工智能法官评理去。这就是技术发展的赋能。

第六节　相信自己、相信他人

早些年国外有一个极端宗教组织声称，在某一年的12月21日是世界末日。据说到了这一天，虔诚的信徒们会被一架从天而降的飞碟接走，而地球上的其他人将被毁灭。有很多信徒相信这一预言，他们把工作、家庭、财产都放弃了，就等着世界末日的到来。

结果到了这一年的12月20日午夜，什么都没有发生，连飞碟的影子都看不到。他们一直等到凌晨2点，还是什么都没有发生。谎言彻底破产了，怎么收场？凌晨4点45分，这个极端宗教组织的领导人，一个叫科琪的女士，向信徒们发表了讲话。她说，正是因为她和她的信徒们的虔诚，感动了上帝，世界因此被救赎了。信徒们会相信这一番扯淡的话吗？他们信了。

在这之前，他们认为只要自己相信科琪的教义就够了；在这之后，他们开始拉着街上的行人，告诉大家，是他们拯救了世界，要求别人也参加这个宗教组织。为什么支持特朗普的人，在遇到像"俄罗斯门"这样的丑闻之后，不仅不会改变自己的态度，反而会更加支持特朗普呢？假如你为一个政治家投了票、捐了钱，要是他失败了，那证明你是个傻瓜，要是他成功了，那证明你有远见。所以，你会拼命地认同你挑选的那个政治家。我们心目中都有自己喜欢的公众人物，歌星、影星、作家、企业家等，要是他出了问题、犯了错误，你会比他自己更难以接受这一事实。

为什么明星受到攻击的时候，粉丝们会跳出来为他辩护？其实他们不是为明星辩护，他们是在为自己的选择、自己的信念辩护。人的荒诞之处在于，终其一生都在努力证明自己是不荒诞的。人只相信自己愿意相信的东西。人们不仅会编造各种谎言欺骗同类，还会编造各种借口欺骗自己。心理学家认为，人们最不能接受认知失调，也就是事实和我们的信念不一致。于是,当事实和我们的信念不一致的时候,我们宁可相信自己的信念。这种自我辩护机制维系着我们的自信、自尊和社会认同。

为什么我们难以克服自我辩护呢?因为我们在迟疑不定的时候,会借助于内省。我们对自己了解得多,对别人的了解较少。为什么你会迟到呢?因为今天交通管制了,因为早上孩子不肯起床,因为闹钟的电池没电了,没有到点响铃。但是,如果别人迟到了,你会怎么想呢?你并不知道他们的切身处境,所以,你会想,一定是因为这人太懒了,朽木不可雕也。解释自己的行为时,我们强调情境。解释别人的行为时,我们强调本质。

乌比冈湖效应

一般来讲,我们对自己的评价往往过高,心理学家把这种现象称为"乌比冈湖效应"。所有的男人都强壮,所有的女人都很漂亮,所有的孩子都很聪明。大部分教授都认为自己水平超过普通同事,大部分司机都认为自己的驾驶技术更高超。当然,这也取决于我们怎么来做评价。每个人都在自己珍视的特点上对自己评价很高。开车谨慎的司机认为开得稳才是水平高,而开车速度快的司机认为能开快车才叫牛。会讲课的老师瞧不起木讷的同事,木讷的同事则会觉得口才好的老师夸夸其谈、水平不高。

人的自我辩护能力极强。一方面,正如之前所讲的,我们的很多结论是由直觉得出的,但理性却会充当辩护律师,想方设法证明我们这样想、这样做是出于深思熟虑。另一方面,我们的记忆会进一步强化自我辩护。记忆不是留声机或胶带,能够如实地把曾经发生的事情记录下来。"真理部"对历史的描述会不断地根据现在的立场随意修改。社会心理学家安东尼·格林沃德说,自我易于被"极权主义自我"所控制,"极权主义自我"会无情地毁灭那些自我不愿意接收的信息,永远站在胜利者的角度重新书写历史。大部分人的记忆都有自我夸大的成分。我们记得的自己做的善事往往比实际的要多,我们记得的自己孩子学会说话、走路的时间往往比实际的要早,我们记得的自己犯过的错误几乎被自己清零。我们不仅会改写记忆,还会无中生有地创造记忆。

有一段时期，精神分析法非常流行，心理治疗师喜欢诱导病人，回忆自己小时候有没有受过性侵犯。奇怪的事情发生了，在不断诱导之下，很多病人都能"记忆"起自己小的时候是如何受到迫害的，被老师迫害，被亲友迫害，甚至被父母迫害。无数冤案由此而生。人们为什么要这样做呢？这迎合了人们内心深处的想法：错不在我。我的失败、我的错误，都可以归结为别人的错误，归结为我的父母的错误，归结为我那可怜的悲惨童年。

一旦人形成了偏见，再想纠正这种偏见是非常困难的。怎样避免自我辩护给我们带来的不必要的伤害呢？从自己来说，我们需要时刻提醒自己，犯错误的不都是他们，很可能是我们自己。《圣经》中讲："为什么看见你弟兄眼中有刺，却不想自己眼中有梁木呢？"孔子说："君子之过也，如日月之食焉。过也，人皆见之；更也，人皆仰之。"达尔文经常寻找对自己不利的证据，当他每次遇到一个似乎与进化论相悖的证据时，他都会记下来并试图弄明白这一事实的合理性。不幸的是，很少有人能自觉地像达尔文这样做。

一般来说，人们很容易过分自信。但是，有两个职业的人普遍没有这个毛病，一个是气象学家，一个是桥牌选手。这是为什么呢？你有没有发现，这两种职业有个共同的特点，就是他们都能很快得到明确的反馈。如果气象学家预测第二天有暴雨，但一醒来看到阳光普照，他就会知道自己预测错了。桥牌选手估计能赢多少"墩"之后，在每一盘结束时就会知道结果。相对而言，经济学家或是国际政治学家更容易过度自信。比如他们预测美国会衰落，这个预测很难被证实或证伪，因为这个预测的时间跨度太长，所以，专家们就会用各种证据为自己辩护，说到最后，连他们自己都信了。

成长型思维模式

说到底，失败对于提升我们的预测能力是必须的。重要的是，我们必须在失败的时候及时得知，然后才能摆正态度，从失败中学习。这就是我们时时处处都要用到的"试错法"。没有犯过错、不肯承认错的人是不可能找到正确答案的。这个过程就是统计学中讲的贝叶斯定理。你一定在万维钢老师、王烁老师那里听到过贝叶斯定理。简单地说，贝叶斯定理是说，你在预测之前先有一个判断，这是你的先验判断。然后，你得到了一个新的信息，通过评估这个新信息，你要再回头修正自己最初的判断。贝叶斯定理告诉我们一个道理：要根据新证据的重要性，持续不断地更新预测，一步一步地接近真相。有些人更容易做到这一点，有些人则不行。那些更容易做到这一点的人具有"成长型思维模式"。

相信自己的能力主要是努力的结果，相信自己可以通过"成长"达到一种最佳的状态。你可能会说："这是不是太容易了？我就是这样的人啊。"不是的，德韦克的研究指出，成长型思维模式绝非普遍现象。很多人有的是另一种心态，也就是固定型思维模式。有这种心态的人相信自己出生时就已定型，能力只能被发现，不能被培养或者开发。比如，具有固定型思维模式的人会说："哎呀，我不行，我从小数学就差。"他们认为这是个人的固定属性，如同一个人是高个子一样，是不能改变的。陷入这种心态的人会变得更消极，他们就算知道自己的答案不对，也没有兴趣了解正确答案。

而那些具有成长型思维的人呢？他们并不在意自己的答案是不是正确，考的分数是高还是低，他们的想法是，这个东西太有意义了，我得来学学。对于他们而言，学习才是优先考虑的事，因此，他们才会密切注意能够拓宽知识领域的信息。那应该怎样通过"试错法"，不断地提高自己的预测能力？这里的关键，一是开放，二是坚持。唯有保持开放的心态，不追求最好，只追求更好，才能坦然地拥抱失败，并对失败充满好奇。而只有有了韧劲，才能保持对目标的激情，遇到失败也不会退缩。

运气光环真的存在吗？

一个人的命运当然要靠自我奋斗，但一个人到底能不能提高自己的幸运度？我们说的可不是鸡汤，这些内容有严肃的科研结果支持。我们先假想一个场景：有两个大学生，小王和小张，马上要毕业了，正在找工作，但是现在就业市场不太好。两个人的背景相似、学习成绩也差不多，而且找工作都很积极。

有一天，小王到学校附近的商场买东西，偶然遇到一个人，跟这个人聊了几句，结果就发现这个人是某公司来学校招聘的。两人聊得很不错，那人直接就给了小王一个非常好的工作机会。而小张，很可惜，没有遇到这样的机会，一直到毕业也没有找到工作。我们大概会说，"小王的运气比小张好"。但是你一旦严肃对待这句话，问题可就大了。其实运气仅仅是概率而已。说谁运气好，难道运气是人身上的光环吗？这不又成了"吸引力法则"了吗？相信运气的人一般人有两种常见的"运气观"。中国人常常认为运气是人的一种"属性"。有的人天生运气好，有的人天生运气不好，差不多相当于有福之人和无福之人。有福之人干什么事运气都会比别人好一点。另一种观念在西方可能比较流行，认为运气是一个可以随时变化的东西。可能这几天运气好，但是过几天运气就不好了。恒定的和变化的，你觉得这两个运气观哪个有道理呢？应该说都没有道理，运气只是概率而已，并不是什么有时候陪伴你有时候离开你的"光环"或者"能量场"。但是观念可以影响人。

心理学上有个说法叫"自证预言"，有一个效应叫"窈窕淑女效应"，都是说你认为自己是个什么人，你就可能变成一个什么人。那认为自己运气好的人，会变成什么人呢？2018年，心理学导师梁芷菁老师组织了一个关于运气的研究，她想看看"相信我耳朵大有福"的人，和相信"变化运气"的人，做事风格有什么不同。研究者对125个大学生做了问卷调查。

问卷统计了每个学生的运气观和工作风格。所谓工作风格，主要考察两个方面：第一，你愿不愿意接受有难度的挑战；第二，你做一件事能不能坚持下来。统计结果是那些相信自己天生有好运的人，做事更愿意接受挑战，而且他们更能把事坚持下来。迎接挑战，还能坚持下来，这些可都是奋斗者的宝贵素质啊。也许这些人做事比较成功，所以他们才感觉自己的运气好。也许是因为这些人相信自己运气好，所以更敢于接受挑战，也更愿意坚持。也许因果关系已经不重要，这本来就是一个相辅相成的正反馈过程。

关键在于，"相信自己有好运气"和"获得好运气"之间，可能是有联系的。在这方面的研究，早就有人做过了。英国心理学家理查德·怀斯曼在2013年出了一本书，叫作《幸运因素》（*The Luck Factor*，这本书有中文版，也译作《正能量2：幸运的方法》）。怀斯曼做了很多研究证明，运气是真有用。怀斯曼做了一件有点不寻常的事。他在报纸杂志上刊登广告，费了很大的劲招募了 400 个认为自己一贯运气特别好和认为自己一贯运气特别差的人。他想看看这些人是不是真的运气那么好或者那么差。怀斯曼安排的一个实验是这样的。他要求受试者挨个完成一项单独任务：走一小段路，到一个咖啡店里去买一杯咖啡。任务非常简单，但怀斯曼在其中设置了两个机关。他在通往咖啡店的必经之路的地上放了一些钱，这些钱正好够买一杯咖啡。他在咖啡店里安排了一个商人，假装在那儿等咖啡。结果怀斯曼发现，那些宣称自己有好运的人的确是有好运。他们在路上发现了地上有钱，捡起钱来到咖啡店里买了一杯咖啡，等咖啡的时候主动跟商人聊了一会儿天。这不就是我们前面说的小王吗？也许聊这一会儿就能聊出一个机会来。而那些宣称自己没有好运的人，还真的是没有好运。他们没注意到地上有钱，买了咖啡之后也没跟人搭话，老老实实就在那里等。如此说来，这些人对自己的认识是对的——真的有运气好和运气不好的人。

难道说运气光环真的存在吗？那当然不是。其实是性格决定命运。怀斯曼发现，运气好的人有 3 个性格特征。第一是外向。外向者喜欢跟陌生人聊天，他总能注意到那些有意思的人，然后从聊天中获得新的信息。再一点，外向者也善于让别人注意到自己，这样别人也会主动找他。第二是开放。开放的人愿意尝试新的东西，他对风险没有那么害怕。第三是神经质程度低。所谓神经质，就是容易焦虑，容易紧张，容易嫉妒。而运气好的人恰恰没有这些负面的情绪，做事非常放松。怀斯曼还有一个实验，他给受试者发一份报纸，让受试者数一数这报纸里面有多少张照片。其实这份报纸的第二页上有个新闻标题，用大字写着"别数了，这份报纸里面一共有 43 张照片，直接告诉研究人员就行了"。同一页的下方还有一个新闻标题，写着"别数了，赶紧去找研究人员要 250 美元"。实验中，当运气差的人还在专心地数着照片的时候，运气好的人已经拿着报纸找研究人员领赏去了。

怎样制造好运气

我们想想怀斯曼这些研究里的幸运者。他们的行为模式跟张德芬说的吸引力法则可不一样。张德芬说的是要想获得好运气你得发挥想象力，你想要什么东西、你得到这个东西之后是什么样，想得越具体越好,就是坐在那里想。而怀斯曼研究中的这些幸运者,他们可不是善于想象,而是他们善于发现。别人完成任务就是完成任务,幸运者完成任务的同时还注意到一些别的东西。他们在买咖啡的路上捡了钱、在等咖啡的时候跟人聊天、在数照片的时候顺便还浏览了一下报纸新闻的标题。而那些不幸者呢?让他们干什么就干什么,兢兢业业,不敢越雷池一步。那种随时能发现周围世界的亮点、主动增加信息的行为,才是幸运行为。

怎么才能改善自己的运气呢?第一,多参加一些新活动,体验一些新东西。运气好的人喜欢尝试新事物,运气不好的人一天到晚就干自己那点工作。第二,要相信自己的直觉。如果你直觉上认为一个东西有意思,你就应该大胆探索这个东西。你喜欢什么课程,就去学。运气不好的人还在权衡纠结利弊的时候,运气好的人都已经尝试过了。第三,要乐观。乐观就是相信自己运气好,乐观的人就敢于尝试。第四,要善于在坏事中发现好事。哪怕遇到不幸和失败,其中也有希望和机会,这样你就能更好地恢复过来。说白了,怀斯曼想让我们做的就是创造机会、发现机会和敢于行动。好机会往往是你主动找出来的,不是"全宇宙联合起来"给你送来的。同样一个有用的材料,爱迪生找到了你没找到,那可能仅仅是因为爱迪生找得比你多。

在我们看来,失败不是成功之母,成功才是成功之母。有人对个人创业的成功率做了一项研究,这个研究证实了这一点:有过成功经验的创业者,他再创办一个新公司,再次成功的可能性是30%;而有过失败经验的人再次创业的成功可能性只有20%。如此说来,创业这件事的运气,也是跟着人的。如果你要搞风险投资,你应该尽量投给那些成功过的人。但是请注意,有过失败的经历,也比没有经历强——第一次创业的成功率,只有18%。这就很有意思了,这说明有很多人不是一上来就成功,而是多次尝试、多次失败之后才取得成功。这不就是幸运者的基本素质——乐观、坚持吗?

第九章

心想事成的法则

第一节　做完整的自己

世界上有 3 种人：君子、小人、伪君子。君子是稳定一致的，他只做好事；小人也是稳定一致的，他只做坏事；伪君子不同，他有时做好事，有时做坏事。伪君子何时做好事、何时做坏事是有模式的：在涉及利益大小上，他遇小事做好事，遇大事做坏事；在时间先后上，他一直做好事，最后做坏事。小事做君子大事做小人，先做君子后做小人。由于现实中小事多，大事少，所以识别伪君子并不容易，等到能识别的时候，往往已经太晚了。伪君子暴露真面目总是在最后。

所以人们仇恨伪君子，往往超过真小人。小人好防，他是一致的，没有认知挑战，你给他贴个标签，备注针对他的打法，打得过就打，打不过就躲，然后这组操作模块就可以封存在大脑里，需要时随时激活就行了。伪君子就难防了，在他暴露之前，他简直就是个君子，谁不愿意跟君子一起呢？伪君子惹人恨之处，除了当他暴露时你必然损失较大之外，还因为给你的大脑认知负荷带来的额外麻烦，伪君子是不一致的，你没法简单贴标签，只能随机应变。

自我检测：马基雅维利量表

假如把社会抽象地看作一个人，那么他必然是部分君子部分小人，其实就是个伪君子。再假如社会把它的君子、小人成分平均地撒在每个人身上，那么每个人都是伪君子。当然，社会实际上肯定是胡乱撒的，所以社会上总会有这 3 种人：一点真君子，一些纯小人，许多伪君子。

如果你想知道社会是怎么分配这 3 种人的，可以先从问自己这个问题开始：自己是君子、小人，还是伪君子？这个问题可太难答了。

承认自己是小人的稀少，承认自己是伪君子的就更少。能承认自己是伪君子的简直已经是真君子。为了让你容易理解一些，我换一组问题来问。总共20个问题，每个问题有五个选项：不同意、有点不同意、中立、有点同意、同意。请你认真审题，真诚作答，这事是为了了解自己，不要对自己说谎。题目如下：

①至善是可能的。②诚实永远是最好的策略。③绝大多数人都是勇敢的。④绝大多数成功者都过着干净、有道德的生活。⑤如果想让别人为你做事，那就要待人以诚。⑥最好告诉他真实原因，而不是那些最能影响他的原因。⑦身患疾病无法治愈的人应该有权选择无痛苦的死亡。⑧讨好大人物是明智的。⑨总的来说，除非被迫，否则人们不会努力工作。⑩除非说了有用，否则永远不要告诉任何人你做一件事的真实原因。⑪如果不搞小动作，想成功很难。⑫所有人都有残暴的一面，遇到机会这一面就冒出来。⑬罪犯跟其他人的最大区别就是他太笨被抓到了。⑭撒谎没有任何借口。⑮绝大多数人忘记去世父母容易，忘记亏钱难。⑯绝对信任别人是自找麻烦。⑰绝大多数人基本上是良善好人。⑱对付别人最好的办法就是说他们想听的话。⑲每分钟都有新的笨蛋降生。⑳谦卑诚实比自大撒谎要好。

记分很简单，5个选项中最像坏人那个选项是5分，最像好人的那个选项是1分，依此类推，最低分20分，满分100。把分数算出来，你自己知道就好。

做完整的自我

作为一名企业经营管理者，你夹在公司和下属之间，一方面要给团队布置任务，另一方面要接受你的上级领导，同时去为团队争取资源，你得协调大大小小的事情，每天面临的压力不会比你的下属小。但无论如何，不管你的情绪有多么糟糕，甚至已经超出了你的承受力，哪怕你和你的老板吐槽，也不要在下属面前抱怨。如果你跟下属抱怨说："某个项目没那么重要，真是浪费时间，你做完了其他事再去处理吧。"下属可能就会完全不上心；如果你遇到事情惊慌失措，唉声叹气，下属很可能已经乱作一团了。

如果你不得不向团队传递不太好的消息，你需要确保自己控制好了情绪，然后陈述事实。当然，让下属真实地感受到压力，有时反而能够激发团队的凝聚力。但是控制住你的负面情绪，还只是刚过及格线，你还需要知道怎么去管理团队的情绪。我自己在带团队的时候，会有意给下属灌输一个观念，那就是"麻烦没了，工作也没了"。工作中，遇到麻烦是常态，甚至可以说，公司就是请大家来解决麻烦的。这一招很有效，整个团队能够保持住积极的工作态度。我以前有个老板，和我开玩笑说，老板很好当的，会说两句话就好。下属取得了成绩，你鼓励他："干得不错！"当下属遇到挫折了，你安慰他："没事，这就是为什么公司付你钱，让你去搞定它嘛。"这当然是句玩笑话，却道出了职场情绪管理的精髓。一些小玩笑，也是团队情绪和气氛的调节器。

我有一个老师，在下班的时候很喜欢和大家说："我赚到今天的工资了。"这当然也是句玩笑话，因为工资是按月发的。不过他这么一说，让大家觉得，辛苦干了一天的工作很有获得感。越是在团队的工作遇到挫折的时候，我的这位老领导越喜欢用玩笑来鼓舞大家。他会在下班时，走到一些愁眉苦脸的下属面前，问问他们为什么留下来加班。他的问法也很有趣："你怎么到这时候还没赚到今天的工资？"一般来说，这么幽默的开场白，也会帮下属把他的苦恼说出来。可能的话，你也可以像我的这位老领导一样，设计一些"团队暗号"。它可以是一句简单的话，背后有特定的意思，只有你们的组员才听得懂。该说什么，不该说什么，管好情绪，还只是上级的自我管理的一部分。

我们说建立心理契约，信任感是基础。但信任感的建立也不是那么容易的。你可以想想：你在下属眼里是不是值得信赖的、言行一致的、处事公平的、敢于担当的？这些品质，不是你说有就有，有时候言行上稍不注意，就会破坏你在下属心目中的印象。首先，我建议你学会坦诚的对下沟通风格，所谓无招胜有招。坦诚，意味着前后一致、可预见性。比如，为什么很多人发现，要开除一个表现差的员工很难开口？因为平时的沟通中，总是不敢当面指出下属存在的问题，回头到了年底，突然告诉下属表现没有达标，下属肯定会怨恨你；又或者，遇到一些不太好办的事情，你在你的上级面前，说的是一套，你当着下属的面，说的是另一套，这反而会让事情变得复杂。

当然，坦诚不代表什么信息都应该共享，事实上每个级别对应的"信息权力"是不同的，你不是什么都能跟下属说。处理这个问题也不复杂，你完全可以直接告诉下属，什么东西是你不方便说的。比如，假设一家创业公司，遇到特别多的挑战。我不提倡公司明明经营不好，但你却粉饰太平；但同时，你也没必要把下属这个级别不应该了解的公司的核心经营数字，比如账上还剩多少钱，直接告诉下属，这也会引起不必要的恐慌。

我自己有一条底线，就是问自己：如果一个信息，你不告诉下属，下属以后知道了，会不会怨恨你？如果是的话，那它可能就是不该隐瞒的。除此以外，如果你还不确定某些公司信息该不该跟下属分享，你就想想，分享出去是会方便他们做决策和采取行动，还是对他们产生困扰？也要避免释放过多的下属不理解的信息，把他们淹没。

构建信任的3条"军规"

除了坦诚沟通这个基本法则以外，我根据中层管理者容易犯的错误，总结了3条"军规"：第一条，在下属面前，和你上级保持一致。分歧在工作中是非常常见的。理想的状态是你和你的上级100%地达成一致，然后你100%地布置给下属。但更多的时候，是你可能走出老板的办公室，你仍然不认可他的要求。但不管怎样，你必须和你的上级保持一致，否则这个团队就会很快陷入混乱。就算最后证明你是对的，你的上级是错的，这种不一致给团队造成的认知混乱也是难以挽回的。万一最后证明你是错的，那你就会更加颜面扫地。你也许会问：这不是让我带着下属违心地做事吗？如果上级明明错了，难道也要让下属去执行？分享一种做法，那就是，如果你真的认为上级的方向有问题，你也依然要让下属去执行，但在这个过程中，你要积极地向下属收集反馈，保持和你的上级的沟通。道理很简单，实践是检验真理的唯一标准，一旦执行起来，你和下属的一线经验就非常有说服力了。这样做还有一个好处，那就是你给下属做了一个榜样：不同意上级的观点，可以持保留态度，但一定要先去执行，并且迅速反馈、调整。第二条是，千万不要把自己的决策错误归咎于下属。通俗地说，就是不要把"锅"甩给下属背。下属也许嘴上不说，但心里什么都明白。承认属于自己的错误，反而能够赢得尊重。第三条是，积极反馈务必及时。下属做得不对，你当然可以批评；下属做得对了，就应该及时肯定。大到一份嘉奖邮件，小到口头的表扬，都可以。这样的反馈一定要及时，即时的一句积极反馈，比几天后的表扬，效果要好得多。这样下属才会觉得，你在真心为他的进步而感到高兴。

前文所讲到的都是你作为上级，或者公司的中层管理者，面对下属时，言行上尤其要注意的地方。但其实言行管理有一个难点，就是很多时候，我们对自己的做法已经习以为常了，你都不会意识到自己的某些习惯有问题。所以，我最后还有一个小建议，那就是主动让下属给你反馈，你得通过下属的眼睛给自己"照照镜子"。具体的场合，可以是每次你和下属完成一对一谈话，你给他反馈的时候；甚至是下属离职的时候，你可以问问他们，真诚地邀请他们对你提出一些意见。这能有效帮你提升自我觉察。

当然，你没必要因为别人的一句话彻底否定自己，但你的确可以做出言行上的调整。拿我自己举个例子，我曾经在接手一个后端支持部门的时候，从我的下属那里得到一条很重要的反馈：这个部门的从业人员普遍文化程度不高，而我恰恰就有"掉书袋"的毛病，爱讲太多理论、文绉绉的，反而不受大家欢迎。

说实话，如果不是我找下属要这个反馈，我自己真的就意识不到这个问题。为此我调整一下自己，团队气氛就融洽了很多。要成为一个值得信赖的上级，你需要通过控制负面情绪、传播正面情绪，进行情绪管理；要养成跟下属"坦诚沟通"的好习惯；建立信任的 3 条军规，分别是"和你的上级保持一致""不要把责任甩给下属""及时肯定下属"。最后，你还可以主动找你的下属要反馈，给自己"照照镜子"。

第二节　做有创造性的自己

如果把思维比喻成一条河流，一条河要流动起来，需要有 3 个条件：一是河流落差产生的张力；二是控制河流走向的河道；三是不断补充的源头活水。如果没有落差，河水就会停止流动；如果没有河道，河水就会失去方向；如果没有源头活水，河水很快就会枯竭。其实，人的思维发展也是如此。张力就是目标，河道就是行动的方法，源头活水就是与现实的接触。如果没有目标，人就不会有行动的张力；如果没有方法，目标就只会制造焦虑，而不会引发有效的行动；如果没有跟现实的接触，思维就会变成头脑中僵固的规则，而不会有什么发展。所以，本节也会从目标、方法和与现实的接触3个方面来讲怎么发展自己的思维，从而做有创造力的自己。

创造性思维与张力

什么样的思维能够产生持续行动的张力呢？这是人们经常会遇到一个问题，换句话说，就是改变很难持久。

曾有一个读者写信跟我讨论改变的事。她已经颓废了一段时间，为了让自己不那么颓废，有一天，她发誓要改变自己。她说："当天，我就制订了满满的计划，一项项高效率地完成了。第一天，我很开心。第二天下午，我觉得有点累，没有完成当天的任务，我很沮丧。第三天，我又开始拖延，当天一项任务都没有完成。第四天，我开始思考这么做有什么意义——我的生活就是不断完成任务的过程吗？这些无趣的任务又有什么意义？看来我缺少一点价值感，一点奋斗的理由，一点梦想。于是，我花了很长的时间思考诸如'我的梦想是什么''我活着是为了什么'这样的问题，我开始关心起人生的意义来。"

我觉得这个读者对人生意义的寻求也不会帮她走出怪圈，而会变成又一轮颓废、拖延、沮丧和振作的开始。也许你也经历过这样的循环：打满鸡血，一鼓作气，再而衰，三而竭，最后又回到了颓废的状态，等着下一次再打满鸡血。这样的循环多了，就算有了动力，我们也会怀疑，改变是否可能。那么，这个读者的问题在哪里呢？也许你想到了，她需要有一个目标。但其实这个读者也是有目标的，她的目标就是"我不想让自己这么颓废"。所以她去思考梦想和意义的话题，就只是为了让自己不那么颓废。可是，这个目标为什么没能给她带来持续的动力呢？因为创造才能制造持续的张力。

我很喜欢的一本书叫《最小阻力之路》，作者罗伯特·弗里茨，他原来是一个作曲家，后来根据自己的创作经验，开始开发创造力课程。

在这本书里，作者区分了两种产生张力的结构：创造的结构和解决问题的结构。他说，只有创造的结构，才能产生持续的张力；而解决问题的结构，是没有持续张力的。创造的结构是怎么样的呢？就像画家想画一幅画，作曲家想作一首曲子，有一个确切的东西想要把它做出来，这就是创造的结构。

反之，如果你用的不是创造的结构，而是解决问题的结构，那么你就会陷入像刚刚我们所说的读者所面对的那种困境。她的目标是"别这么颓废了"。可是，她的动力不是来自她的目标——她前面并没有类似完成一幅画这样确切的东西。她的动力来自问题本身带来的焦虑。只要她的努力一有成效，焦虑就会缓解，焦虑带来的张力就会消失，张力一消失，她的动力就会减少，直到问题重新让她变得焦虑，这种张力才会重新积聚起来。所以才出现了从"打鸡血"到颓丧的不断循环。怎样才能打破这种循环呢？一些人想到的策略是拼命夸大问题的严重性，通过谴责自己，制造焦虑，以获得动力——只要问题在，那动力也总会在。所以稍有懈怠，他们就会恶狠狠地对自己说类似"问题已经很严重了，如果你再不改变，就完蛋了"之类的话。可是，当他们这么做，在强化动力的同时，也强化了问题本身。为了保留这种动力，他们不敢让问题好转，只能让自己变得越来越悲观。所以，也许有些人取得了外人看来挺成功的学业或事业，但他们内心并不敢认同和享受这些成功。他们需要"问题"和"挫折"作为动力，持续鞭策他们往前走。这样的结构显然不能持久。

而创造型思维制造张力的方式，却非常不同。以我自己为例，有一段时间，我一直有拖延的毛病，我很不喜欢这种拖拖拉拉的感觉。为了治好自己的拖延症，我还专门写了一本书叫《拖延症再见》。前段时间，我打算写《拖延症再见2》，因为我发现自己的拖延症还没好，可正当我要动笔的时候，我的拖延症忽然不治而愈了。是我找到了治疗拖延症的秘方吗？不是，是因为我开始准备"自我发展心理学"的课了。从我构思这门课开始，它就变成了我心里一个很重要的未完成事件。我读书、收集资料，我的脑子里都在想它。我变得紧张又有效率。这跟我凭空想怎么克服拖延症的办法，是非常不同的。如果让我凭空努力，哪怕我想出再多克服拖延症的方法，也不会有效。

为什么创造性思维会产生足够的张力？弗里茨给出了一个意料之外、又是情理之中的答案。他说，是因为爱。我觉得是有道理的。因为当这门课还只是我脑子里的一个构思、一个念头的时候，我就很爱它。因为这门课有我关心的问题，有我想讲给你听的东西，我有足够的张力把它从一个理念变成现实。想要把它完成的冲动，变成了一种持续的张力。这种张力不会让我三天打鱼两天晒网，只要我没完成它，这种张力就会持续存在。你越是爱它，越是希望它问世，这种张力就越大，它就越会推动你持续行动，直到最终把它完成。这就是创造的思维结构带来的张力。从大的方面来说，我们也可以把人生看作一个创造的过程，是把我们心里钟爱的理念变成现实的过程，而不是解决问题的过程。当然，这并不是说我们不需要解决问题了，为了完成梦想，你需要解决很多的问题，但是解决问题不应该成为行动的动力。你真正热爱的目标才是这个动力的来源。

创造型思维和解决问题思维的根本区别在于，创造型思维把事情分成了简单的两部分：第一个部分，是我想要完成的作品；第二个部分，是我所面临的现实。也许你会想，我想有自己的目标，我也想去实现自己的梦想，可是我所在的现实不允许该怎么办呢？很多人都有过这样的疑问。

曾经有个朋友来咨询我，说他想去从事研究工作，可是他现在经济有困难，没法继续读书深造，只能做一个他不那么想做的工作。暂时没钱去追求梦想，这是一个事实。创造的思维并不是让我们忽略现实，相反，只有正视现实，才能实现自己想要创造的东西。创造型思维会让我们用一种不同的目光去看待现实，会把这个事实看作创造的条件限制。如果我遇到了这样的限制，我就要想办法去解决它。而解决问题思维会把这个限制看作目标是否成立的前提，如果我遇到这种限制，那也许我就该放弃目标。这就是两者的区别。刚才的例子里，一个创造型思维的人可能会想："我想要继续去读书深造，可是我现在确实没钱，怎么才能实现我读书深造的目标呢？如果钱真是我创造的前提条件，那我要先去挣钱。"当他在挣钱的时候，他是知道自己为什么这么做的。可是一个解决问题思维的人就会想："现在我连钱都没有，还谈什么读书深造，这压根就不现实。"于是他就放弃了自己的目标。这就是创造型思维和解决问题思维的根本区别。创造型思维是以目标来思考现实，先想我要什么，再想现实是怎么样的，环境能够提供什么，再去想办法弥补目标和现实之间的鸿沟。而解决问题思维是以现实来思考目标，先去想环境能够提供什么，再来想自己的目标是不是实际的，该树立怎么样的目标。

大部分人都是从现实出发去思考问题，而不是从想要的东西来思考现实。当他们这么想的时候，自然无法突破现实的限制，也就没有持续的张力了。由此可见，只有创造型思维才能产生持续行动的张力。创造型目标制造了张力，而张力能够产生持续行动的动力，帮助我们去有效地应对和组织现实。打一个比方，创造一个东西就像培养一个孩子。生孩子的过程，并不需要你强迫自己努力，你只需要爱这个孩子就可以了。此外，创造也需要我们认清现实、加工现实，而不是逃避现实。

培养孩子的创造力

提起创造力，我们都知道，它在现在的社会非常重要。现在很多父母为了让孩子长大后更容易成功，都在想尽各种办法培养孩子的创造力。

问题是，怎样才能正确培养创造力呢？有以下几个培育创造力的教育方法。

培养创造力的第一个方法是要鼓励和赏识创造思维。曾经有个小男孩拿着物理试卷去问老师："为什么我的题目做对了，却没给我分？"这其实是一道利用气压计计算大楼高度的物理题，小男孩用了一根绳子绑着气压计吊到地下，然后量绳子的长度得出高度。一般的老师肯定直接给零分了。但是这个老师说："如果你能再想出一个方法来，我就给你分数。"小男孩说："我还可以想出很多方法。比如，我用气压计贴在墙上，从一楼到顶楼，一次一次往上比画；不过我更喜欢的方法是去找保安大爷，让他告诉我楼的高度，然后我把气压计给他。"最终，老师果然给了这个孩子分数。这个孩子名叫莱纳斯·鲍林，后来他获得了诺贝尔化学奖和诺贝尔和平奖。可以说，他取得这样的成就，那位老师功不可没。从这个例子就能看出，其实教育并不在于教给孩子多少知识，而在于鼓励创造性思维。创造性思维需要一系列的心智习惯，比如好问、执着、爱想象、协作、自律等。所以每一个教师都应该成为这些思维习惯的培训师和教练，发现并赏识孩子的这些特质。

培养创造力的第二个方法是对错误保持宽容。很多老师一看到学生犯错，就一棒子打倒，严厉批评，这肯定是不对的。没有试错，哪有创新呢？

你要想创新就一定得有点冒险精神，承认错误，从错误中不断培养创新力。比如说，硅谷为什么能成为世界上创新力最强的地方？就是因为那里是世界上对失败最宽容的地方。再比如，发明家爱迪生，他之所以有那么多项重大发明，就是因为他对自己的失败极度宽容。一次次发明灯泡失败之后，爱迪生甚至开玩笑说："至少我知道了1000种不能做灯丝的材料。"世界教育创新大会有一项调查，发现60%的受访者都表示现在的学校扼杀创新力。所以在那届大会上，有人就倡议设立一个"国际失败日"，以提醒教育工作者宽容失败在鼓励创造力中的作用。

培养创造力的第三种方法是跨学科学习。现在的创新，大部分都是来源于不同学科的交界点。

正如乔布斯提过的，把看似不同的点联结起来，就会产生创意和创新。例如，医学领域的发展你得关注生物和基因工程，汽车领域的创新可能和人工智能相关……也就是说，你只有经常"跨界"，未来才会有可能获得创造力。那具体应该怎么做呢？其实别想那么复杂，你可以在日常生活中让孩子时不时来点新花样，尝试了解不同背景的人，换一只手刷牙，换一条路去上学，这些都是跨界，都能培养和激发他们的创造力。

培养创造力的第四种方法，是采用多元表达方式。我们的左右两半大脑分别对应着逻辑思维和发散思维。现在的教育，重点培养学习者逻辑的、理性的那一面，但是对于另一半大脑的开发却远远不够，也就是感性、发散的那一面。这就对激发创造力非常不利。感性的表达反映的是你的下意识，经常采用这种表达方式，对于培养创造力非常有帮助。当然，除了说话，还有绘画、音乐、舞蹈等，经常用这些表达方式，对培养创造力也很有效。最后，专家说，其实现行的教育有不少问题，会扼杀孩子的创造力。

所以，无论你是父母，还是老师，一定得做出改变。我们上面说的赏识创造思维、鼓励试错、跨学科学习、多元表达对孩子们很有用。

很多父母会发现，孩子在小的时候，常常会一不留神就冒出一些特别有想象力和创造力的句子，而从这些句子中，父母可能会体会到一些诗意。比如"灯把黑夜，烫了一个洞。""要是笑过了头，你就会飞到天上去。要想回到地面，你必须做一件伤心事。"这两句就分别是一个7岁孩子和一个5岁孩子写的。其实这份想象力特别宝贵，父母应该注意保护，如果刻意去纠正，反倒会过早地就让孩子丢掉创造性思维。

我建议不要太在意孩子的语言是否符合大人心目中的逻辑性，不要刻意去纠正孩子。一是当许多诗性的句子和短语冒出来的时候，父母可以把这些当作成长的乐趣。二是父母和孩子一起去细细体会身边的景物和内心的感受。那些句子是孩子们表达的最纯真的感悟，对内在和外在有细腻的感受是这个孩子独特的宝藏。三是写诗并不是功利性的东西，套话只会让孩子变得更匠气。不要去随便改动孩子的句子，尊重孩子的感受，才能激发他们继续在语言这个大迷宫中探索前行。四是每天把孩子冒出来的好句子记下来，也鼓励他们为这些句子作画。当然，你也可以给孩子的画配诗，或者为他们的诗作画，这会是一家人的乐趣，创造力会在无形之中产生。

第三节　做充满资源的自己

人们往往觉得，获得更多的资源是成功的关键。其实，延展思维也就是通过对已有资源的关注和利用，同样可以获得很好的结果。斯科特给出了一些利用现有资源的办法。

第一，直接对资源说"不"。对于那些追求资源的人来说，容易养成对资源的过度依赖。当我们改变自己的心态，更充分合理地使用资源时，我们就能意识到，如何使用自己拥有的东西，远比资源本身更加重要。斯科特建议，你可以试着摆脱传统的"如果我有这个，我就可以……"的思维方式，直接对资源说"不"。你甚至可以再进一步思考，要求自己拥有更少的资源，想一下如果没有某个资源，你会怎么做。

第二，要找到"沉睡"的资源。如果你仔细观察，就会发现周围有很多等待激活的资源。只要激活它们，就能帮你解决难题，抓住机会。事实上，笔者也发现，很多公司能够实现复兴，重新定义自己的核心业务，都是因为它们对原先弃而不用的隐性资产进行了发掘。你可以问自己，你的周围有哪些个人资源（技能、知识、关系等）和组织机构资源（产品、惯例、设备等）被搁置多年？以及能否找到局外人帮你分析自己所处的局面。你还可以列出沉睡资源在哪些可能的方面能帮你实现目标。最后你可以写一项可以立即采取的唤醒沉睡资源的行动。

第三，化整为零，发现资源的隐藏功能。比如，菲律宾有一个非常穷的地方，那里的人住在很破的房子里。为了白天让屋里更亮一些，他们想了一个好办法：把一个瓶子里装满水，放在屋顶的一个洞口。装满水的瓶子会把太阳光折射进屋子，这样，在晴天的时候，他们就不用开灯了。所以，通过把资源整体拆成很细小的组成部分，就有可能发现资源本身隐藏的功能或者特性。面对手中的资源，你要问自己两个问题：这个资源还可以再细分吗？细分的部分分别有什么用途？关键在于要把资源分解成小得不能再小的部分，这样我们才能找到很多隐藏用途。

在这个快速变化的时代，怎样成功转型是困扰很多企业的问题。智通教育机构是华南最大的学历教育和职业教育培训机构之一，这家机构经历过两次转型。最近笔者专访了智通教育创始人李纲领先生，他分享了智通机构的转型经验。他提出一个观点，即企业最有价值的资源是高管团队的认知资源。先来说说这两次比较大的转型，都同互联网有关。第一次是砍掉平面广告，只做互联网广告，也就是把获取客源的渠道从线下转成互联网。第二次是叫停线下授课，全部改成在线直播授课模式。在两次转型之前，其实原有的模式也都在盈利，那为什么还要转型呢？李纲领解释说，转型不能只看眼前利益，要看机会成本。比如获客渠道转型前，智通机构从平面广告方面获取的客源，大概占业务总量的70%，互联网广告获取的客源只占30%。当时很多人建议他两种广告都做，但李纲领认为，平面广告和互联网广告的本质是不一样的。平面广告拼的是创意，要不断换创意。但是互联网广告的本质是建立数据模型，要依靠逻辑。从长远来看，互联网广告一定会有更好的未来。如果两种广告都做，结果一定是两个都做得很平庸。所以，他当时决定只做互联网广告，不再做平面广告。再比如，从线下授课向在线直播授课转型时，很多人也都说两种形式可以同时做。但是学者欧蓬认为，当时是在线授课成长的窗口期，要抓住这个窗口期塑造自身的能力。面授，也就是面对面授课和在线授课产品的开发逻辑不一样，面授课程产品有固定的开发逻辑和标准教案，以年为单位来迭代，甚至两年才迭代一次。但是在线产品特别在乎每节课的实时数据反应，比如说30分钟的留存有多少，60分钟的留存有多少，它看得到用户是不是在听，随堂考的参与率是多少，正确率是多少，可以按周来迭代。而且，成人教学的面授模式更像健身房，盈利依靠"超卖"，也就是说，本来能容纳1000人的地方，我卖5000张卡，但是没法解决消费者不来的问题。如果能让消费者更愿意上课，那就是创造了新的价值。但是在线授课依靠的是提升完成率。

智通机构主要采取了两个做法：一是降低学习门槛，强调课程容易学；二是强调实时答疑，在讲课和答疑之间做好平衡。这样，课上是一部分，课后的在线模式让学生容易利用碎片时间做题，及时复习学到的内容。李纲领认为，学历及职业教育培训适合在线模式。因为很多地区的师资水平不如一线城市，在线教育能让信息更好地交互，比如在大屏幕上能够看到云南当地班级的讨论，而云南当地也能够看到北京班级的图像。如果培训机构只做线下模式，那未来还有没有机会呢？欧蓬认为，5～8年里存活是没问题的，但是5年之后，线下模式的处境可能会越来越差。只有一些小众的培训机构还有线下发展的机会，比如机床等操作类的培训。而线下教育最好的状态是每年营收在1个亿以内，公司有两三百个员工。当每年的营收达到8～10亿时，再往后发展就会越来越吃力，效率会越来越低，管理成本也会越来越高。我们都知道，企业转型的过程一般都比较艰难。

在转型过程中，李纲领是怎样获得团队的支持的呢？他认为，创始人和团队的结盟不是情感结盟或者利益结盟，而是价值观和思维方式的结盟。大家的思维方式越来越趋同，这时候的结盟就会特别的稳固。一个企业最有价值的，是高管团队的认知资源，大家必须能够在一个基本的问题上达成共识，拥有共同的价值观。这就需要创始人不断去宣讲价值观和思维方式。在推动变革之前，创始人不要太在乎目标是什么样子，而是要不断推演路径。你的核心业务是什么，有哪些备选方案。在推进的过程中，要有一些阶段性的胜利标志，不能老让团队苦行军，又没有希望。要给团队先分钱，他们就会看到希望。

为了快速发展，企业除了储备内部资源以外，还要寻找、整合外部合作资源。很多企业以为自己建立了一个名义上的联盟，把利益相关的企业聚拢在一起，就算做好整合了。但实际上，企业间的利益是不一致的，这种松散的整合没什么实际用处。那怎样才是整合资源的正确方式呢？企业进行资源整合的正确方法，是要把资源编码化。这是什么意思？意思是说，真正的资源整合有两种情况：一种是你把别人的资源买下来，另一种是你有独特的资源，别人必须跟你换。而且，只有别人需要跟你换资源，你也答应换，才算是外部的资源进了企业的资源池。那么，企业应该怎么引进外部资源，并且把外部资源转化成对用户的解决方案呢？这需要一种赋予资源方经营的动力。具体来说，一方面，应该将财权、用人权、决策权下放给资源方；另一方面，应该让资源方承担经营风险，分配经营收益。举个例子，海尔要发展成一家平台公司，让员工在内部创新，做小微公司。小微公司能协调采购部门、生产部门、销售部门等资源部门，跟他们谈判，确定这些部门的收入分配比例。这样一来，采购、生产这些手握资源的部门，就会主动去寻找市场机会，配合小微公司为用户提供解决方案。而且，他们还会在内部资源不足的时候，主动引入外部资源。因为如果他们的资源不能满足需求，就可能被放弃。这是第一种方法。

再说第二种方法，设置接口部门，导入外部资源。其实，在企业发展的过程中，资源永远是不够用的，因为好的资源可以带来更大的市场空间，而更大的市场空间又必然需要更多的资源。所以，一旦企业发展势头不错，就要设置专门的接口部门。还是拿海尔来举例，海尔设置了专门的供应商平台海达源，对外连接很多供应商。这个平台对内汇总海尔的各种采购需求，再对外去谈判，获得最有优势的采购价格和付款条件。这样一来，负责相应产品的部门就可以直接去平台上抓取资源。

还有第三种方法，把资源编码成数据。不少企业有足够丰富的资源，但是没办法把资源转化成产品或服务。用把资源编码成数据这种方法，资源就能快速组合成有核心优势的产品。举个例子，穆胜博士说，华夏航空占有四五线城市的独飞资源,如果它能够把这些城市的旅客出行需求数据化,设计出相应的算法,就可以设计出价格足够低,对旅客更有吸引力的出行产品。这样一来,华夏航空就可以变成一个航空运力资源调配的平台,即使它没有飞机也没关系。

说完了整合资源的3种方法,再看看穆胜提到的企业在整合资源时容易遇到的两个误区。

第一个误区是,资源和平台不匹配。有的企业追逐最好的资源,以为只有这样才能为用户提供最好的解决方案,这种想法其实不对。因为平台搭载资源的核心能力是有限的,如果平台太弱而资源方太强,资源方就会跳过平台,直接对接用户。比如说,深度内容付费平台是短缺的,原因在于,深度内容是独特的,而平台是普遍的,所以深度内容生产者在与平台博弈时总是保持优势。这个时候,平台只有两种选择:要么绑定内容,以内容生产者为中心构建自己的商业模式,要么把深度内容转化成碎片化知识。这样一来,内容生产者就必须跟用户发生高频联系,平台作为流量的聚集地,就不会被绕过。

第二个误区是,乱抢资源。有的资源是优势资源,但是必须跟其他资源搭配才能产出效益。企业积累资源的时候,要关注自己的短板,也要关注用户需求,只有符合商业模式的资源才值得去争取。

懂得让自己充满资源就是财富

我们经常听身边的人抱怨,说现在钱越来越难赚了。其实不是钱难赚了,而是赚钱的逻辑变了。现在中国进入"资本经济"时代,你必须得有点"资本思维"才能赚到钱。水木然说,单纯从赚钱的角度来看,今后社会上就只有3种人:资源者、配置者和资本家。这3类人分别通过出售资源、配置资源和掌握资本这3种方式来获得财富。任何一个人想要赚钱,总得成为这3类人中的一个。

首先来看第一种,资源者。这类人通过出售自己的资源来获得财富,比如时间、体力、外貌等。我们大多数人,包括普通工人、白领、职业经理人,甚至到当年的"打工皇帝"唐骏以及各路明星,都属于资源者。

第二种是配置者。这类人不直接拥有资源,但是他们通过配置和优化资源来赚钱。企业家就属于这一类人。那资源来自哪里呢？就来自前面说的第一类人——资源者。不过，你可千万别以为，什么人都能当上配置者，他们一定要具备一定的文化、眼光、魄力、创新力、机遇和资本。配置者是社会中最重要的一个群体，他们的素质和数量决定了一个社会的资源配置效率，代表了生产力水平。

第三种是投资人，或者说投资家。资本有多重要就不用多说了吧？美国是自由市场经济，但是为什么叫"资本"主义社会，而不叫"自有市场主义"社会呢？因为在这样的社会，"资本"是度量和决定一切的标准。大家都知道，企业家赚钱多，但投资家赚钱更多。他们之间的最大区别是，投资家不直接参与企业的经营和管理，而是在幕后操纵企业宏观思路。举个例子，孙正义投资之后，有了今天的阿里巴巴。马云是企业家，而孙正义就是投资家。孙正义手里有好多个像马云这样的企业家，所以成了日本首富。说到这里你可能就明白了。为什么很多人想去创业当老板呢？就是因为他们想从第一类人攀爬成为第二类人。一旦从资源者变成配置者，这意味着他们不用再出卖自己的技能，而是开始经营自己的智慧，人身和经济都实现了自由。同样的道理，为什么很多企业家都热衷于投资、入股、并购、重组呢？就是因为他们想从第二类人努力变成第三类人。一旦你变成了第三类人，比如你有了1亿元的资本，你就可以花1000万雇上最聪明的一批人，把你的资本从1亿变成2亿。这样的进化过程，每个人都在玩命探索。

那问题是，到底怎样才能完成从第一类人到第三类人的进化呢？说起来挺简单的，只需两步，一是进行资本积累，二是善用资本，用资本赚钱。

首先来说资本积累。你打工也好，自己做产品也好，首先完成资本积累是最重要的。比如说，你可以摆地摊、开网店、做网站、炒股票、开工作室、卖肉夹馍等。总之，这步就是出卖你的个人资源。接下来就是第二步，善用资本，用资本赚钱。怎么用资本赚钱呢？问你们一个问题：如果你家开了个小饭店，每个月能赚1万元，但是需要个厨师。你自己炒菜水平很高，如果自己当厨师，饭店每月净赚1万元；如果雇一个厨师，每月花8000元，饭店净赚2000元。你怎么选择？普通人往往就选择自己做厨师，每个月赚1万元。但是，善用资本的人就不会这么做,他们会选择雇一个厨师。这样虽说饭店赚得少点,但你却节省了大量时间和精力,然后可以用赚的钱去开下一家饭店。这样,等你开到100多家饭店的时候,每个月就能净赚十几万元,这时候,你就成了第三类人:投资家。说白了,你用资本去赚1元,也比用出售体力赚100元更符合金融思维。这就叫善用资本。奴隶社会最重要的生产力要素是人,封建时代最重要的生产力要素是土地,而资本时代呢,最重要的生产力要素是资本。只有搞懂了资本思维,做到善用资本,你才能完成从资源者到配置者,最终再到资本家的人生进阶。

第四节 习以养德

孔子一直强调俭以养德,在当时的环境下,孔子感叹过去圣王的功绩,其实还是针对现实而言,希望当时的统治者们不要重蹈覆辙。而孔子之后,随着儒家在汉代以后的地位大幅度提升,大禹的形象也通过儒家的不断强调和发挥,成为"天下为公"的典范,千百年来不断被中国人传颂。

苟日新,日日新

"新"的本意是用斧头砍伐木柴。甲骨文左边是"辛",原意是给脸上刺字的刑刀,在这里是声符。右边是"斤",原意是砍柴的斧子,合起来是用斧子砍伐木柴。《说文解字》说:"新,取木也。衣之始裁为之'初',木之始伐谓之'新'。"意思是裁剪衣服叫"初",砍伐木头叫"新"。由于伐木会劈砍出新茬,所以引申为与"旧"相对的"新",焕然一新。新的东西令人喜爱,人不如故,衣不如新,进而引申为开始、新年。砍伐木头的原意另造"薪"替代,由于柴米油盐是天天不能少的,薪又用作工资、薪水。

《大学》里有一段话:"汤之《盘铭》曰:'苟日新,日日新,又日新。'《康诰》曰:'作新民。'《诗》曰:'周虽旧邦,其命维新。'是故君子无所不用其极。""汤"是成汤,是商朝的开国君主。盘铭是刻在器皿上用来警戒自己的箴言。这里的"盘"是指商汤的洗脸盆。

"苟"的意思是如果。《诗》指《诗经·大雅·文王》。全句的意思是:"商汤王刻在洗脸盆上的箴言说:'如果能够一天新,就应保持天天新,新了还要更新。'《康诰》说:'激励人弃旧图新。'《诗经》说:'周朝虽然是旧的国家,但却禀受了新的天命。'"所以,品德高尚的人无时无刻不追求完善。"苟日新,日日新,又日新"被刻在商汤王的洗脸盆上,原意是君王每天在洗脸的时候提醒自己,天天都要把自己洗干净,今天干净了,明天还要洗,天天都要洗。这里的"新",是指新的面貌,就像君子修德,每天都要像洗脸一样,天天进步,天天更新。

罗振宇的跨年演讲"时间的朋友",让我感慨良多。我们今天所处的时代是一个高速变化的时代,不仅天天都是新的,时时刻刻都是新的。作为普通人,我们会不会被时代淘汰呢?罗振宇的结论是做最好的自己,在自己的土地上深耕,互联网会带着这个更好的你连接世界,扩散和放大你。每个人都有机会,前提是,你得勤奋,得终身学习。

养德的方向

子张曰:"执德不弘,信道不笃,焉能为有?焉能为亡?"意思是,子张说:"实行德而不能发扬光大,信仰道而不笃实坚定,(这样的人)有他不多,没他不少吧?"这句话意思不难懂,是批评两种现象,都是虽有修德行道之意而不能扩充展开,信心虽有却不足以坚定执守,最后的结果很清楚。小义小善不加充实发展的话,一定是为善不终,半途而废,虽有小善,终无所归。信道之心虽可贵,但如果不笃实坚定,怀疑动摇,不能坚持信念,也走不远,最终归于平庸。对这种小信之人,无法寄予厚望,因为他那一点点向道行德的种子,如同夏日融冰,很快就会消失殆尽。

孔子非常注意严格要求弟子,扩充完善他们向善行仁的初心,爱护这些幼苗,不断地引导和培育,让他们能够真正脱胎换骨,改变气质,完善君子人格。就好比子贡,孔子和他曾讨论过如何处贫处富的问题,孔子在子贡认识的基础上,提醒他说"未若贫而乐,富而好礼者"。这就是让子贡在自己的理解水平上提高一步,上个台阶,扩展和充实这颗善心。

孔子也对子路说过"是道也,何足以臧",意思是光是整天固守着自己的这点心得，就死背这一句诗，仅仅理解到这一步还很不够，必须继续坚持往前走，学习更多的道理，不可于此止步。

子夏之门人问交于子张。子张曰："子夏云何？"对曰："子夏曰：'可者与之，其不可者拒之。'"子张曰："异乎吾所闻：君子尊贤而容众，嘉善而矜不能。我之大贤与，于人何所不容？我之不贤与，人将拒我，如之何其拒人也？"

这段话的意思是，子夏的学生向子张询问如何交朋友，子张说："你的老师是怎么说的？"答道："子夏说：'人品可以的就和他交往，人品不可以的就拒绝他。'"子张说："跟我所听到的可不一样：君子既尊重贤人，又能接纳众人；能够赞美好人，又同情能力不够的人。如果我是十分贤良的人，那还有什么样的人不能容呢？如果我自己就不够贤良，那人家自然会拒绝我，又怎么轮得上我拒绝人家呢？"

从以上对话可以看出，孔子之后，他的弟子们开始出现了分裂的苗头，各人因对老师传授的道的理解不同，相互间的分歧和距离越来越大。在交友这件事情上，子夏的弟子复述乃师的话，平易简单，听着也像那么回事。可子张很较真，他爱琢磨，他说"异乎吾所闻"（跟我听到的可不一样），这话什么意思？背后的意思很可能是，我亲耳听先师孔子本人说的可不是这样，这是抢占知识传承合法性的制高点。接着来分析，人分三教九流，贤与不贤、君子小人都有。君子与人交往，要能够尊重贤者，接纳大众，不但力挺好人，而且对于能力差点的人也要接纳包容。况且，交友待人是双方自愿的事情，你看得上人家，人家还未必看得上你呢。如果你自己做得不够好，别说拒绝人家了，人家根本就不跟你来往。你可能会问了，那是不是子张比子夏在交友之道上的看法更高明呢？其实，倒也未必。

子夏属于"不及"，平素待人宽厚，老师就提醒他，一定要适度提高一点门槛，不能来者不拒，假如某些人确实不行，那就要拒之。子张是"过"，老师就提醒他，在交友这件事情上应该尽量能容人，对别人的过失和小错误应该理解和同情，对不如你的人也要能容他。这看似只是在交朋友的方式上的差异，却预示了孔子身后，儒门弟子开始各自成宗立派，发展出不同的流派。

务实的子夏

孔子门下的贤人中，有名有姓、有头有脸的，子夏、子张都能数得上。他们之间的思想认识、学养深浅肯定有差异，而且各自的发展方向也不同。等到了他们的门人后学这一代，起初一点点方向不同，就被逐渐放大，分歧也愈加明显，进而发展成了不同的流派，所以后来才有了"儒分为八"的著名说法。

在《论语》的成书过程中，把谁的话收录进来，精选哪些内容，是有讲究的。历代学者认为在《论语》编辑成书的几轮过程中，子张和子夏的门人后学，都曾在不同时期、不同程度上参与进来，所以保留了许多自己师门的话。有些内容甚至显示出维护本门导师的倾向，而对旁人则略嫌保留、贬抑，甚至有批评的意味。这也算是学术史上的公案了。

子夏曰："虽小道，必有可观者焉，致远恐泥，是以君子不为也。"子夏说："虽然是小知识小技艺，也必有其可取之处，但要想实现大目标，恐怕会陷溺进去反受阻碍，所以君子不在这上面多花精力。"可见，子夏其实是个很务实的人。子夏说的小道，在先秦时代很可能指的是各种农工商医卜之类的实用技能。

在孔门弟子中，子夏的影响很大，他不光教出很多弟子，而且他的学术思想中有新的东西。他可不限于文献阅读、书本知识，而是非常博学，研究天下万物。仅就这一句"虽小道，必有可观焉"，说明他对当时的各种百家技艺、知识做过研究，所以才能说出这句"必有可观"的话来。

俗话说"三百六十行，行行出状元"，在今天分工更为细密的情况下，哪一行都值得深入钻研。但你记得孔子曾提醒子夏，要做君子儒，不要做小人儒，告诉他不可偏于文献学习，而要注意切己上身，实践礼乐教化，不可做书呆子。

孔子当初跟子夏说这些话，本身倒未必有歧视"小道"的意思，但后代传承流行开来，确实有些人错会了意思，才有了"万般皆下品，唯有读书高"这种说法。我以为这是后世科举制度确立后产生的流弊。

子夏曰："日知其所亡，月无忘其所能，可谓好学也已矣。"子夏说："每天都能学到一些自己不知道的东西，每月都不忘记已经学会的东西，这就可以称作好学了吧。"子夏不愧是文学门，确实善于读书学习。这个话，即使放在今天来看，依然有效。《为政篇》里有"温故而知新"这句话。"日知其所亡"，就是知新；"月无忘其所能"，就是温故。这个"好学"，不是一个姿态、一个宣言、一句空话，是非常扎实地落地，日有所进，月有所积。这句"无忘其所能"，就是及时复习所学知识技能的非常好的一个提醒。

第五节　人生层次的突破与读书的关系

培根写过一篇《谈读书》，优美精要，值得全文收录如下（王佐良译）：

读书足以怡情，足以傅彩，足以长才。其怡情也，最见于独处幽居之时；其傅彩也，最见于高谈阔论之中；其长才也，最见于处世判事之际。练达之士虽能分别处理细事或一一判别枝节，然纵观统筹、全局策划，则舍好学深思者莫属。读书费时过多易惰，文采藻饰太盛则矫，全凭条文断事乃学究故态。读书补天然之不足，经验又补读书之不足，盖天生才干犹如自然花草，读书然后知如何修剪移接；而书中所示，如不以经验范之，则又大而无当。狡黠者鄙读书，无知者羡读书，惟明智之士用读书，然书并不以用处告人，用书之智不在书中，而在书外，全凭观察得之。读书时不可存心诘难作者，不可尽信书上所言，亦不可只为寻章摘句，而应推敲细思。书有可浅尝者，有可吞食者，少数则须咀嚼消化。换言之，有只须读其部分者，有只须大体涉猎者，少数则须全读，读时须全神贯注，孜孜不倦。书亦可请人代读，取其所作摘要，但只限题材较次或价值不高者，否则书经提炼犹如水经蒸馏，味同嚼蜡矣。

读书使人充实，讨论使人机智，作文使人准确。因此不常作文者须记忆特强，不常讨论者须天资聪颖，不常读书者须欺世有术，始能无知而显有知。读史使人明智，读诗使人灵秀，数学使人周密，科学使人深刻，伦理学使人庄重，逻辑修辞之学使人善辩。凡有所学，皆成性格。

人之才智但有滞碍，无不可读适当之书使之顺畅，一如身体百病，皆可借相宜之运动除之。滚球利睾肾，射箭利胸肺，漫步利肠胃，骑术利头脑，诸如此类。如智力不集中，可令读数学，盖演题须全神贯注，稍有分散即须重演；如不能辨异，可令读经院哲学，盖此辈皆吹毛求疵之人；如不善求同，不善以一物阐证另一物，可令读律师之案卷。如此头脑中凡有缺陷，皆有特药可医。

正如培根此文所论及的，读书是提高智识水平最简单的办法，门槛低收费少，你只要愿意下功夫就可以。当然，读书也有天赋和机遇的问题，但是毕竟比食物链上的爬升容易多了。而且知识水平高的人，也善于在其他链上找到自己的位置。如果一个人的食物链排名高而知识低，他的地位可能就比较危险。美国买彩票中了大奖的人、中国在征地中获得巨额补偿的农民，往往会在很短的时间内就把财富败光，这就是在食物链上突然攀升之后知识不够用的结果。

如果一个人的知识高但是在食物链上的排名低，他大概不用特别担心。给他机会他会升上去，实在没机会还可以培养下一代。而且事实上，知识链和食物链是高度相关的。一个国家在国际食物链上的地位，跟它的国民智商——更确切地说就是国民知识水平——关系很大。从个体而论，人的知识水平和收入水平也是正相关的。社会学家的研究表明，精英阶层和工薪阶层的思维方式存在明显的差异。相对于普通人，精英更相信规则，更能跟陌生人合作，更善于理解抽象概念，更愿意探索未知，更能承担风险等等。从整体而言，身居高位而一脑子糨糊的和见识卓绝而蜗居底层的，都是比较罕见的特例。

万维钢说，现在有一类学问，专门给人们提供解决方案，就是我们常说的"成功学"。你可能会问了，要想提升食物链排名，只读这些成功学不就行了吗？为什么还要读国学，读中西方思想，知道最厉害的人在想什么呢？万维钢给出的答案是，如果你读成功学，你的最高境界，就是活成了一个算法。给你一个任务，你知道怎么完成；心中有目标，你知道怎么实现；你知道各种激励自我和自控的手段，你活得非常有效率。但是你是一个工具，因为你只会"执行"。算法，跟精英有本质的区别，精英有决策权。凡是能根据"如果……，就……"做判断的事，都不叫决策，而是算法。决策，是没有人告诉你该怎么办，没有已知的对错,这个时候你怎么选择。比如,运气重要还是努力重要?保守好还是进步好?要平等还是要自由?万维钢经常说的一句来自美国著名作家菲茨杰拉德的名言就是:"检验一流智力的标准,就是看你能不能在头脑中同时存在两个相反的想法,还能维持正常行事的能力。"

第六节　在时代中找到自己的定位

在个人 IP（知识产权）时代,企业家们都以各种形式走向前台。作为大多数职场人士,打造个人品牌的第一步,是给自己一个明确的定位。这也是必要的选择,你可别以为定位只能用在一个商品上。有一个有趣的姑娘,叫胡辛束,这个小姑娘什么背景也没有,也不做微商,她给自己微信公众号的人物设定是"少女心"。从 2015 年开始,胡辛束就在做这个定位的持续运营,让市场、品牌赞助商一想到"少女心"这个标签,就想到她这个人。于是,对应的用户和客户单子就都来了。2016 年,她的个人公司估值就已达 3000 万了。

"定位"理论,是指在运营工作里找准优势位置。运营工作者面对一个产品时,第一个任务就是确定产品的定位。在这个意义上,你面对的产品是什么呢?当然就是你自己了。你作为一个社会中的人类"产品",想要在你的关系圈内,塑造一个怎样的个人标签?你须要做的,是按照定位理论的指导,找到自己的优势和位置。优势,就是你的能力、潜力和资源;位置,就是你想要影响的人群,以及影响他们的程度。这两点是互相作用的。

比如说,你觉得自己是一个段子手,这是你的优势。你想要让朋友觉得你是个有趣的人,还是想让脱口秀界注意到你的实力?结合起来,就是你的品牌定位。在运营领域,有一个特别经典的"定位"理论。说的是如果你想要让一个产品的品牌对消费者产生影响力,就应该在你预期的客户脑子里,让你要卖的产品占据一个真正有价值的地位。那么我们究竟该如何定位自己才不会跑偏呢?可以试试以下 4 个步骤。第一步,先做个自我分析,明确自己的长处和优势,也明白自己的短处与劣势。第二步,在自己最擅长和感兴趣的领域里,给自己设定一个长期目标。也就是明确你要在哪个领域建立个人品牌，树立怎样的个人IP。第三步，拆解大目标。从终极目标里拆分出一个个较短时间内可实现的小目标，同时，罗列出实现这些小目标所需要的资源和能力。第四步，在阶段性目标的执行过程中，要反复对照终极目标与自己的实际情况，检验自己的定位，不断修正与调整。

  关于职业规划4步走的具体运用，我举一个如何做职业规划定位的例子，来说明一下。假设你是一个一般的本科毕业生，学的专业是音乐教育，比较小众，即将踏入工作，这时候你可能发现，如果要从事音乐教育工作，你得接受去三四线城市，甚至是小县城的中小学，但这并不是你想要的。这时候，你可以先分析一下自己。你发现你是一个文字功底比较扎实，又愿意吃苦的人，但硬伤是，大学的学校和专业不是很容易让你能够在北上广就业。那怎么办呢？去各个招聘网站看看，如果发现互联网这个领域对于网站编辑的要求和你的能力挺匹配的，那么目标的行业就有了：进入互联网工作。这就是我刚才提到的第一步，完成对自我的分析，找到优势和劣势。进入定位的第二步是设立一个长期目标。思考一下，在互联网行业工作，你要如何规划自己的发展路径呢？先把大目标定了，比如你最终希望自己能够在互联网领域取得成功，45岁前做到CEO。第三步是拆分目标，并弄清需要什么资源和能力。以3年和5年为节点：22岁入行，25岁做到项目经理，需要你有很强的个人能力，能够搞定完整的项目合作谈判、落地执行和交付结果；28岁进入大公司做小主管，或者在小公司做到经理，需要你能够调动与协调更多的资源；35岁之前要在大公司成为部门经理或副总监；40岁要能够成为大公司总监级的员工；到45岁，自己开公司成为CEO。这些都需要你有很强的管理能力，能够带动团队，培养新人。第四步，为了实现这些目标，你要去匹配以上的能力，获得需要的资源。在上面的规划里，28岁是个分水岭，28岁前做执行，所以你应该非常积极地在28岁前多做项目，多积累实战的经验，并进行总结。28岁以后就转向管理，哪怕你只是管一个人，你都应该知道你需要更多的管理经验和管理技巧。而这些就是当你从执行向管理的角色转变过程中，要充分理解并要去匹配的基础资源。从这个例子中，你能看到，定位看起来是一个瞬间的动作，但其实它是一个逐步推进、渐进明晰的过程，这个过程可长可短。在这个过程中,甚至有可能会发生调整与变化,不要怕,这都是正常的。打造个人品牌的第一步,叫作"定位",就是要认识自己、扬长避短。找到别人想知道却不知道,可是你知道的领域,然后想办法让自己成为这个领域的专家。

前文我们提到的姑娘胡辛束,她是怎么确认"少女心"这个定位的呢?我们来看看。胡辛束很年轻,1992年出生,本科学的是她不喜欢的计算机专业。她喜欢插画、设计,于是把图书馆视觉设计的书翻了个遍。毕业后在新媒体部门工作,月薪3000元。到这里,可以说她完成了"定位"的第一步,分析自己,找到自己的优势,并以此在生活和工作中指导自己的行为。接下来,她在定位的第二步,设立长期目标,明确自己要在哪个领域建立个人品牌。在树立怎样的个人IP这一点上,很有分析价值。2013年白色情人节前夕,她受超市打折标签的启发,连夜画了一组"10%先生"的漫画,"理想中的男友形象是年纪比她大10%、身高比她高10%、工资也比她多10%,所有条件都不多不少,正好10%"。这组漫画和文字在人人网上的阅读量迅速超过1亿次,胡辛束上了微博热搜。这件事让她看到了一个市场,也找到了自己的特色。于是她在转战微信公众号后,给自己的定位是"少女心"。这个定位从2015年开号至今一直没换过,通过运营,逐渐从"人格化"升级向"品牌化"。于是有了我们开头说的,胡辛束的公司在去年已经完成天使轮融资,估值3000万元。这个案例中的定位至少有两个特点:一是清晰明确,人能接受的信息是有限的,清晰又切中要害的定位能更快地让人接受;二是有鲜明的个性和辨识度。"少女心"就是胡辛束在目标领域找到的特色定位。可见"定位"理论可以帮助你梳理个人发展和影响力构建中所需的资源,让你更加有目的和信心去面对可能的困难和压力。

定位就是定人生

在塑造个人品牌之前,你首先要清楚你在别人眼里是什么样的,以及别人平时是怎么谈论你的。知道自己现状和未来目标之间的差距,这十分重要。就算你还不太清楚未来的方向,列一份"个人品牌清单"也有很多好处,它可以帮你看清楚自己的独特优势,让你知道自己在哪些职业领域可以有所作为。那怎么才能了解别人眼中的自己呢？

第一个方法是进行一次全方位访谈。全方位访谈最好请一位顾问来帮你做，顾问会采访你身边几乎所有的人，包括你的老板、同事、下属、客户和供应商，然后整理一份关于你和你的职业表现的真实反馈记录。请顾问替你来做的原因是，顾问一般是用匿名的形式来收集数据的，这种情况下人们更容易说出自己的建议。当然，如果你不想请顾问，也可以自己来收集信息。

首先，你要列一份问题清单，这个清单上的问题能让你对自己有一个更好的认知。高管教练迈克尔·梅尔彻建议，最好是问"成对的问题"，比如：你要是问对方自己的优点是什么，同时也要问缺点是什么；如果你问对方觉得你适合干哪一行，也要问对方认为你绝对不适合干哪一行。这种模式更容易让人给出更全面的建议，毕竟人们不想只提批评意见，这样会显得太消极。在提问的时候，最好的问题就是跟你关系最密切的问题。比如：你可以让对方用3个词描述一下对你的印象，或者问对方，如果他不知道你是做什么工作的，会怎么评价你。

其次，确定你要从哪些人身上获得反馈。如果你打算自己完成评估，就要把重点对象放在值得信任的朋友、同事和家人身上，因为他们更了解你，你也相信他们的反馈是诚实的。接下来就是邀请受访人了。梅尔彻建议，一定要明确告诉受访人，你希望能够专门留出一段时间对他们进行访谈，而不只是普通的家常闲聊，同时告诉他们你为什么这么做。通常来说，面对面的访谈得到的答案比较好，因为如果有什么地方不清楚，或者你想进一步了解某个回答，可以实时跟进。而且，不管你用什么方法进行访问，最重要的是你要强调你非常希望得到诚实的答案。这里有一个让朋友说真话的诀窍，就是主动为朋友提供线索，这样他们就不是第一个提出消极观点的人了。你可以说："我之前得到了一些反馈，大家都说我偏向于战术性思维，而不是战略性思维，我想知道你们是不是也发现了这一点，或者你是怎么看的？"当你自己先把缺点提出来时，其他人就能畅所欲言了。

第二个方法是创建焦点小组。除了面对面访谈的方式以外，你也可以组织一次小型焦点小组座谈会。不过，这个方法只适用于你要采访的人都离得比较近的情况。它的优点在于，大家可以进行头脑风暴，激发群体智慧。你可以把朋友或同事聚在一起，8～10名效果最好。你要告诉大家，你希望就个人品牌的事情对他们进行访谈，并希望得到诚实的反馈。

第三个方法是管理网络形象。如今，很多人的个人品牌体现在网络上。你找工作的时候，你的雇主可能会对你进行基本背景核查，借助社交媒体和搜索引擎，就可以看到你在网络世界的个人品牌。所以，为了管理你的网络形象，要先审查和清理你在网络上留下的个人痕迹，它的重要性远超你的想象。

第四个方法是从硬性数据中找线索。你可能还有一些其他人评估你职业表现的硬性数据，也就是你在现有工作或者上一份工作中得到的绩效评估。虽然不是所有的雇主都愿意为你的表现做一份评估，但在比较大的公司里，你很可能会获得一份关于自己职业表现的书面记录。如果你申请过读研究生或者某种特别的奖学金，可能会有其他人为你写的推荐信，这对你的个人品牌也很重要。

第五个方法是进行数据整合。要全面考量你收集到的信息，不要过于看重某个人的观点，你要寻找的是别人对你的整体印象。你可能会一直记住某些消极的反馈，其实这种反馈杀伤力很大，甚至会让你对自己总体形象有错误的认识。所以要记住，你寻找的是整体认知。接下来，在考虑到从所有渠道获得的反馈信息的情况下，问问自己以下这几个问题：人们用了哪些褒义词和贬义词形容你？人们认为你具备什么技能，或者缺乏什么技能？关于你本人或者你的个人品牌，人们最常谈论哪一部分？然后综合考虑自己听到的内容，并仔细思考一下，你希望人们把自己和哪些词联系在一起。这样，你就能对自己的长处和短处有一个更好的了解。

第七节 学会自我规划

成长是一个永恒的话题。对于一个人来说，怎么才能从一群人中脱颖而出？对于一家公司来说，如何才能更快地成长？那就是管理好自己，令自己不断成长。

工作是我们付出大量时间并从中获取金钱、激情、人生意义等价值的项目，是实现个人长期目标的基石。睡眠则会占用我们一天中30%的时间。你要维护的家庭可以是你所出生的、你创建的，或者是你选择的。朋友是能给你在工作和家庭之外带来快乐和活力的人。比如，在工作日时，你可以选努力工作、健身和睡个好觉；周末选择陪伴家人、联系朋友和健身。使用了这个方法之后，工作和生活的各个方面都将可能会有所改善。

原因很简单，当你每天要花精力去做的事从5个变成3个，既减轻了负担，也便于管理。每件事比之前做得更出色，原本的内疚和罪恶感消除了，心理压力也减轻了，就能更好地享受工作和家庭生活。

对于另外两个没有被选中的选项，有些人可能还会抱有遗憾。其实不必为浪费时间而感到内疚，因为明天或下个月，你还会有不少机会能选择它们。在规划每天的行程时，最好以一个星期、一个月为周期来安排，这样就不容易漏掉某个选项。规划时可以参考以下3种方法。

第一，时间框架法。这个方法是说，提前规划好明天要做的事，要具体到哪个时段做哪件事、花多久时间完成。等你弄清楚每件待办事项的时间轴之后，将它们列入行程表里。第二天，可以直接按照行程表完成。在整理时间轴的时候，可以把自己的时间分成两部分，一部分是你需要专注投入的时段，另一部分是你可以被打扰的时段。与列任务清单相比，时间框架法的强制性更多一些。当你需要处理有时效性的任务时，这个方法也更有提醒和督促的效果。

第二，大事法则。你可以列出1～3件第二天必须要完成的任务，然后全身心投入去完成。密密麻麻的任务清单容易让人失去方向感，大事法则能够帮你在开展工作前，认真思考什么才是真正重要的事。

第三，90分钟专注法。学习音乐家们每工作75～90分钟后，休息一下，这有助于他们集中注意力、继续完成大量的工作。因此，人们可以找出一天内自己最有效率的90分钟，处理最棘手的事情，然后休息20到30分钟，并重复这个模式。这是因为当人们完成任务后休息一下，有助于大脑整合信息。

第八节　活在当下

人活着都会有痛苦，那有没有一种方法能摆脱痛苦呢？有本书叫《当下的力量》，就是教我们怎么通过关注当下来摆脱痛苦的。先来说说为什么关注当下就能摆脱痛苦。作者说，痛苦的来源主要有两个，一个是时间，一个是思维。来源于时间是因为我们要么是在为过去的事伤心难过懊悔，要么是为未来的事担忧紧张害怕，所以才痛苦；来源于思维是说，人的脑子一刻都停不下来，永远在想事情。买东西要想，吃东西要想，一件事做不做、怎么做也要想，想出结果或是想不出结果都可能会造成痛苦。

所以说，只要我们能让自己的思绪停下来，同时不关注过去，也不关注未来，就不会有痛苦了。这种状态怎样才能达到呢？就是活在当下。你看，一个人在赛车或者攀珠峰的时候肯定不会痛苦，因为他们不能分神，不能胡思乱想，稍不留神，就可能付出生命的代价。那这种进入当下的状态在平时怎么才能达到呢？有下面两个方法。

第一个方法就是尽量把你的思绪全部集中在一个点上，这个点可以是你的鼻子、眼睛、头发，或是其他任何一个器官，排除一切杂念只想它，一旦走神，就强行把注意力拉回到这个点上。这个时候，你脑子里就只有一个物体，没有时间的概念，这个跟禅宗里的开悟和瑜伽当中的冥想基本是一样的。但问题是，光知道不行，你得经常训练才能做到。什么时候训练呢？就是你感觉到痛苦的时候。作者说，经历的痛苦越多越容易开悟，比如：你正在等一个人，等了很久还没来，心中很急躁；或者开车，堵在路上怎么都动不了，心里大为不快。这些时候，你就可以试着转移你的注意力，努力进入当下的状态。一开始肯定会很难，但是多加训练，就肯定可以把这些烦恼抛到九霄云外。

第二个方法，是把自己想象成透明人。这种状态下，你可以用一个完全客观的视角去看这个世界，一切都与你无关，痛苦也就与你无关了。比如说，你正在家里享受一个美好的周末，但是窗外工地施工，轰隆声不断。这个时候，你就想象自己是透明的，静静地感受自己的呼吸,阳光、空气可以穿过你的身体,身边的噪音、灰尘也可以穿过你的身体。这样你就会发现,噪音好像跟你没关系了,整个世界都宁静了。当然,这也是理想的状态。为了达到这种境界,你不妨多试一试、练一练。但是有人会说,沉浸在当下,当下是感觉不到痛苦了,但是没解决的问题还是没解决啊,总不能永远不醒来去面对吧?沉浸当下确实不能帮你解决问题,但是可以减少你解决问题时的痛苦。

这是因为:首先,它能让你具备一种臣服的能力,从心里接受这件事是归你的,必须要完成;然后,它能让你不胡思乱想。当你觉得一件事很难的时候,就会担心自己做不好,但是这种心态只会带来负面作用。如果你不去想,顺其自然努力去做,这些担心就不会发生。所以你看,痛苦并不是客观存在的,而是一种主观感受。摆脱痛苦,还是要从改变自己开始。

第九节 学会给自己写个墓志铭

墓志铭最早本是为死去的人来做的总结,是一种悼念性的文体,更是人类历史悠久的文化表现形式。墓志铭一般由志和铭两部分组成:志多用散文撰写,叙述逝者的姓名、籍贯、生平事略;铭则用韵文概括全篇,主要是对逝者一生的评价。但也有只有志或只有铭的。可以是自己生前写的,也可以是别人写的。

对于当代人为什么要给自己立一个墓志铭,也是一种立志立愿的"反推法",假如用生死来看待自己的人生,可能会有另外一个不同的感悟。这也是在规划自己的人生,在自己心里种一个种子,"规画"做自己人生的导演大人。也可说是用墓志铭的方式给自己的人生"画一个像",用这个像来找到自己生命的热情与意义,明确和坚定自己的目标。

《素书·本德宗道》中说"神莫神于至诚",一个人的心志做到"诚于中,形于外"。"诚"是一种对客体世界充满悲天悯又义不容辞的担当精神,是一种使命、一种价值观,自然会以诚通天,自然会感通天地。所以,一个人的心志建立关键在于"诚"。"诚"的心志一定要明确和具体，心志高远，心力才会强大而坚定。精气神具足，心胸博大，唯精唯一，方能显力出一孔之力量。天心：与天同此爱之心。天心"本性"具有天然的生发力，但天心必须经由"我心"运用于具体事物上，我心要归于人心，做利众利它之事。人心所向、人心所求即是一个人的心志所在，一个人若泛泛虚空，则很难有所建树。志的践行离不开一个"诚"，诚是一种信念，一种诚意对天，诚意对自己人，令自己的信念更强大，信念强大，其创造的环境就会越好，能力磨炼会更强，行动力也越强。

人生是兴趣驱动还是志向驱动？其实都是内心的动力的起点，因为喜欢而对某一个领域特别有感觉、特别有热情，并把这种感知能力转化为行动，知行合一，认知"我是谁，我在哪里，我要去哪里，我如何去那里"。人唯有问清自己的使命方向，才能做到时代所需、人们所望，解决社会所痛。唯有去除私欲，动机至善时，方可明心见性，方能得到使命赋能的力量。拥有了这个赋能，你不厌其烦的地方就是热情所在。例如，乔布斯、马斯克等人的使命是"活着就是要来改变世界的"，因此乔布斯、马斯克等连接的是大我。一个人的愿力越大，连接的赋能力量就越大，其思维的方式与常人也不一样。因为这同时连接的是使命，是他们最喜欢的，宇宙也用你喜悦的方式来引导你。

信念和价值观：厚德、共赢、利它

一生一愿，唯精唯一，一生做好一件事，和一群喜欢的人做一件有意义的事。每份努力都相信得到倍增的回报，心中的那种志向会特别坚定，价值观、操守、人生的根本会特别强大。当一个人的价值观清晰，信念坚定时，他的心力气场就越大，思维的维度就会越高。

信念分为3个层次：一是口号，二是想法，三是信念。信念是深层次的，隐藏在人们意识的深处，不太容易察觉到。信念来源于自己过去的一些经历及社会的集体潜意识里的共识，例如，小时候被父亲打骂，或小时候有人说你"抽烟不好"，种下了潜意识的种子。信念的本质是认知。人的信念，分为有效信念与无效信念。无效信念主要有4个方向：一是否定自我，我是没有用的；二是托付心态，将自己托付给某一个人或认为有钱就安全；三是理所当然的心态，认为凡事本该如此；四是绝望，没有办法。

事上练是心学的重要内容，"心即理"可以说是心学的基石，但是"知行合一"则是心学重要的发展。"知行合一"关键是在"事上练"，碰到事，不怕事，碰到有事，刚好在事上磨炼这颗心。王阳明原本一介书生，打仗却是神奇至极，他的部队都是临时组织起来的乌合之众，但在他的组织带领下，却能战无不胜。其实王阳明最擅长的是对人心的把握，因为他自己内心强大，那些弱小的敌人在他眼前就不堪一击了。

让墓志铭在"事上练"

一是洞悉全局，调查、观察、分析事件全局的能力；然后就是敢于担当，碰到事不怕事，而且迎难而上。没有调查研究就没有发言权，社会学、心理学、行为学有种结论，就是一个人养成一个习性后是很难克服的，一个人现在所有的一切，都是过去他的习性造就的。一个人的成功是由好的习性造就的，一个人的失败是由坏的习性造就的。

在欧洲有一个传说，发生在亚历山大大帝时期。我们知道亚历山大大帝很厉害，也很爱学习，拜亚里士多德为师，建了一个很大的图书馆。有一次图书馆起火，火灾很严重，许多书被烧了，也有一些书被人趁乱偷走了。其中有一本书很重要，这本书表面很平常，但夹层里有张羊皮纸，是一幅藏宝图。藏宝图交代了什么呢？交代了一个欧洲世代相传的尽人皆知的秘密，即点石成金的秘密。据说世上有一块可以点石成金的石头，用这块石头去碰一下别的石头，别的石头就能变成黄金，这个藏宝图就记载了这块点石成金石的秘密。这块石头被前人藏在黑海边的悬崖峭壁上，那里有很多大同小异的黑色石头，但唯独这块石头很独特，别的都是冰凉凉的石头，而它是暖的、是热的、是烫的。

这本书流传出去之后，被一个富家子弟得到。他意外地发现了夹层中羊皮纸的奥秘，于是倾家荡产，前去寻宝。结果，他来到黑海边，果然找到了那个地方。旁边是万丈悬崖，底下是大海，峭壁之上有好多这种黑色的石头，他就一个一个捡。问题是这么多石头，捡了放下、捡了放下，不是乱了吗？怎么能保证不混淆呢？他想到一个办法，捡起来，发现不是，就扔到海里去。再不是，就再扔到海里去。一天、两天、一个月、两个月，一年、两年，整整捡了十年。功夫不负有心人，见证奇迹的时刻终于到了。他弯下腰去，伸手拣起一块，哇，一块滚烫的石头。他心中一阵狂喜，终于捡到了这块点金石。然后呢？鬼使神差一般，他站起身来，啪，一下子把它扔到海里去了。"不可以，不可以"，虽然心中大喊着，但还是把这块石头扔到海里去了。因为他已经扔了十年了！

这就是惯性的力量。当然，我们知道这个世界上不可能有点金石。但是，欧洲人创造的这个传说，就是提醒人们不知不觉会被自己的习惯捆绑着。就说当下的手机病吧，走到哪儿都离不开手机。3秒钟找不到手机，就会感到不安。一会看下微信，一会看下QQ，一会看下自己的朋友圈有没有人点赞。到了晚上不睡觉，即使晚上十一二点，眼睛都睁不开了，还要刷一遍微博、刷一遍微信、刷一遍朋友圈。结果收到的是大量的垃圾信息，不仅养成了坏的行为习惯，思维习惯也改变了。

王阳明平定匪患时抓到一个土匪，这匪徒用刑也不怕，是那种要杀要剐随便的人，王阳明说："天气很热，你把衣服脱了吧。"匪徒说："有啥了不起啊？"他根本不把王阳明放在眼里，说："脱就脱。"于是把衣服脱了。王阳明接着说："天这么热，那把里面的汗衫也脱了吧。"匪徒又把里面的汗衫脱了。王阳明接着说："那把裤子也脱了吧。"匪徒说："脱就脱。"便把裤子也脱了，就留一条底裤。王阳明说："既然你有本事，来，把底裤也脱了。"匪徒立刻说："大人，这就不必了。"王阳明一笑，说："你虽然是一个杀人不眨眼的盗匪，但也有羞耻之心啊。有羞耻之心，说明你内心也有良知啊。"这个盗匪后来就被王阳明感化了。

一个杀人不眨眼的盗匪心中都有良知，王阳明因此坚信人人心中皆有良知，人人皆是圣人。教育个体的时候，"致良知"是指每个人发现这个良知；面对社会群体的时候，"致良知"有另外的意思，就是良知致人。用良知去关照你所有的百姓、子民，这又是另外一种"致良知"。王阳明在县官的任上，知行合一那么强大，是因为他的"知"就是"致良知"。王阳明把环境遇到的问题都视作"事上练"的好环境。

通过在环境中"事上磨＝炼"，是知行合一、塑造人生的智慧的过程。王阳明在《传习录》中说："知是行之始，行是知之成。若会得时，只说一个知，已自有行在；只说一个行，已自有知在。"知行合一于一处,这个"一",其实就是致良知的"良知"。每一个环境都是最好的修炼场,人生的真经就在路上,在环境中修行"事上练"才能得到伟大的人生智慧,才是伟大的知行合一。

阳明心学所说的这个良知,典出孟子。孟子说:"不学而能为之良能,不虑而知为之良知。"也就是说,知天理、知人间大道、知宇宙自然规律,是一个人内心本来就有的,但是因为现实的缘故,各种欲望、情绪、不良习性蒙蔽了良知。良知大家都有,你心中有个圣人,你就是圣人。良知就是你心中价值的统帅,力量的源泉。要找到这个良知,然后不停地去"事上磨",磨炼它,升华它,实践它。这个致良知就是"真我"的"我",真我的"我"本来应该是良善的,这样便可以进入一个成长的循环。通过致良知,构建人生的境界。有了人生气象,有了人生格局,有了人生智慧,人生的境界自然就大了。

人生当有人生的意义,生命当有生命的价值。用心学的智慧去指导、去引领、去塑造我们的人生,人生的价值和意义自然就会呈现出来。人生不管有怎样的选择,此生都要培养终身学习的习惯,制心一处,先博后专。所以,不必等到优秀时才行动,而是在行动中变成优秀,宇宙万物皆为心力思维所驱使,一切的强大都源于内心那颗种子。

参考文献

[1] 郦波. 五百年来王阳明 [M]. 上海：上海人民出版社，2017.

[2] 班德勒. NLP：自我转变的惊人秘密 [M]. 胡尧，李奕萱，译. 北京：华夏出版社，2015.

[3] 惠特曼，汉密尔顿. 价值观的力量 [M]. 吴振阳，麻勇爱，译. 北京：机械工业出版社，2010.

[4] 黄健辉. 领悟：NLP自我沟通练习术 [M]. 北京：华夏出版社，2015.

[5] 迪尔茨. 语言的魔力：谈笑间转变信念之NLP技巧 [M]. 谭洪岗，译. 北京：世界图书出版公司，2008.

[6] 迪尔茨. 从教练到唤醒者：NLP人生成功宝典 [M]. 黄学焦，译. 郑州：河南人民出版社，2009.

本书编写人员简介：

盛幄集团
www.chrisnpartners.asia

林国荣博士　Chris

盛幄集团总裁及首席执行官
亚洲教练及导师学院（ACMA）首席执行官
瑞士维多利亚大学工商管理博士学位（DBA）
瑞士维多利亚大学工商管理硕士学位（MBA）
英国剑桥大学专业教练本科文凭
AC教练学国际协会大中华总会副主席
中国教练联盟（China Coach Federation）创会会长

中国管理科学研究院企业管理创新研究所学术委员
中国教育部成人教育协会（企业教练师）导师认证考评官
中国教育部首批官方认证企业教练师 – 训导师
中国教育部中国老教授协会职业教育研究院专家委员会委员
美国 Transformational Leadership Council（TLC）成员
美国人才发展协会 ATD 会员

庞玉华博士　Olivia

盛幄集团首席营运官及高级副总裁
瑞士维多利亚大学工商管理博士（DBA）
亚洲教练及导师学院 ACMA 首席营运官及资深导师
教练学国际协会 AC 大中华总会创会委员
中国国家教育部成人教育协会（企业教练师）高级导师
国家教育部认可"首批官方认证企业教练师 – 训导师"

庞韶云　Olive

盛幄集团助理副总裁 - 人力资源及对外事务部
亚州教练及导师学院 ACMA 教练指引督学
教练学国际协会 Association for Coaching（AC）会员
国家教育部成人教育协会（企业教练师）中级导师
国家教育部认可"首批官方认证企业教练师 – 训导师"
国家一级企业人力资源管理师
国家一级企业培训师
国家二级心理咨询师

林维贞　Karen

盛幄集团助理副总裁
东吴大学心理学学士
亚州教练及导师学院 ACMA 导师及教练指引督学
教练学国际协会 Association for Coaching（AC）会员
国家教育部成人教育协会（企业教练师）中级导师
国家教育部认可"首批官方认证企业教练师 – 训导师"
中国企业文化促进会会员
全国高级注册企业文化师